AF240630

DE LA

SUPPRESSION DES OCTROIS

ET DE LEUR REMPLACEMENT,

SUIVI D'UN

Résumé des taxes communales établies en Belgique,

PAR

Alfred GUIGNARD

PARIS

LIBRAIRIE GUILLAUMIN ET Cⁱᵉ

Éditeurs du *Journal des Économistes*, de la *Collection des principaux Économistes*,
du *Dictionnaire de l'Économie politique*,
du *Dictionnaire du Commerce et de la Navigation*, etc.

RUE RICHELIEU, 14

1888

DE LA

SUPPRESSION DES OCTROIS

ET DE LEUR REMPLACEMENT

DE LA
SUPPRESSION DES OCTROIS

ET DE LEUR REMPLACEMENT,

SUIVI D'UN

Résumé des taxes communales établies en Belgique,

PAR

Alfred GUIGNARD

PARIS
LIBRAIRIE GUILLAUMIN ET Cⁱᵉ

Éditeurs du *Journal des Économistes*, de la *Collection des principaux Économistes*,
du *Dictionnaire de l'Économie politique*,
du *Dictionnaire du Commerce et de la Navigation*, etc.
RUE RICHELIEU, 14

1888

La question de la suppression des octrois n'a cessé de préoccuper les divers gouvernements qui se sont succédé en France depuis la chute du premier empire.

Sous la pression de l'opinion publique, les hommes d'État qui ont tour à tour gouverné la France ont cherché les moyens de supprimer cet impôt qui viole les principes proclamés en matière d'impositions par la grande Assemblée de 1789.

Sans renier ces principes, les républicains ne pouvaient faire autrement que de comprendre la suppression des octrois dans leur programme, et, si elle n'y a figuré jusqu'à présent que comme une expression platonique, il ne faut s'en prendre qu'aux difficultés financières qui ont été léguées à la République par le gouvernement impérial.

On reconnaît cependant aujourd'hui que cette réforme, trop longtemps différée, ne peut plus être ajournée.

La Chambre est déjà saisie d'une proposition de M. Yves Guyot, qui est appuyée par 105 députés.

De son côté, le gouvernement prépare un projet qui ne tardera sans doute pas à être soumis aux délibérations du Parlement.

Le moment nous paraît donc venu de livrer au public le travail que nous avons fait sur la solution de ce problème qui intéresse à un si haut degré le bien-être des classes laborieuses, la facilité de nos relations commerciales et la liberté des citoyens.

Ce qui nous décide à livrer notre travail au jugement du public, c'est qu'il nous paraît bon de suivre les excellents conseils que sir John Bickerstaff, écuyer, donnait à Paul-Louis Courier dans les termes suivants :

« Laissez dire, laissez-vous blâmer, condamner, emprisonner; laissez-vous pendre, mais publiez votre pensée. Ce n'est pas un droit, c'est un devoir, étroite obligation de quiconque a une pensée, de la produire et mettre à jour pour le bien commun. La vérité est toute à tous; ce que vous connaissez utile, bon à savoir pour un chacun, vous ne le pouvez taire en conscience [1]. »

Nous ne courons pas le risque d'être emprisonné, encore moins d'être pendu. Nous ne courons que celui d'être blâmé. Nous bravons cependant les critiques, parce que nous avons la conviction que la sup-

---

1. Paul-Louis Courier, *Pamphlet des pamphlets*.

pression de l'impôt des octrois est « excellente chose, vérité utile et bonne à savoir pour un chacun ».

Nous serons surtout récompensé de nos efforts si nous parvenons à faire partager notre conviction à nos lecteurs, et notre satisfaction sera complète le jour où, dans notre pays, comme on le proclamait en 1860 en Belgique, on reconnaîtra que LA SUPPRESSION DES OCTROIS DOIT ÊTRE POURSUIVIE POUR CAUSE D'UTILITÉ PUBLIQUE.

ALFRED GUIGNARD.

25 mai 1888.

DE LA

SUPPRESSION DES OCTROIS

ET DE LEUR REMPLACEMENT

PREMIÈRE PARTIE

HISTOIRE DES OCTROIS

I.

Origine des octrois.

On sait que l'octroi est un impôt qui porte principalement sur les objets de consommation, et qu'il est établi à l'entrée des villes pour combler l'insuffisance de leurs revenus ordinaires.

L'origine des impôts de consommation remonte aux temps les plus reculés.

Les Romains ne percevaient à l'origine aucun impôt[1]. Leur revenu public consistait dans une part prélevée sur le butin; mais ils ne tardèrent pas à établir des impôts de toutes sortes, et ce fut Servius Tullius, sixième roi de Rome, qui imposa le premier dans cette ville certains objets vendus sur les places publiques. Ces taxes étaient appelées : *Portoria*, *Vectigalia*, droits sur les choses

---

1. Nous empruntons la plupart de ces détails à une étude de M. Buret de l'Isle Challan (Senlis, 1872).

amenées au port, sur les marchandises voiturées. Cela ressemble fort aux octrois modernes.

Des droits semblables furent établis plus tard dans toutes les villes des Gaules, lorsqu'elles passèrent sous la domination romaine. Ces villes reçurent alors la forte et libre organisation municipale que leurs vainqueurs avaient organisée chez eux, et qui donnait aux cités l'administration indépendante de leurs finances.

C'est dans ces conditions que les trouvèrent les barbares lorsqu'ils envahirent les Gaules.

« L'ordre de choses établi survécut à la chute de l'empire, et, en admettant que le droit de créer des taxes ait été quelquefois réservé aux empereurs, cette entrave disparut dans le chaos de sa dislocation. Alors chaque ville devint véritablement souveraine, s'administra, se gouverna suivant ses besoins. L'esprit de localité, de municipalité parut partout : l'unité était contraire à l'esprit de cette société [1]. »

Au ve siècle et sous le règne des rois de la première race, les cités des Gaules jouissaient donc de revenus annuels qu'elles tiraient des propriétés qui leur appartenaient, et des taxes que les lois romaines avaient autorisées. Ce qu'il y avait de remarquable, c'est qu'aucune classe de citoyens n'était exemptée de l'impôt. Les églises elles-mêmes y étaient soumises, et quand le roi leur accordait une remise, c'était pour ce qu'elles devaient à la couronne, jamais pour ce qui était dû annuellement à la cité.

On voit par ce qui précède que, bien avant l'affranchissement des communes, époque à laquelle la plupart

1. Guizot, *Histoire de la civilisation en Europe.*

des historiens font remonter l'origine des octrois, les villes percevaient, au moyen de taxes sur les denrées et marchandises, des impôts qui n'étaient autre chose que des droits d'octroi. Nous en trouvons la preuve dans le passage suivant des *Ordonnances des rois de France*, *tome XIX, discours préliminaire* : « Aux frontières se trouvaient des douanes : les bureaux étaient si nombreux, sous les rois de la première race, qu'ils excitèrent souvent des plaintes. Clotaire II défendit d'en établir de nouveaux. — A l'entrée des villes étaient aussi des bureaux de perception, des bureaux d'*octroi*. Les impôts que l'on devait payer dans les uns et dans les autres n'avaient pas diminué depuis le changement de domination. »

Pendant le règne des rois des deux premières races, il est difficile de suivre l'histoire des villes et de leurs impôts. On trouve cependant un édit du roi Dagobert qui, créant vers 632 une foire à Paris, dans un lieu appelé le Petit-Pont-de-Saint-Martin, établissait un droit de passage au profit de la caisse municipale de Paris, *pour servir aux embellissements de la ville*, sur les marchandises qui entraient par la cité pour se rendre au champ de foire.

Jusqu'aux Capétiens, les ressources de la royauté ne consistaient guère que dans les revenus de ses domaines, et dans sa part du butin fait dans les nombreuses guerres qui avaient lieu presque sans interruption.

En l'absence de tout système d'impôts, les villes continuèrent à percevoir les taxes qui leur étaient nécessaires pour leur entretien et leur défense.

Cependant, dans la région située au nord de la Loire, les évêques et les seigneurs s'étant partagé la juridiction de certaines villes, et frappant arbitrairement les bourgeois de taxes de toutes sortes, des conflits sanglants éclatèrent souvent dans la cité entre ses différents maîtres; ces conflits commencèrent à devenir importants dans le courant du XIe siècle.

Les villes de Laon, de Beauvais, de Noyon, de Saint-Quentin, de Soissons, de Reims, et bien d'autres, imitant l'exemple qui leur était donné par les communes situées dans les provinces indépendantes de la couronne, osèrent se mesurer avec la puissance féodale. Au prix de luttes opiniâtres et sanglantes, tantôt contre le pouvoir des évêques, tantôt contre les seigneurs, grâce aussi à l'intervention des rois de France qu'elles achetaient à prix d'argent, elles finirent par conquérir leurs franchises et à constituer, sous le nom de *Communes*, des petites républiques indépendantes ayant, à des degrés divers, leur autonomie plus ou moins complète.

« En général, dit Augustin Thierry [1], les communes les plus libres étaient celles dont la fondation avait coûté le plus de peines et de sacrifices, et la liberté fut peu de chose dans les lieux où elle n'était qu'un don gratuit octroyé sans effort, et conservé paisiblement. L'état politique de ces associations bourgeoises offrait ainsi une foule de degrés et de nuances, depuis la cité républicaine, qui, comme Toulouse, avait des rois pour alliés, entretenait une armée et exerçait tous les droits de la souveraineté, jusqu'au rassemblement de serfs et de vagabonds auxquels les rois et les seigneurs ouvraient un asile sur leurs terres. »

Ce fut pendant les XIe et XIIe siècles que les bourgeois,

---

1. Lettre XIIIe sur l'Histoire de France.

luttèrent pour conquérir leur liberté. « Le principe des communes du moyen âge, l'enthousiasme qui fit braver à leurs fondateurs tous les dangers et toutes les misères, c'était bien celui de la liberté, mais d'une liberté toute matérielle, si l'on peut s'exprimer ainsi, la liberté d'aller et de venir, de vendre et d'acheter, d'être maître chez soi, de laisser son bien à ses enfants. Dans ce premier besoin d'indépendance qui agitait les hommes au sortir du chaos où le monde romain avait été comme englouti depuis l'invasion des barbares, c'était la sécurité personnelle, la sécurité de tous les jours, la faculté d'acquérir et de conserver, qui étaient le dernier but des efforts et des vœux. Les intelligences ne concevaient alors rien de plus élevé, rien de plus désirable dans la condition humaine; et l'on se dévouait pour obtenir, à force de peine, ce qui dans l'Europe actuelle constitue la vie commune, ce que la simple police des États modernes assure à toutes les classes de sujets, sans qu'il y ait besoin pour cela de chartes ou de constitutions libres [1]. »

Pour soutenir les luttes de l'affranchissement, il fallait de l'argent, et les villes ne pouvaient s'en procurer qu'en créant des impôts. Les seigneurs attendaient les marchands aux carrefours des chemins. Les marchands attendirent les seigneurs aux portes des communes, et, quand celles-ci furent constituées, la herse ne se leva qu'à beaux deniers comptant.

« Les différents impôts communaux furent à l'origine, dit Chateaubriand, les représailles que les bourgeois des villes exercèrent contre les brigandages de la noblesse féodale. »

1. Augustin Thierry. Lettre XIVe sur l'Histoire de France.

Il faut le reconnaître, ces représailles étaient légitimes.

Les anciens municipes, qui avaient marché contre les seigneurs sous la bannière royale, conservèrent aussi, en récompense de leur assistance armée, le droit qu'ils tenaient de la législation romaine, d'établir des impôts et de les percevoir dans la forme adoptée par leurs magistrats.

A cette époque, cités municipales et communes furent donc libres de s'imposer comme elles le jugèrent bon. Leur souveraineté était le caractère de leur affranchissement, et cette souveraineté leur fut conservée par les rois, tant que ceux-ci eurent besoin du secours des communes pour résister à la féodalité. On verra plus tard, lorsque les seigneurs devinrent moins redoutables et au fur et à mesure que grandit la puissance royale, que les villes municipales et les communes perdirent peu à peu les libertés qui leur avaient coûté tant d'efforts et de sacrifices.

II.

Les octrois et la féodalité.

Lorsque les communes furent constituées, elles avaient acquis le droit d'établir des impôts et d'en déterminer l'emploi. Ces impôts portaient principalement sur les objets de consommation locale ; et cela se comprend, car elles ne pouvaient imposer le sol qui appartenait pour la plus forte partie aux seigneurs, abbés ou évêques, formant une classe privilégiée exempte de la contribution foncière. Les communes ne pouvaient non plus trouver des ressources dans un impôt sur la fortune mobilière qui n'était pas assez considérable à cette époque. Elles ne pouvaient donc créer des taxes que sur les denrées nécessaires à la consommation des habitants.

Après leur affranchissement, les communes bénéficièrent exclusivement des impôts qu'elles levaient pour leurs besoins ; mais les rois ne tardèrent pas à se faire payer leur protection. Dès le xiv⁰ siècle, les limites de la puissance souveraine s'étant considérablement étendues, les communes n'eurent plus la faculté de s'imposer sans le consentement du roi ; les droits perçus par elles ne furent plus établis à leur profit exclusif, mais concurremment avec celui de la couronne.

En octroyant, — c'est à partir de ce moment que les impôts perçus à l'entrée des villes prirent le nom d'*Octrois*, — le souverain y mettait une restriction qui constituait la condition principale de l'autorisation, comme on le remarque dans un édit de 1323. Aux termes de cet édit, le fisc prélevait, à son profit, les deux tiers du montant des impôts perçus dans les villes du royaume. On voit que les octrois ne tardèrent pas à perdre leur caractère de taxes locales, et que le plus clair de leur produit vint bientôt s'engloutir dans le trésor royal.

Par lettres patentes datées de Viviers en Brie, Philippe VI autorisait, en décembre 1337, la ville de Paris à mettre un droit d'octroi sur les denrées pour contribuer au paiement du subside *offert* par les habitants pour les frais de la guerre. Cette autorisation était octroyée dans les termes suivants :

« Laquelle imposicion et assiette, auscune ville de notre royaulme ne pevent mettre ne assigner sur aucunes denrées ne marchandies *senz nostre décret et auchtorité royale*, si, comme à Nous appartient il nous est offert 14,000 livres tournois, et nous est supplié que nous veuillions octroier de nostre grâce spéciale l'imposicion et assiette dessus dicte et estre levée et cueillie sur toutes les denrées et marchandises qui seront vendues et achetées dans nostre dicte ville de Paris, etc., etc., assaveoir :

Sur chascun muid de froment et pois . . .	2 soulz.
Sur chascun muid d'austres grains. . . .	10 et oict deniers.
Sur chascun tonnel de vin français	16 deniers.
Sur chascun tonnel de vin appelé de Bourgoigne.	2 soulz.
Sur chascun tonnel de vin de Beaulne. . .	5 soulz.
Sur chascun tonnel de vin de Gascoigne, de Saint-Jouan-d'Angeli et d'Espaigne.	4 soulz.
Sur chascune pipe de vin de Saint-Pourcain, de Souvigny, et de Nevers.	2 soulz 6 deniers.
Sur tous vins de Garnache, de Crete, de Rochelle et autres semblables, au prix qu'il pourrait valoir suivant l'estimation des austres vins susdietz	
Sur chascun muid de *Sail* (sic) gros et delié.	3 soulz.
Sur chascun tonnel de vin aigre et verjus.	16 deniers.
Sur chascun millier de harenc saur. . . .	oict deniers.
Sur chascun pignon de harenc.	oict deniers.
Sur chascun panier de poisson.	4 deniers.

Exceptez morues seiches, allés de mer, saumons frez et salez.

Sur lesquelz poissons exceptez sera levé de la livre, selon leur priz et value, ainsi comme des marchandises qui s'en suivent, assaveoir : tous draps, pelleteries, épiceries, et toutes austres grosses marchandies qui seront vendues en la dicte ville et ès forsbours, sur lesquellez seront levez de chascune livre quatre deniers.

« Toutevoiez auscun noble, auscun de l'université des escholiers de Paris, ou auscun austre clerc, vivant clergeament, vende ou achète en nostre dicte ville, il soit tenu païer auscune chose de l'imposicion, ne aussi, aucun collége, chapitre religieux, — mendians ou austres, ne auscun des gens de nostre hostel, ou nos austres gens, se n'estait des choses qu'ilz acheteraient pour revendre et en cas de marchandie, etc., etc. »

Une fois entrés dans cette voie, les rois ne devaient plus s'arrêter. Pour arracher de l'argent aux communes et avoir plus souvent l'occasion d'exiger d'elles des subsides, en échange des libertés qui leur étaient garanties, ils ne leur accordèrent plus de concessions que pour un temps limité, un an, deux ans et quelquefois davantage. La durée de la concession était toujours proportionnée à la somme qui était *offerte* au monarque. Les octrois étaient ainsi l'objet de prorogations successives qui avaient chaque fois pour but de procurer de nouvelles ressources au trésor royal.

Dès la fin du xive siècle, le pouvoir royal était déjà assez affermi pour étendre son autorité sur toutes les villes du territoire soumis à sa domination, et son action s'exerçait sévèrement en ce qui concerne les impositions communales. On en trouve la preuve dans des lettres patentes datées d'Orléans, le 25 avril 1383, autorisant la ville de Périgueux à lever, pendant trois ans, un octroi dont le produit devait être affecté aux travaux des fortifications, et faisant donation à la ville de l'aide ou octroi *qui avait été perçu précédemment sans la permission du roi.*

« Iceulz habitants ont levé et cueilli ledit ottroy senz nostre congié ou licence, et encore lièvent pour les réparacions et emparemens et autres besoignes de ladicte

2

ville... leur avons donné quittié et remis, donnons, quittions et remettons par ces présentes tout ce qu'ils ont levé dudit ottroy depuis le temps que nostre dit seigneur et père leur avait ottroyé, avec toute peine et amende corporelle ou civile en quoy ils pourraient estre encouruz envers nous pour cause de ce. »

Ajoutons que ces octrois étaient généralement accordés « sans préjudice des aides de nos guerres et de nos subsides », comme disent presque toutes les lettres patentes. Or, pendant la captivité du roi Jean et sous le règne désastreux de Charles VI, pour réparer tous les désastres causés par l'invasion des Anglais et les guerres civiles, les octrois devinrent la principale source des revenus de l'État, et l'on y puisa largement.

Ne pouvant plus rien demander aux tailles, c'est à l'octroi qu'on demandait des ressources ; on en établit partout, et l'on releva les tarifs afin que les communes pussent se rembourser des sommes qu'elles avaient prêtées au roi dans les moments difficiles, et que le trésor royal n'avait jamais été en position de leur rembourser. Quand la somme était peu importante, l'octroi n'était concédé que pour un temps ; lorsque, au contraire, elle était considérable, le roi s'acquittait en le concédant à perpétuité. Ainsi Charles VIII, pour indemniser les consuls du Puy de *dons* considérables faits au roi, à l'occasion de la guerre avec l'Angleterre, leur donna la faculté de percevoir, à *perpétuité*, un droit d'octroi de douze deniers parisis sur chaque charge de vin. « Pourquoi iceulx nous ont humblement supplié et requis qu'il nous plaise leur octroyer que ledict droit de 12 deniers parisis, ils puissent dores en avant *perpétuellement* prendre et lever, ainsi qu'ils ont fait le temps passé à temps limité par ottroy de nous. »

III.

Nouvelle phase des octrois.

Sous le règne de Louis XI, les libertés communales, en ce qui concerne du moins le droit d'administration des finances, entrent dans une nouvelle phase.

Louis XI, dont toute la politique avait pour but de fortifier tous les pouvoirs de la couronne et d'établir la puissance de ses descendants sur des bases solides, n'était pas homme à laisser aux communes l'autorité qu'il arrachait aux grands vassaux. Aussi ne laissa-t-il pas continuer, sans son autorisation royale, la levée des taxes que ses prédécesseurs n'avaient concédées que temporairement. Il en fut de même sous les règnes de Charles VIII et de Louis XII. Ce dernier roi accorda, par lettres patentes du 20 août 1513, l'autorisation de lever un octroi spécial *sur le vin qui jusque-là n'avait pas été taxé pour le compte de la ville de Paris*, octroi qui fut prorogé pour six ans par François 1er, suivant une ordonnance en date du 5 mai 1518.

Sous le règne de François 1er, la création de corps de troupes régulières, les guerres et le faste de la cour, obligèrent le souverain à créer de nouvelles ressources pour son trésor toujours épuisé. Après avoir multiplié pour les vendre des offices de toute espèce, le roi cheva- lier fonda, en 1552, des rentes sur l'Hôtel de Ville. Il en fut créé, à cinq reprises différentes, pour 64,416 livres.

et cet exemple fut si bien suivi par ses successeurs que, 80 ans après, sous le règne de Henri III, le chiffre de ces rentes s'élevait à la somme de 3,428,233 livres 6 sols et 8 deniers.

On comprend que, malgré cela, les octrois ne furent pas oubliés. Beaucoup d'entre eux étaient en effet perçus au profit du roi. Dans une ordonnance datée du 12 mars 1535, tous les deniers provenant des octrois accordés aux communes et bourgs du Dauphiné devaient être apportés au Louvre pour être employés aux fortifications des villes frontières. Il est probable que des ordonnances semblables furent rendues pour d'autres provinces.

Dans d'autres localités, le produit de l'octroi était partagé entre les communes et le roi, sans préjudice des autres impôts que le fisc insatiable faisait rentrer dans ses caisses par une armée d'agents, sous la direction de receveurs généraux, dont la création date de cette époque; mais quand ces ressources étaient insuffisantes, c'était encore et toujours à l'octroi qu'on en demandait.

En 1547, Henri II établissait l'impôt dit des *Cinquante mille hommes*. Cet impôt était destiné à l'entretien et à la solde des troupes qu'on mettait alors sur pied de guerre, en prévision d'une lutte avec l'Allemagne et l'Angleterre. C'est encore sur les octrois que cette nouvelle charge tomba. Le subside fut partagé entre les villes closes du royaume, et Paris fut taxé pour sa part à la somme de *neuf vingt mille livres*.

Il va sans dire que ces subsides obligeaient le roi à autoriser l'augmentation des taxes qui pesaient déjà si lourdement sur les habitants des villes. A Paris, le prévôt des marchands fut autorisé à lever sur le vin un impôt de 2 sols 6 deniers par muid (25 janvier 1552) et, deux ans après, un droit supplémentaire de 10 deniers sur la même boisson et de 6 sols tournois par minot de sel. Enfin, en 1556, deux nouvelles taxes successives, l'une de 8 deniers parisis, l'autre de 10 deniers tournois.

On voit que, de tout temps, les Parisiens ont dû payer leur vin plus cher que les habitants des autres villes.

L'impôt des octrois devint, sous Henri II, la principale source des revenus de l'État; on la croyait intarissable et l'on y puisait sans cesse. On avait créé, en 1550, excepté à Paris, des offices de *superintendants provinciaux* des deniers d'octroi, entre les mains desquels les receveurs particuliers des villes devaient verser la part du lion que le fisc royal prélevait sur les ressources communales.

Les taxes sur les vins étaient devenues à ce point prohibitives, qu'ils devinrent une boisson de luxe et portèrent un grand préjudice à la production, alors que l'agriculture était déjà dans une situation si critique. Le prix de la viande était devenu si excessif, sous le règne de Charles IX, que les marchands forains, faute de débit, ne se présentaient plus au marché.

Sous le règne de Henri III ce fut bien autre chose ! L'Étoile raconte dans ses Mémoires que « toutes les fermes étaient adjugées au-dessous de leur valeur; les fermiers, certains de trouver un appui dans les conseils du Roi, dont plusieurs membres étaient à la fois leurs associés et leurs complices, augmentaient arbitrairement les impôts; les grands seigneurs en levaient à leur profit dans leur gouvernement sans autorisation royale ».

Pour se rendre compte des exactions qui se commettaient à cette époque, il faut lire le *Secret des Finances*, de Nicolas Fromenteau, membre des États généraux de 1577, livre qui est une statistique dressée par diocèses d'après les cahiers du Tiers-État. Depuis l'avènement de Henri II jusqu'au 31 octobre 1580, c'est-à-dire dans l'espace de 32 ans, il avait été prélevé sous diverses formes des taxes s'élevant à la somme de QUATRE MILLIARDS SEPT CENT CINQUANTE MILLIONS DE LIVRES, et le taux moyen du marc d'or était alors de 180 livres, celui d'argent de 15 livres! Quelle vitalité devait avoir le peuple français pour supporter de pareilles charges! Car les nobles, le clergé, les fonctionnaires de toutes sortes jouissaient du privilège de l'exemption, et tout retombait sur lui. Les choses en étaient arrivées à ce point que, le 3 décembre 1588, le roi fut obligé de signer des lettres patentes faisant remise au peuple d'environ huit millions de livres. Seuls les octrois ne profitèrent pas de ce dégrèvement.

IV.

Nouvelle transformation des octrois.

Depuis la mort de Henri III jusqu'à Louis XIV la situation des octrois ne changea guère. C'était toujours à eux qu'on avait recours quand la pénurie se faisait sentir dans le trésor royal. Henri IV, qui avait besoin d'argent à son avènement au trône, en demanda à l'Assemblée des notables, convoquée à Rouen en 1596. Cette assemblée lui en fournit en proposant de percevoir sur

les marchandises, à leur entrée dans les villes et bourgades, un droit de 12 deniers pour livre. Ce droit ne
produisit qu'une somme de 5 millions en trois ans, bien
que tout les privilégiés habituels y fussent assujettis,
hormis les membres du clergé. On demanda, en outre,
400,000 livres aux villes, et ce fut encore l'origine de
nouvelles taxes d'octrois.

Grâce à la sage administration de Sully, qui fit une
guerre acharnée aux agents du fisc, l'ordre fut bientôt
rétabli dans les finances, et, la paix aidant, l'agriculture recevant partout des encouragements, l'abondance
devint si grande, qu'on exporta des blés, et que le taux
de l'intérêt tomba du denier 10 au denier 16. Le peuple
respira enfin. Au lieu de payer annuellement 150 millions, dont 30 à peine entraient dans les coffres de
l'État, comme en 1596, il ne payait plus que 35 millions;
et cependant, à la mort de Henri IV, Sully, par de sages
mesures financières et des poursuites impitoyables contre les dilapidateurs des deniers royaux, avait acquitté
300 millions de dettes, employé 60 millions au rachat
des parties aliénées du domaine royal, mis en réserve
à la Bastille une somme de 20 millions, pourvu les arse-
naux en armes et munitions de toutes sortes, mis en
état de défense les villes fortifiées, accompli un grand
nombre de travaux utiles, fondé des hôpitaux, creusé des
canaux, encouragé l'industrie, etc. Ce laborieux édifice,
cette œuvre colossale accomplie en si peu de temps, la
pensée politique du plus populaire de nos rois, les
projets gigantesques de reconstitution de l'Europe
d'après le principe de l'indépendance et de l'équilibre
des États, tout cela fut anéanti en un instant par le
couteau de Ravaillac. « Le crime d'nn fanatique fit des-

cendre dans la tombe, avec le roi martyr de la liberté de conscience, de vastes desseins qui, encore secrets et seulement mesurés par la grandeur des préparatifs, tenaient, d'un bout de l'Europe à l'autre, les esprits en suspens, et remplissaient les imaginations d'une attente mystérieuse. Quand on arrive à cette triste page de notre histoire, quand on relit la fin soudaine et violente d'une si noble vie et d'une si grande destinée, il est impossible de ne pas s'arrêter ému, de ne pas ressentir, à la distance de plus de deux siècles, quelque chose de l'angoisse des contemporains, qui virent tout à coup la France tomber, par la mort d'un seul homme, de l'ordre dans le chaos, de l'énergie politique dans l'affaissement, de la liberté d'action dans les entraves qu'apporte aux États l'influence de l'étranger[1]. »

La régence de Marie de Médicis, proclamée par le Parlement sur l'injonction du duc d'Epernon escorté des gardes suisses et des gardes françaises, ne fut que le règne des étrangers, qui gaspillèrent les finances et qui eussent complètement détruit l'œuvre de Henri IV en ramenant la France en arrière de son règne, si un homme de génie n'était venu reprendre et achever l'œuvre politique de Henri le Grand en s'emparant de la direction des affaires. Cet homme de génie fut le cardinal de Richelieu.

« Dans ses tentatives d'innovation, Richelieu, simple ministre, dépassa de beaucoup en hardiesse le grand roi qui l'avait précédé. Il entreprit d'accélérer si fort le mouvement vers l'unité et l'égalité civiles, et

---

1. Augustin Thierry, *Essai sur l'histoire du Tiers-État.*

de le porter si loin que, désormais, il fût impossible de rétrograder. Après le règne de Philippe le Bel, la royauté avait reculé dans sa tâche révolutionnaire et fléchi sous une réaction de l'aristocratie féodale; après Charles V, il s'était fait même un retour en arrière; l'œuvre de Louis XI avait été près de s'abîmer dans les troubles du xvi° siècle, et celle de Henri IV se trouvait compromise par quinze ans de désordre et de faiblesse. Pour qu'elle ne pérît pas il fallait trois choses : que la haute noblesse fût définitivement contrainte à l'obéissance au roi et à la loi; que le protestantisme cessât d'être un parti armé dans l'État; que la France pût choisir ses alliés librement, dans son intérêt et celui de l'indépendance européenne. C'est à ce triple objet que le ministre-roi employa sa puissance d'esprit, son infatigable activité, des passions ardentes et une force d'âme héroïque [1]. »

Mais Richelieu, sans cesse préoccupé de combattre les ennemis de l'autorité royale et d'accomplir ses grands desseins politiques, ne s'occupa malheureusement guère de l'administration des finances. Il lui manquait un surintendant sage et prévoyant comme celui du feu roi, et il laissa trop les deniers de l'État à la discrétion de ceux qui les gouvernaient. Aussi le règne de Louis XIII fut-il, au point de vue financier, un des plus désastreux de la monarchie.

Il fut créé, de 1621 à 1643, pour 20,534,000 livres de rentes, et les revenus des trois années suivantes, 1544, 1545 et 1546, étaient déjà consommés. Les effets publics, créés pour rembourser des offices et des rentes,

---

1. Augustin Thierry, *Essai sur l'histoire du Tiers-État.*

avilis par leur nombre et l'impuissance où se trouvait l'État d'y faire honneur, étaient passés en compte au trésor royal par les financiers presque à leur valeur primitive, bien que, le plus souvent, ils les eussent achetés à vil prix, et l'État se trouvait obéré par ces usures. Bien que les droits des fermes eussent été augmentés de 60 %, le produit, par suite des malversations des agents du fisc, en était moindre qu'avant cette augmentation. Les tailles, arrivées à 57,400,000 livres, rapportaient moins qu'en 1620, alors qu'elles variaient entre 18 et 20 millions. Le commerce, chargé de droits, était à moitié ruiné, ainsi qu'il résulte des remontrances faites au roi en 1655 par les six corps des marchands de Paris.

Il serait trop long d'énumérer tous les impôts ou surtaxes d'impôts qui furent établis à cette époque; ce qu'il y a de certain, c'est que les octrois ne furent point oubliés. Un édit du 8 novembre 1640 prescrivait, pour frais de guerre, la levée du 20° denier du prix des marchandises de toute nature entrant et vendues dans toutes les villes, bourgs et bourgades du royaume. Un édit de 1644 frappait d'un impôt de 20 sols chaque muid de vin entrant dans Paris pour être vendu *ou ne faisant que le traverser*, sans préjudice du droit de 6 livres 6 sols qui existait déjà.

Malgré les prélèvements énormes opérés au profit du roi, les communes trouvaient cependant, soit dans leurs revenus, soit dans leurs octrois, quoique au prix de grands sacrifices, les ressources nécessaires à la marche des services municipaux, et leur indépendance financière leur permettait de conserver leur indépendance politique si chèrement acquise. Mais Richelieu, en centralisant l'autorité entre les mains du monarque, porta un coup funeste à cette indépendance. Dépouillées de leurs droits politiques, les communes ne tardèrent pas à perdre leur indépendance financière. Ce fut Mazarin qui leur porta le coup décisif par un acte royal en date du 21 décembre 1647, stipulant « que tous les deniers communs d'octroi et autres qui se levaient au profit des villes et des communautés seraient portés à l'épargne, en autorisant en même temps les maires et échevins à lever par doublement les mêmes droits et octrois dans lesdites villes ou communautés ».

Les troubles de la Fronde arrachèrent en grande partie les communes aux suites ruineuses d'une pareille mesure que Mazarin se trouva dans l'impossibilité de faire rigoureusement exécuter. Un arrêt du conseil en date du 28 juin 1653 ordonna de verser à l'épargne la première partie seulement au lieu de la totalité des octrois, tant anciens que nouveaux, perçus avant la déclaration de 1647 ou accordés depuis.

Enfin parut le célèbre ministre de Louis XIV, Colbert, qui, né au sein du peuple, devait avoir le respect des libertés communales. Il n'hésita pas à faire révoquer la déclaration de 1647. Par un édit du mois de décembre 1663, la part de la couronne dans le revenu brut des octrois fut réduite à la moitié, laissant l'autre moitié aux communes qui, toutefois, devaient supporter les frais de perception.

Jusqu'à Louis XIV, les octrois étaient temporaires. Une ordonnance du 22 juillet 1681 attribua aux concessions faites la perpétuité, et confirma, en ce qui concerne le prélèvement de moitié par l'État, les dispositions édictées en 1663. Toutefois, les octrois accordés aux villes postérieurement à 1681 ne furent pas soumis au partage, et furent perçus au profit exclusif des communes. L'ordonnance de 1681 stipulait en outre différentes réserves au sujet d'objets que les communes ne pouvaient imposer.

Voici d'ailleurs le texte de cette ordonnance :

ART. 1er. — Sera levée à nostre profit, à perpétuité, la première moitié de tous les octrois, dons, concessions, deniers communs tant anciens que nouveaux et autres impositions qui se lèvent sur les habitants des villes, bourgs et communautez de nostre royaume, ainsi que nous en avons jouy jusqu'à présent, dans lesquels n'entendons pas comprendre les *deniers patrimoniaux.*

ART. II. — Les debtes, subsistances, rentes et autres charges tant générales que particulières des villes, bourgs et communautez seront prises sur l'autre moitié, la perception de laquelle les maires, échevins, syndics et leurs procureurs pourront aussi continuer à perpétuité, encore que le temps porté par l'octroy fût limité ou expiré. Voulons que nos présentes leur tiennent lieu de lettres de confirmation et de continuation.

ART. III. — Les fermiers de la première moitié à nous appartenant seront préférez, dans tous les lieux où le partage n'a pas esté fait, à tous autres dans les baux à faire de l'austre moitié, en se soumettant aux mesmes charges et conditions. A l'égard des baux faits, ils pourront s'y faire subroger en indemnisant les preneurs.

ART. IV. — En cas de contestation, la connaissance en appartient, en première instance, à nos officiers des élections, dans les lieux où elles sont établies, et ailleurs, à nos austres officiers que nous commettrons, et, par appel, à nos Cours des Aydes.

ART. V. — Voulons, au surplus, que les octrois et deniers communs qui se lèvent, soit à l'entrée ou pour la vente en gros ou en détail, soient perçus et exercez à nostre profit en la mesme manière que nos austres droits d'entrée, de gros et de détail, de pareille qualité.

ART. VI. — Défendons, néanmoins, de lever les droits d'octroy et des villes sur les biscuits, vin, bière, cidre, houilles, vinaigres, chairs de bœuf et de porcs salez, poissons salés, bru, riz, fèves ou fajols, et austres denrées, boissons et liqueurs servant à l'avitaillement de nos vaisseaux particuliers, armez en guerre ou pour faire le commerce.

Pendant les dernières années du règne de Louis XIV, années désastreuses où la misère du peuple arriva à son comble, les recettes des octrois diminuèrent dans une forte proportion. C'est cependant à eux que le roi s'adressa encore dans sa détresse. Un édit de 1710 ordonnait *la levée d'un double droit des deniers et revenus des octrois qui se percevaient dans toutes les villes.*

Ce double droit, cumulé avec la moitié du produit brut des octrois, était encore perçu à la mort du Roi-Soleil, le 1ᵉʳ septembre 1715.

V.

Confiscation des octrois.

Le grand roi, en mourant, léguait un triste héritage à son arrière-petit-fils : les campagnes dépeuplées ; l'agriculture, l'industrie et le commerce ruinés ; une dette de deux milliards huit cents millions ; une dépense annuelle de cent soixante-cinq millions ; sept cents millions de dettes courantes ; et pour faire face à ces charges écrasantes, les sources de l'impôt à moitié taries et les recettes des deux années 1716 et 1717 engagées à l'avance pour les trois quarts. Tel était le bilan de la fin du *Grand Règne !*

Il eût fallu, pour réparer ces désastres et sortir de cette situation difficile, un roi comme Henri IV ou un ministre comme Sully. Malheureusement le gouvernement tomba entre les mains du duc d'Orléans et, bientôt, dans celles de Louis XV.

Le Régent commença par faire rendre gorge aux

traitants. *Quatre mille quatre cent dix* d'entre eux furent condamnés par une chambre de justice à rembourser au trésor 219,478,391 livres; mais un tiers seulement de cette somme fut encaissé par le Trésor. Une réduction des rentes sur l'Hôtel de Ville et la falsification des monnaies produisirent en outre une somme dépassant 300 millions. Mais ces expédients financiers, d'une loyauté douteuse, ne furent que des palliatifs insuffisants, et la crise que tout le monde prévoyait ne tarda pas à se produire. Elle éclata en effet à la débâcle du fameux système de Law par une banqueroute d'un nouveau genre, et l'État se trouva libéré d'une partie de ses dettes. Cependant le Trésor était toujours vide et il fallut trouver de nouvelles ressources. Malgré les remontrances du Parlement, on créa de nouveaux offices dont on fit supporter les charges aux octrois. On fut alors obligé d'en établir de nouveaux ou d'en augmenter les droits. Beaucoup de villes furent obligées d'emprunter, la part prélevée par le fisc sur les revenus communaux ne leur laissant plus les ressources nécessaires à leurs besoins.

Sous le règne de Louis XV la situation devint absolument intolérable. La dilapidation des finances fut telle, et les besoins du Trésor devinrent si pressants, qu'on dut avoir recours à des expédients de toutes sortes pour dissimuler la ruine du pays. Par une succession d'édits qu'il serait trop long d'énumérer, non seulement Louis XV confisqua la seconde moitié du produit des octrois et contraignit les communes, ainsi dépouillées, à établir de nouvelles taxes, mais il trouva encore le moyen de faire sur ces dernières un prélèvement important.

Alors l'indépendance que les communes avaient conquise autrefois au prix de tant d'efforts et de sacrifices, souvent au prix de leur sang, disparut complètement, au double point de vue politique et financier, devant les exigences sans cesse renaissantes du Trésor et l'absolutisme de la monarchie.

La situation financière, malgré les véritables banqueroutes qui avaient eu lieu, était si déplorable à l'avènement de Louis XVI, que les divers ministres des finances de ce malheureux roi s'ingénièrent en vain pour combler les vides du Trésor; le déficit augmentait sans cesse, et le Parlement refusa l'enregistrement des édits établissant de nouveaux impôts : il déclara qu'aux États généraux seuls appartenait le droit de les consentir. Le gouvernement essaya vainement de résister; la lutte ne pouvant plus continuer entre le Parlement et l'autorité royale représentée par Necker, le Roi décida enfin la convocation des États généraux et il en fit l'ouverture à Versailles le 5 mai 1789. Le 17 juin, l'Assemblée nationale s'était constituée. Les hommes du Tiers-État allaient enfin établir le règne de la liberté, de l'égalité et de la justice.

VI

Suppression momentanée des octrois.

Il était temps que la grande Révolution éclatât et que, par l'immortelle déclaration des droits de l'homme, où se trouvait la consécration des principes nouveaux qui devaient régénérer la société, elle établît les droits de tous et de chacun.

Les taxes de l'octroi avaient atteint à ce moment des proportions inouïes. Les fermiers, qui avaient été imposés aux communes, employaient non seulement les moyens les plus odieux et les plus vexatoires pour la perception de ces taxes, mais, comme tous les traitants, ils cherchaient à en tirer les produits les plus élevés et tous les moyens leur paraissaient bons pour arriver à ce résultat. Les octrois étaient devenus dans ces conditions absolument odieux, aussi bien sous le rapport des sacrifices qu'ils imposaient aux habitants des villes que par le mode de perception qui s'exerçait avec une véritable tyrannie.

« Les formalités auxquelles cet impôt assujettit le public, a dit Chaubry de la Roche [1], les gênes multipliées dans lesquelles il le tient, les perquisitions indécentes, scandaleuses, despotiques auxquelles il donne lieu, font assez connaître l'illégitimité de son existence... Les traitants ont toujours eu beaucoup d'aptitude à commenter les lois fiscales; doués d'une volonté constante, d'un esprit profond à cet égard, ils voient dans un texte ce que nul autre qu'eux ne pourrait y voir : ils trouvent matière à faire rendre des arrêts sur ce texte et à donner des décisions de compagnies sur ces arrêts... Qu'il est douloureux d'exercer un état où l'honneur perd contenance! »

Ce qu'il y avait de plus grave, c'est qu'en vertu des exemptions d'impôts consacrées par l'ancienne législation en faveur de la noblesse, du clergé, de la magistrature et même d'une catégorie assez nombreuse de petits fonctionnaires, les taxes d'octroi n'étaient en réalité

---

1. *L'Esprit des impôts et leur régime*, par le citoyen Chaubry de la Roche.

acquittées que par les citoyens les moins aisés, et elles constituaient pour eux des charges qui les privaient souvent du nécessaire.

Aussi, parmi les réformes entreprises par l'Assemblée constituante, celles dont elle s'occupa avec le plus d'ardeur furent les réformes fiscales et, au nombre de celles-ci, elle ne pouvait oublier les octrois. Les difficultés financières ne permirent cependant pas aux représentants du pays de les supprimer tout d'abord. Allant au plus pressé, en attendant que son comité eût préparé son travail, l'Assemblée décida, le 28 janvier 1790, que les droits d'octroi seraient acquittés, comme les autres impôts, par tous les citoyens indistinctement.

Pendant le cours de l'année 1790, de vives réclamations se produisirent à la barre de l'Assemblée. Des troubles éclatèrent à Paris et dans quelques villes au sujet de la perception des droits d'octroi, dont le peuple demandait à grands cris la suppression.

Malgré les plaintes légitimes qui lui étaient journellement adressées, la Constituante confirma provisoirement les taxes d'octroi. Par la loi du 15 mars 1790, abolissant les droits féodaux, elle fit exception pour la suppression des droits d'entrée perçus soit au profit de l'État, soit au profit des villes, communautés et hôpitaux. Le 11 avril de la même année, l'Assemblée décréta que toutes les villes continueraient de percevoir les droits d'octroi sans autre titre que ce décret; enfin, le 4 août, elle ordonna de continuer la perception des taxes partout où elles étaient établies. Mais les réclamations devinrent plus vives; le peuple réclamait l'abolition des octrois. L'Assemblée constituante demanda un nouveau délai pour terminer ses études, et, à la date du 22 décembre 1790, pour calmer les troubles qui continuaient, elle décréta que les droits d'octroi continueraient à être perçus *jusqu'au moment où l'Assemblée aura statué sur les dépenses des villes, communautés d'habitants ou hôpitaux.*

Ce nouvel ajournement porta l'émotion populaire à son comble; une collision sanglante se produisit à la barrière de la Chapelle entre les préposés de l'octroi et des citoyens dont plusieurs furent tués ou blessés.

La Constituante, sentant la responsabilité qui pesait sur elle, fit hâter les travaux du comité, et le rapport d'ensemble lui fut enfin présenté par M. de la Rochefoucauld dans la séance du 19 janvier 1791.

Le projet de loi présenté par le comité opérait une refonte complète des droits d'entrée et d'octroi, mais il ne les supprimait pas. Il proposait l'établissement dans les villes de taxes levées au profit de l'État sur les marchandises et produits consommés par les habitants aisés ou riches. Ces taxes étaient limitées par des maximums de produits échelonnés depuis 20 sols jusqu'à 18 livres par tête d'habitant. Un tableau annexé au projet répartissait en huit classes, suivant leur population, les villes de plus de 2,500 habitants. Quant aux villes, l'article 13 du projet les autorisait à demander à l'Assemblée nationale d'ajouter aux taxes d'octroi perçues au profit de la nation des sous municipaux par livre; mais ces taxes municipales ne pouvaient excéder ni en totalité, ni dans aucun article du tarif, la somme perçue au profit de l'État. De cette manière on donnait aux villes le moyen de faire face à leurs dépenses municipales et à celle de leurs hôpitaux, ainsi qu'aux dettes qui leur étaient personnelles.

Cette proposition ne pouvait pas satisfaire l'opinion

publique. Le député Dauchy s'en fit l'organe à la tribune de l'Assemblée constituante, et s'éleva énergiquement contre le projet : « Vous voulez, disait-il, que le royaume soit un, mais vous ne pensez donc pas que la conséquence de cette belle idée, c'est que la circulation des denrées soit libre? Ou rétablissez tout à fait les cloisons, les traites, les barrières que vos décrets ont fait tomber aux applaudissements de la France entière, ou bien faites qu'il n'en reste point de traces; votre projet les laisserait trop apercevoir. »

A la séance du lendemain, après une longue discussion à laquelle prirent part tour à tour Cazalès, Rochebrune, Custine, Cernon, Anson, Montesquieu, Foucault, Dandré, Depresmenil, Prieur, Villas, l'abbé Maury, Lachaise, Lepelletier de Saint-Fargeau et Le Chapelier, l'Assemblée constituante rendit le décret suivant :

« L'Assemblée nationale décrète que tous les droits à l'entrée des villes, bourgs et villages seront supprimés à dater du 1er mai prochain, et charge son comité des impositions de lui présenter, sous huit jours au plus tard, le projet des impositions indirectes qui doivent remplacer les impôts supprimés, et qui étaient perçus au profit de la nation, des hôpitaux et des villes, de manière à assurer les fonds nécessaires pour faire face aux dépenses publiques de l'année 1791. »

La suppression des octrois donna lieu à une fête populaire. Le soir du 30 avril, au moment où l'heure de la délivrance allait sonner, les musiques jouèrent leurs morceaux les plus joyeux; des mais furent plantés pour rappeler aux populations futures cet heureux événement, et l'un d'eux fut placé sous les fenêtres du roi.

Le canon du Pont-Neuf et celui des Invalides annoncèrent au peuple la chute des barrières, et les danses s'organisèrent dans les rues éclairées par de brillantes illuminations.

Cette joie populaire devait être de courte durée.

En abolissant les octrois, l'Assemblée constituante avait bien reconnu la nécessité de remplacer, par d'autres impôts indirects, les ressources dont les villes venaient d'être privées. Les services locaux, les bureaux de bienfaisance, les hôpitaux ne pouvaient s'en passer sans rester en souffrance.

Le comité des impositions ne put malheureusement, dans le temps très court qui lui était accordé, trouver la solution du problème. Pressé par la nécessité, il fut obligé de proposer une solution provisoire, sanctionnée par la loi du 29 mars 1791. Cette loi, dans ses articles 5 et 6, permettait la création de centimes additionnels aux deux contributions directes de répartition : impôt foncier, contribution mobilière. Les directoires de départements étaient chargés, sur l'avis des directoires de districts, d'autoriser ces impôts s'ils leur semblaient indispensables pour assurer le fonctionnement des services municipaux. Les communes avaient aussi obtenu un certain revenu par la loi du 2 mars 1791. Cette loi créait l'impôt des patentes, que l'on pouvait considérer comme le prix du rachat de la liberté du commerce et de l'industrie ; elle décidait, par son article 17, qu'il serait versé 2 sous par livre du prix de chaque patente dans la caisse municipale, pour subvenir aux dépenses particulières de chaque commune.

L'Assemblée constituante, bientôt préoccupée de la défense du pays et absorbée par les nécessités de la politique, ne put achever son œuvre. Les ressources mises à la disposition des communes, comme remplacement des octrois, furent insuffisantes, et le déficit augmentant chaque jour dans les caisses communales, il fut bientôt question de rétablir quelques-unes des anciennes taxes et même de ressusciter les octrois. L'Assemblée fut en effet sur le point de les rétablir. Elle chargea Dupont de Nemours de faire un rapport, et celui-ci accepta cette tâche « de peur, disait-il, qu'un méchant commis ne rendît la loi plus dure ».

« Et alors, dit M. Yves Guyot[1], se passa une scène qui paraît étrange à notre époque, mais qui caractérise si bien celle-là qu'il n'est pas inutile de la reproduire.

« Lorsqu'il déposa son rapport devant l'Assemblée, il le fit précéder d'une préface dans laquelle il exposait « l'injustice d'imposer, sur des marchandises de même nature dont la qualité plus ou moins précieuse ne pouvait être distinguée, des taxes qui seraient légères sur la consommation du riche (laquelle est toujours dans les meilleures qualités), pesantes sur celle du pauvre, qui ne pouvait atteindre aux qualités supérieures »; il fit valoir encore certaines autres considérations, et puis l'émotion le gagna, et c'est lui-même qui parle :

« Je finis en déplorant mon sort d'avoir été forcé par le décret impérieux de l'Assemblée nationale de prodiguer mon temps et mes efforts contre mon opinion formelle et déclarée pour une opération contraire à mes principes, à mes lumières, à mon devoir, au vôtre, messieurs! Mes derniers mots furent : « Je vous ai donné plus que ma vie! »

---

1. Exposé des motifs de sa proposition de loi sur la suppression des octrois.

« J'étais vivement ému, je versais de grosses larmes, mon opinion gagna mes collègues de tous les partis. Presque unanimement, ils me défendirent de lire le projet et abandonnèrent leur entreprise. »

Cependant les villes étaient de plus en plus obérées ; les services des communes en souffraient : les malheureux ne trouvaient plus les secours nécessaires dans les bureaux de bienfaisance, et les malades les soins qu'on leur devait dans les hôpitaux. Il fallait suppléer à l'insuffisance des centimes additionnels pour satisfaire aux dépenses les plus urgentes des administrations municipales, surtout dans les grandes villes et notamment à Paris. La suppression de l'octroi avait privé la capitale d'un revenu de 10,851,413 francs qu'elle obtenait en 1789, sur un revenu total de 35,910,859, la différence, soit 25,059,446, étant la part du trésor royal.

La situation financière des villes était devenue si difficile, que bon nombre d'entre elles se décidèrent à rétablir certaines taxes pour faire face aux besoins les plus urgents. Le législateur s'en émut. L'article 6 de la loi du 29 mars 1797 décida : « Qu'en cas d'insuffisance des centimes ou sous additionnels de la contribution personnelle et mobilière pour les dépenses des administrations municipales et locales, on ne pourrait recourir qu'à des contributions indirectes et locales dont l'établissement et la perception ne pourraient être autorisés que par le Corps législatif. »

C'était le premier pas vers le rétablissement des octrois. Le second fut bientôt franchi. Le 27 vendémiaire an VII, ils étaient rétablis en faveur de la ville de Paris, comme octroi *municipal et de bienfaisance*, destiné de préférence aux dépenses des hospices et des secours à domicile. La voie était ouverte et les octrois allaient reparaître, car on comprend que les autres villes imitèrent l'exemple de Paris et que de nombreuses demandes furent adressées aux représentants de la nation. Après avoir autorisé la ville de Paris, on ne pouvait faire moins en faveur des autres communes. L'article 54 de la loi votée le 11 frimaire an VII autorisa en effet l'établissement d'octrois dans les communes formant à elles seules un canton ou considérées comme telles. Les articles suivants de la même loi indiquaient les formalités que devaient remplir les municipalités pour mettre le pouvoir en mesure d'apprécier leur demande et les règlements soumis à son approbation.

VII.

Rétablissement des octrois.

C'en était fait, les octrois reparurent partout où ils avaient été supprimés, avec leur cortège de vexations, d'injustices et d'abus.

Imitant la conduite des rois auxquels il allait bientôt succéder, Bonaparte fit rendre par les consuls, à la date du 4 frimaire an XI, un arrêté aux termes duquel toutes les villes au-dessus de 4,000 âmes étaient obligées de verser au trésor un vingtième du produit de leurs octrois. Ce prélèvement fut bientôt augmenté et étendu aux villes de moins de 4,000 âmes.

Si nous ajoutons que la perception des taxes fut concédée à des fermiers ; que le choix des objets imposés, abandonné aux soins des communes, fut fait sans mesure et, le plus souvent, de la façon la plus arbitraire, on comprendra que les abus qu'on avait reprochés aux anciens octrois se reproduisirent dans les nouveaux.

Le désordre prit des proportions telles, que le gouvernement impérial fut obligé d'intervenir. Par décret daté du 17 mai 1809, il établit la nomenclature des objets qui pouvaient être imposés, et plaça les octrois sous le contrôle de l'administration des droits réunis, nouvelle institution récemment éclose dans le cerveau du grand Napoléon.

Cette innovation ne fut pas heureuse ; elle ne fit qu'aggraver les désordres et les dilapidations. Pour y mettre un terme, l'empereur fit placer la perception des taxes communales dans les attributions de la régie des droits réunis, par décret en date du 6 février 1812. C'était une grave atteinte portée à l'autonomie communale, les conseils municipaux ne pouvant plus fixer à leur gré le mode et les règles de la perception ; mais les libertés municipales ne devaient guère préoccuper celui qui avait imposé l'absolutisme en politique et une centralisation sans bornes en administration.

La Restauration rendit aux communes les franchises que l'Empire leur avait confisquées. Dès 1814, le service des octrois fut replacé dans les attributions des municipalités, sauf quelques restrictions qui disparurent dans la loi du 28 avril 1816.

D'après cette loi, les communes étaient remises en possession du droit de choisir le mode de perception qu'il leur convenait d'employer : régie simple, régie intéressée, bail à ferme, abonnement avec la régie des contributions indirectes. La perception avait lieu sous la surveillance du maire, contrôlé lui-même par les représentants du pouvoir central, le préfet ou le sous-préfet. L'administration centrale s'était toutefois réservée le droit d'approuver, soit l'établissement d'octrois nouveaux, soit les tarifs votés par les conseils municipaux.

Sauf quelques modifications de détail, cette législation est encore en vigueur. Cependant, depuis qu'elle est rétablie, on n'a pas cessé de renouveler les critiques dont les octrois avaient été l'objet avant 1789.

Dans un rapport adressé au roi le 15 mars 1830, M. le comte de Chabrol, alors ministre des finances, proposait l'établissement d'un impôt unique et *ad valorem* sur les boissons, et il examinait « s'il ne conviendrait pas d'abandonner le prélèvement du dixième opéré par le trésor sur les droits d'octroi, dans le cas où les droits d'octroi sur les vins seraient supprimés, afin de faciliter aux communes le remplacement du revenu dont elles seraient privées. »

Sous la monarchie de Juillet, le mouvement économique qui se produisit appela de nouveau l'attention sur les octrois, que beaucoup de publicistes comparaient avec raison à de petites douanes intérieures, et par conséquent entièrement opposées aux principes du libre échange qui donnait matière, à cette époque, aux plus vives controverses.

Une tentative fut faite en 1846 par M. de Genoude. Il proposa à la Chambre la suppression des octrois ; mais cette tentative échoua parce que son système de remplacement des taxes communales fut repoussé par la Chambre. Il proposait d'établir une taxe nouvelle sur la propriété territoriale qui était déjà surchargée d'impôts.

Il fallait trouver autre chose, car l'opinion publique condamnait les octrois et ne cessait d'en demander l'abolition.

Sur ces entrefaites la révolution de 1848 éclata, et la suppression des octrois fut de nouveau vivement réclamée. Malheureusement le moment était mal choisi. Une pareille réforme ne peut se faire que dans un moment calme, alors que les questions politiques ne dominent pas les questions économiques. Il était loin d'en être ainsi au lendemain de la révolution de Février.

« En effet, la crise industrielle qui éclata avait entraîné le chômage des ateliers; les municipalités, pour assurer des moyens d'existence à ces milliers d'ouvriers sans ouvrage, durent entreprendre de grands travaux publics ; elles avaient besoin, à cet effet, de toutes leurs ressources, et les octrois en formaient la partie la plus importante. Cependant le Gouvernement provisoire dut examiner la question de la suppression des octrois qui s'imposait à son attention. Il ne crut pas possible, à raison des circonstances, de la réaliser immédiatement, et la solution que réclamait ce problème économique ne lui parut pas assez mûrie, assez préparée pour qu'il osât modifier ainsi les éléments de recettes des budgets municipaux. Au lieu de les supprimer, il tenta de les réformer. Par deux décrets du 18 et du 24 avril 1848, il abolit les droits perçus sur la viande de boucherie et la charcuterie. Cette réforme partielle ne produisit pas, comme on l'espérait, l'abaissement des prix; et les défenseurs des octrois cherchent à l'aide de cette expérience à démontrer que le consommateur ne ressentira aucun avantage de la suppression de cet impôt [1]. »

1. P. Deloynes, *Les Octrois et les Budgets municipaux.*

A la même date du 18 avril, le Gouvernement provisoire rendait un décret dont nous détachons le passage suivant :

« Considérant que l'octroi établi sur les boissons pèse d'une manière inique sur les diverses qualités de vins ; — Que cet impôt frappe la boisson ordinaire des travailleurs de 100 0/0 de la valeur primitive, tandis que les vins de luxe ne paient que 5 ou 10 0/0 de leur prix vénal ; — Que cette inégalité choquante provoque des fraudes nuisibles à la santé des travailleurs, etc... » — En conséquence le Gouvernement provisoire confiait au maire de Paris et au ministre des finances le soin de présenter, dans le plus bref délai, un règlement qui modifiât les droits d'octroi sur les vins d'une manière plus conforme au principe de la proportionnalité.

Les événements politiques ne permirent pas au Gouvernement provisoire de donner suite à ces projets, et, comme on constatait quelques mois plus tard que les recettes avaient baissé sans profit pour le consommateur, la ville elle-même demanda le rétablissement de la taxe sur la viande et, par une loi du 30 août 1848, l'ancien tarif fut rétabli.

En 1851, deux représentants du peuple, MM. Jorez et Soubre, proposèrent l'abolition des octrois à partir du 1er janvier 1852. Leur proposition ne pouvait être adoptée et elle fut en effet repoussée. L'expérience qu'on avait faite en 1791 ne permettait plus de croire que les communes pussent se passer des revenus de l'octroi, et les deux honorables représentants n'avaient pas songé à y pourvoir par des impôts d'une autre nature. M. Sauteyra renouvela cette proposition, mais en proposant de

remplacer les droits d'octroi par des centimes additionnels et un impôt communal sur le revenu. Cette proposition eut le même sort que la précédente.

Peu après Louis-Napoléon Bonaparte fit son coup
d'État; la presse fut à peu près étouffée et la tribune
devint muette. Ce ne fut qu'en 1860 que le problème
se posa de nouveau, parce qu'il venait d'être résolu en
Belgique. Tous les économistes et les hommes politiques de notre pays avaient les yeux fixés sur ce petit
royaume où l'on venait d'accomplir une réforme que
nous attendions vainement depuis plus de quarante ans.

Le peuple belge, dont la sagesse et l'esprit politique
devraient bien nous servir d'exemple, a salué de ses
applaudissements unanimes la chute des antiques barrières de l'octroi qui eut lieu le 18 juillet 1860.

Cette chute, qui retentit jusqu'aux extrémités de
l'Europe, provoqua en France une satisfaction mêlée
d'un peu d'humiliation. Il semblait dur au peuple français, après avoir été en Europe l'initiateur de toutes les
libertés, de se voir devancer tout à coup dans la voie du
progrès par un peuple qui comptait à peine cinq millions d'âmes.

Mais cette leçon porta ses fruits. L'attention fut
appelée de nouveau sur la question des octrois, et un
mouvement d'opinion considérable se produisit en
France presque instantanément en faveur de leur suppression.

VIII.

Tentatives de réformes.

MM. de Lavergne, Ducuing, Gustave Janicot, Hermitte, A. Éloy, J. Mancel, Pelletier, J.-J. Barral, entreprirent une campagne dans la presse et attaquèrent vigoureusement les octrois. MM. Frédéric Passy, Charles Ducher, Alfred Assolant, Émile Pereire, leur portaient des coups répétés, et M. Glais-Bizoin, l'un des fameux cinq du Corps législatif, dirigeait ces nombreuses attaques.

Malheureusement ces publicistes, tous d'accord sur la nécessité d'abolir les octrois, étaient entièrement divisés sur les moyens de pourvoir à leur remplacement.

Les uns s'attachaient à démontrer l'injustice de cet impôt et demandaient sa suppression sans se préoccuper du mode de remplacement. Les autres proposaient une foule de moyens tels que la généralisation des assurances, l'abaissement de la taxe sur les lettres, de l'impôt du tabac, du prix des dépêches télégraphiques et l'abandon aux communes de l'augmentation du produit que ces mesures devaient amener. On y ajoutait le produit de l'enregistrement obligatoire de tous les baux, du timbre sur les factures, etc., etc.

M. J.-J. Barral préconisait le système que la Belgique venait d'inaugurer, mais M. Ducher le repoussait comme anormal et anti-économique. M. Frédéric Passy blâmait les impôts indirects en général. Il voulait qu'on taxât les cheminées au lieu du combustible, les chevaux à la place des fourrages, et qu'on fît appel à la contribution locative et à celle des portes et fenêtres. Il indiquait même une contribution nouvelle : la *Contribution volontaire*.

Si les octrois avaient de nombreux adversaires, ils comptaient aussi quelques défenseurs, parmi lesquels figuraient au premier rang MM. Brun, ancien sous-préfet; Courcelles, du *Nouvelliste* de Rouen; Gilles, préposé en chef de l'octroi de Beauvais; Ange de Léon, A. Buret de Sainte-Anne, du *Journal d'agriculture pratique*, etc., mais ces derniers, qui défendaient d'ailleurs une mauvaise cause, furent peu écoutés. L'octroi était depuis longtemps condamné. Les économistes qui en avaient fait ressortir l'iniquité n'avaient pas eu de peine à démontrer qu'il n'était conforme ni aux règles de l'économie politique ni à la proportionnalité des charges. A l'évidence de cette démonstration on ne pouvait objecter que les nécessités budgétaires, et les solutions proposées ne permettaient malheureusement pas de vaincre cet obstacle.

M. Glais-Bizoin se décida alors à soumettre la question au Corps législatif. A cette époque les représentants du pays n'étant pas investis du droit d'initiative, l'honorable député ne pouvait proposer l'abolition des octrois que sous forme d'amendement à la loi de finances. On comprend qu'une semblable réforme, qui exigeait une longue étude, ne pouvait être utilement discutée par la commission du budget. Aussi l'amendement de M. Glais-Bizoin fut repoussé; mais la question était posée. Jusqu'à la fin de l'Empire, on ne cessa de s'en occuper, et le gouvernement impérial, sous la pression de l'opinion publique, fut obligé de la mettre à l'étude; car des pétitions, venues de tous les points du pays, lui demandaient d'abolir les octrois.

« L'année 1867, dit M. P. Deloynes [1], vit se produire un fait économique important; l'agriculture avait éprouvé de graves souffrances; sa voix autorisée se faisait entendre; les plaintes formulées par les agriculteurs ne pouvaient manquer d'attirer l'attention de la presse, de la Chambre et du gouvernement lui-même. Pour les calmer et pour chercher un remède à ces maux, le gouvernement avait ordonné une enquête. Une commission se réunit à Paris pour entendre les dépositions des hommes les plus éminents, qui avaient consacré leur temps à l'étude des questions agricoles. La réforme des impôts de consommation devait naturellement s'y trouver agitée. La déposition de ces économistes a dans ce débat une importance d'autant plus grande que leur opinion est le fruit d'une longue expérience et d'une étude approfondie. »

M. P. Deloynes, professeur de droit administratif, dans un livre remarquable qu'il a écrit sur les octrois, a reproduit les parties les plus essentielles des dépositions qui ont été faites devant la commission.

Nous en détachons les passages suivants :

M. Barral, interrogé par M. Pouyer-Quertier sur la question de la suppression des octrois, répondait :

« Je suis pour la suppression radicale des octrois; je crois qu'il deviendra de plus en plus difficile de les remplacer, et que, si l'on attend quelques années de plus, il

1. *Les Octrois et les Budgets municipaux*, Guillaumin et Cⁱᵉ.

s'agira d'une somme bien autrement considérable qu'aujourd'hui. Selon moi, les octrois sont nuisibles à l'agriculture, surtout parce qu'ils arrêtent la consommation, et par suite la production ; parce que les limites de leur perception sont beaucoup trop étendues, et parce qu'ils frappent plus généralement des matières alimentaires produites par le cultivateur. Les communes ont une tendance à reporter tous les jours plus loin les bornes qui font les limites de leurs octrois. »

Interrogé par M. Larrabure sur le moyen de remplacer les revenus de l'octroi, M. Barral répondait qu'on y substituerait d'autres impôts. Quand les villes font de grands travaux, elles doivent les faire payer directement par les habitants, les propriétaires de la ville ; les améliorations et l'entretien des villes doivent être payés par des impôts directs. Après avoir cité l'exemple de l'Angleterre, où la cote de contribution indique qu'on paye tant pour l'éclairage, tant pour le pavage, le balayage, la police, etc., M. Barral préconisait le système que venait d'adopter la Belgique.

M. de Benoist posait ensuite la question suivante à M. Barral : « Ne croyez-vous pas qu'en supprimant les droits d'octroi dans les villes, on y rendrait la vie à meilleur marché pour les classes pauvres, et qu'on augmenterait l'attrait que les villes offrent aux populations des campagnes ? Ne serait-ce pas aller ainsi contre le vœu émis par les agriculteurs, qui demandent qu'on retienne les populations dans les campagnes ? »

M. Barral répondait : « Je ne le crois pas, parce que je me figure que les villes feraient moins de travaux exceptionnels et de luxe, et qu'ainsi elles attireraient moins les populations qui vont là où elles trouvent de l'ouvrage. Si, dans les campagnes, on leur donne du travail convenablement rétribué, elles y resteront. »

M. Victor Borie, rédacteur en chef du journal l'*Écho agricole*, appelé à son tour devant la commission, s'exprimait ainsi :

« La question de la suppression des octrois est une question très délicate. Tout homme qui étudie sérieusement ces choses-là considère les octrois comme un des impôts dont l'assiette est la plus injuste, et l'un des impôts les plus gênants, soit pour l'agriculture, soit pour l'échange général des produits.

« En principe, je considère l'octroi comme un impôt analogue, quoique bien moins nuisible, aux douanes intérieures qui existaient en France avant Turgot.

« Mais cette question-là doit être abordée avec une grande prudence, car les villes ont des besoins qu'il faut satisfaire, et il est nécessaire qu'elles possèdent un budget comme l'État a le sien. Avec un budget général très chargé, comme est celui de la France, comment remplacerait-on les ressources que donnent les octrois ? Cette question me semble assez difficile à résoudre. »

Interrogé sur l'influence de l'octroi au point de vue des intérêts de la campagne, M. Borie répondait ainsi : « Cet impôt n'a qu'une influence indirecte sur la situation des cultivateurs. Il en a davantage pour certains industriels, à Paris notamment.

« Dans une petite enquête que j'ai personnellement faite, j'ai pu m'assurer que, pour certaines maisons de commerce de Paris ou pour certaines industries situées hors barrière, les formalités de l'octroi étaient l'occasion d'une perte de temps pour les hommes et les chevaux que l'on pouvait évaluer de 10 à 12 francs par jour, sans profit pour personne, ni pour l'État, ni pour la ville.

« Ces formalités d'octroi nécessaires frappent seulement une certaine classe d'industriels ou de commerçants. Quant aux cultivateurs, il est évident que l'octroi exerce surtout son influence fâcheuse sur certains produits déterminés, comme la viande abattue, le vin, etc.

« D'un autre côté, lorsqu'un cultivateur peu aisé porte ses denrées au marché, il paye le droit en entrant en ville. Or s'il apporte, par exemple, quelques paires de poulets pour acheter du blé, il faut qu'il fasse l'avance du droit avant de savoir s'il vendra sa marchandise, et s'il n'a pas cette avance, comment fera-t-il ? Dans tous les cas, il est obligé de vendre à tout prix afin de ne pas perdre le droit avancé par lui à l'entrée. Est-ce là l'effet d'un impôt favorable au cultivateur ? »

Enfin, répondant à un membre de la commission qui lui demandait si les droits d'octroi ne sont pas réglés dans telle ou telle ville, de manière à favoriser les produits que fournissent les campagnes situées autour de ces villes, par rapport aux produits de même nature provenant de parties plus éloignées de la France, M. Borie répondait que le fait était vrai.

« On se plaint dans le Midi, par exemple, que les vins payent au Nord un droit plus considérable que les boissons fermentées d'une autre nature.

« A Lyon, on protège le vin au détriment de la bière ; ailleurs, la réciproque existe en faveur de la bière au détriment du vin. Les tarifs sont établis par les habitants de la localité, et il y a toujours une tendance à favoriser les produits du pays par rapport à ceux importés de plus loin. »

Il résulte de ce qui précède que les octrois ont bien le caractère de petites douanes intérieures.

M. Lecouteux, propriétaire-agriculteur en Sologne, rédacteur en chef du *Journal d'agriculture pratique*, appréciait l'impôt des octrois de la façon suivante :

« Je crois d'une manière générale que le système financier d'un État doit être en harmonie avec le caractère économique de cet État. En d'autres termes, le système financier qui convient à un pays essentiellement agricole ne doit pas être le même qui convient à un pays essentiellement manufacturier et commercial. Or, la France étant un pays essentiellement agricole, et la petite quantité d'engrais disponible étant aujourd'hui le défaut de son agriculture, tout octroi qui nuit à la production du bétail, à la production de la viande, devrait être, non pas supprimé, mais *réduit à ce qui est strictement nécessaire pour l'entretien des villes*. A mon avis, les villes, pour assurer leurs dépenses, devraient s'adresser à tout autre chose qu'à des produits qui sont destinés à résoudre le problème de l'alimentation publique à bon marché. Eh bien ! les octrois établis sur les bestiaux vont droit contre la solution de ce problème, *et je crois qu'il faut les supprimer*. On a posé en principe, dans notre économie industrielle, qu'il ne faut mettre que des impôts ou des droits très modérés sur les matières premières de l'industrie. Je voudrais, dans l'intérêt des villes comme dans celui des campagnes, que le bétail fût considéré comme machine à engrais, comme machine

procurant la matière première des subsistances, et qu'à
ce titre il échappât à l'octroi. »

M. de Courcy, propriétaire-agriculteur de Seine-et-
Marne, réclamait l'abolition des octrois, parce qu'il lui
semblait injuste que tous les produits étrangers en-
trassent en France en franchise, tandis qu'on est obligé,
de payer à la porte d'une ville un droit d'entrée pour les
denrées qu'on y apporte.

En combattant les octrois il se considérait comme
l'écho de presque toute l'agriculture.

A un autre point de vue, l'octroi lui semblait encore
un impôt injuste parce qu'il atteint les petits cultivateurs
plutôt que les gros. Les premiers seuls apportent leur
blé à la halle; les seconds le vendent sur échantillon et
le marchand vient le chercher dans leurs greniers. Si le
petit cultivateur ne vend pas son blé le jour où il l'a
apporté au marché, et s'il ne veut pas perdre le droit
qu'il a dû dans certaines villes payer à l'octroi, il est
obligé de le laisser sur place et de payer un droit d'em-
magasinage. Pour tous ces motifs, M. de Courcy concluait à la suppression des octrois.

M. de Vogüé, propriétaire, agriculteur dans le Cher,
reconnaissait que la majorité des agriculteurs demandait
la suppression des octrois.

Parmi les déposants, un seul, M. Wolowski, prit la
défense des octrois. Son principal argument était qu'en
les supprimant on porterait atteinte à l'action des pouvoirs locaux, c'est-à-dire, — chose singulière de la part
d'un savant économiste — qu'on porterait atteinte à
l'autonomie des communes qui, malheureusement,
n'existe pas dans notre pays. M. Wolowski se posait
en adversaire déclaré du système belge.

Nous examinerons plus loin la valeur des critiques, qu'à l'exemple de **M. Wolowski**, on a formulées en France contre ce système.

Nous croyons devoir reproduire aussi l'intéressante déposition de **M. Teyssier des Farges**, membre de comité de surveillance du Comptoir agricole de Seine-et-Marne :

« En ce qui concerne les octrois, disait-il, je suis pour leur abolition, sinon immédiate, du moins aussi prochaine que possible. Ils ne frappent pas les denrées d'une manière juste : car il est inique que le mauvais vin paye autant que le meilleur, que la viande de première qualité paye autant que celle de troisième, etc., etc., et il est difficile qu'il en soit autrement. Ils sont une gêne pour l'expéditeur comme pour le destinataire, et donnent lieu à une foule de fraudes au préjudice des deux. Ils lèsent le producteur.

« On objecte que la suppression des octrois ne ferait pas diminuer le prix des choses, et que ni le producteur ni le consommateur n'en profiteraient. C'est là une erreur. Le producteur vend maintenant ses produits suivant les cours, dont il est de jour en jour mieux informé, et il doit tenir compte des droits d'octroi. Supposons-les abolis, et supposons encore que le prix de la viande, par exemple, reste le même : il arrivera infailliblement que le producteur vendra en conséquence.

« Quant aux ressources qui doivent suppléer aux droits d'octroi, il faut et l'on peut facilement les trouver dans les taxes locales, comme en Angleterre, en Belgique, en Hollande. Ceux qui trouveront qu'elles sont onéreuses n'auront qu'à vivre à la campagne, et si c'est un moyen de diminuer la tendance à l'agglomération dans les grands centres, ce sera encore un autre service rendu. »

Une réunion de la Société des agriculteurs de France, qui avait eu lieu à Paris en janvier 1870, avait émis le vœu, à une immense majorité, « de la suppression des octrois dans le plus bref délai possible ».

Ainsi partout le même vœu se reproduit, aussi bien parmi les agriculteurs que parmi les ouvriers de villes : on demande l'abolition des octrois.

Dans leur session de 1869, les conseils généraux qui ne pouvaient rester sourds aux clameurs qui s'élevaient de toutes parts contre les octrois durent s'occuper de cette question. Plusieurs de ces assemblées émirent le vœu « que le gouvernement s'occupât de donner satisfaction aux réclamations formulées, dans l'intérêt des producteurs des campagnes et des consommateurs des villes, par la diminution des droits d'octroi ou par leur suppression, qui n'était pas plus impossible en France qu'elle ne l'avait été en Belgique et dans plusieurs autres États. »

IX.

L'octroi est sur le point d'être supprimé.

Depuis 1864 le Sénat et le Corps législatif n'avaient cessé d'être saisis de la question sous les deux formes où elles pouvaient alors se produire, par des pétitions et par des amendements.

Un de ces derniers, qui fut repoussé en avril 1869, était de l'infatigable Glais-Bizoin. Il était ainsi conçu :

Art. 1er. — A partir du 1er janvier 1870, les droits d'octroi seront abolis dans toutes les villes et communes de France.

Art. 2. — Il sera attribué à chaque commune le montant des impôts suivants, perçus dans ses limites :

1° L'impôt personnel mobilier ;
2° L'impôt des portes et fenêtres ;
3° L'impôt des patentes ;
4° L'impôt sur les chiens ;
5° Le droit sur les permis de chasse.

Art. 3. — En cas de déficit dans les recettes, par suite de la suppression des droits d'octroi, les villes et communes sont autorisées à voter des centimes additionnels à l'impôt mobilier et des patentes.

Battu dans la session de 1869, M. Glais-Bizoin revenait à la charge en 1870. L'abolition des octrois était devenue son unique préoccupation. Il s'était attaché à cette réforme comme M. Alfred Naquet devait le faire plus tard au sujet du rétablissement du divorce ; rien ne pouvait le décourager ; mais il fut moins heureux que M. Naquet.

Cette fois M. Glais-Bizoin prit M. Crémieux pour collaborateur, et comme le droit d'initiative venait d'être rendu aux représentants du pays, ces deux députés déposèrent sur le bureau du Corps législatif, à la séance du 9 février 1870, une proposition de loi qui différait peu de l'amendement que nous citons plus haut. On y ajoutait seulement le droit pour les communes d'établir au besoin un impôt sur le revenu en cas d'insuffisance du produit des trois contributions directes et des centimes additionnels.

Cette proposition fut renvoyée à une commission spéciale qui nomma un rapporteur, M. Vendre, avec mission de conclure contre l'abolition des octrois, en réclamant toutefois quelques modifications à la législation. La commission avait été amenée à formuler ces conclusions par les motifs qui ont toujours été allégués lorsque l'abolition des octrois a été demandée, c'est-à-dire sur l'impossibilité de pourvoir aux besoins des villes par d'autres ressources que celles dont on demandait la suppression. Or, la situation financière ne permettait pas alors d'abandonner aux communes les trois contributions directes.

Cependant le gouvernement impérial ne pouvait rester indifférent à la solution d'une question qui intéressait le bien-être des masses ouvrières et agricoles dont il se targuait d'être le défenseur. Dans son message, lu aux Chambres à l'ouverture de la session de 1869, l'empereur annonçait qu'une enquête serait ordonnée, et cette enquête fut en effet prescrite par M. Magne, ministre des finances, par une circulaire adressée aux conseils municipaux à la date du 22 décembre 1869.

En demandant l'avis des conseils municipaux, on pouvait craindre que leur opinion fût systématiquement opposée à la réforme qui faisait l'objet de l'enquête. Les villes, en effet, employaient le produit de leurs octrois à s'agrandir et à s'embellir, à faire, en un mot, des travaux qui attiraient dans leur sein une population croissante de rentiers, de commerçants et d'ouvriers dont la présence amenait la hausse des loyers et, par suite, une augmentation de la valeur des propriétés; tandis que les impôts qu'on se proposait de substituer aux octrois, frapperaient plus directement les propriétaires et les commerçants, dont les conseils municipaux étaient alors presque uniquement composés. Il était donc nécessaire de consulter aussi les populations rurales situées dans le rayon d'approvisionnement des villes.

M. Magne, en effet, disait dans sa circulaire « qu'il

était utile d'aller chercher les faits à leur source, de les soumettre à un examen approfondi et d'y associer le pays lui-même ». Pour arriver à ce résultat et obvier au danger que nous venons de signaler, les préfets furent chargés de faire procéder de leur côté à une enquête, en dehors des villes, par les soins d'une personne notable et, de préférence, par celle qui représentait le canton dans les conseils de l'arrondissement ou du département.

Nous avons sous les yeux quelques-uns des rapports présentés aux conseils municipaux sur l'avis qui leur était demandé par le gouvernement.

Nous citerons en première ligne celui qui fut présenté au conseil municipal de Périgueux dans sa séance du 17 juin 1870, par M. Jules Martin.

L'honorable rapporteur, qui était un esprit avancé, se prononçait non seulement pour la suppression des octrois, mais il démontrait qu'elle devait avoir pour conséquence la décentralisation administrative, c'est-à-dire le rétablissement de l'autonomie communale.

M. Jules Martin réclamait la réforme administrative qui permettait de résoudre la question des octrois ainsi que bien d'autres, et en cela nous sommes parfaitement de son avis. Nous examinerons plus loin son système de remplacement.

Nous reproduisons encore, d'après le livre de M. P. Deloynes, que nous avons déjà cité, l'opinion de deux conseils municipaux de la région du Nord. A Lille, M. de Melun, plus tard député à l'Assemblée nationale, émettait, au nom de l'unanimité de la commission chargée d'étudier cette question, le vœu que les octrois fussent abolis. Mais, quels que fussent les inconvénients que présentait cet impôt, et les critiques fondées qu'on pouvait lui adresser, la majorité de la commission en proposait cependant le maintien, parce que cette ressource lui semblait indispensable pour assurer les services municipaux. Il en était de même à Cambrai. A la séance eu 2 avril 1870, M. de Parsy, rapporteur de la commission nommée par le conseil municipal, examinait les reproches formulés contre les octrois; il s'empressait de reconnaître qu'ils étaient très fondés et qu'un certain nombre d'entre eux semblent indiscutables, mais, après avoir dit des octrois *tout le mal qu'il en pensait*, il était obligé de conclure en faveur de leur maintien, parce qu'il ne savait comment les remplacer. La réforme qu'il appelait de tous ses vœux lui paraissait pour le moment irréalisable et lui semblait exiger de nouvelles et sérieuses études avant de pouvoir être opérée.

Nous ne multiplions pas les citations. Il nous suffit de dire que la plupart des rapports étaient conçus en général dans le même esprit que ceux des villes de Lille, Cambrai et Périgueux.

X.

L'octroi sous la III° République.

L'abolition des octrois eût peut-être été réalisée sans les funestes événements qui se produisirent en 1870.

Les difficultés financières qui furent le résultat de l'invasion prussienne ne permirent plus de songer à réaliser la réforme qui avait été sur le point de s'accomplir. Cependant la question des octrois ne fut pas abandonnée. Elle fut remise à l'ordre du jour, mais sans succès, à la Chambre des députés. M. Ménier déposa en 1880 une proposition qui fut adoptée en principe par la commission d'initiative. Il demandait qu'une loi autorisât les communes à remplacer l'octroi par des taxes directes dont elles eussent fixé elles-mêmes, suivant leur convenance, l'assiette et la quotité.

Le rapport que M. Pascal Duprat fut chargé de présenter à la Chambre au nom de la 17° commission d'initiative concluait ainsi :

« La proposition de M. Ménier se recommande à l'attention de la Chambre; la commission en adopte le principe.

« Quant aux moyens d'application, la commission estime qu'il convient d'écarter toute ingérence de l'État et de provoquer l'initiative des conseils municipaux en leur ouvrant la voie par une autorisation spéciale et permanente; mais elle ne pense pas qu'il soit utile de laisser aux essais une latitude absolue dans le choix de l'assiette, ce qui pourrait conduire à la confusion et au désordre. Une étude plus approfondie fera reconnaître le système à autoriser ou à recommander aux municipalités.

« Sous le bénéfice de ces observations, la 17° commission d'initiative vous propose d'accueillir favorablement la proposition de M. Ménier et de ses collègues [1]. »

La Chambre, conformément aux conclusions du rapporteur, prit la proposition en considération, et la renvoya à l'examen de la commission des boissons. A partir de ce jour-là, on n'en entendit plus parler.

Au cours de la même année 1880, M. Yves Guyot proposait au conseil municipal de Paris la suppression

Journal officiel du 22 avril 1880, page 4352.

de l'octroi en remplaçant son produit par un impôt sur les propriétés bâties et non bâties. Sa proposition fut votée par le conseil le 8 juin 1880, mais ce vote ne reçut pas de sanction législative.

En 1881, MM. Lockroy et Naquet demandaient la création d'une commission de vingt-deux membres pour étudier la question des octrois. Ils en faisaient ressortir la difficulté et l'importance dans l'exposé des motifs suivants :

« Plus encore peut-être que les questions politiques presque partout résolues, au moins en principe, la Chambre nouvelle doit, selon nous, se préoccuper de ces grandes questions économiques qu'aucun gouvernement n'a osé aborder encore, et de la solution desquelles dépendent l'avenir du régime que nous avons fondé avec tant d'efforts, le bien-être des classes laborieuses et peut-être, enfin, la paix sociale. »

Cette proposition n'eut pas de suites.

Enfin M. Yves Guyot, à la séance du 22 juin 1886, déposait une proposition à peu près semblable à celle qu'avait déposée M. Ménier en 1880, et à celle qu'il avait fait lui-même adopter par le conseil municipal de Paris.

La proposition de M. Yves Guyot ne rend pas obligatoire la suppression des octrois ; c'est là son côté faible ; car, si quelques villes se décidaient à entrer dans la voie que leur indique M. Yves Guyot dans son exposé des motifs, il serait à craindre que le plus grand nombre restât dans le *statu quo*, et alors la réforme ne se réaliserait point.

Nommé lui-même rapporteur de sa proposition par la 7° commission d'initiative, M. Yves Guyot déposa son rapport à la séance du 17 janvier 1887. Ce rapport, ne fait que résumer les principales considérations renfermées dans l'exposé des motifs, et il se termine ainsi :

« Nous n'insisterons pas sur le caractère de cette proposition. Il est exposé longuement dans l'exposé des motifs qui la présente. La question des octrois est une des réformes qui préoccupent le plus vivement l'attention publique. Elle doit être l'objet d'un débat approfondi, et la commission d'initiative espère qu'elle aboutira à une solution en rapport avec les grands principes de proportionnalité de l'impôt, de liberté de circulation, de liberté du travail, affirmés toujours depuis 1789 et violés constamment par ce mode d'impôt. »

Nous avons terminé le résumé de l'histoire des octrois. Avant d'aborder l'étude des moyens qui peuvent être employés pour supprimer cet odieux impôt, nous avons cru nécessaire de retracer sommairement les abus auxquels il a donné lieu et les luttes qui ont été soutenues pour renverser ce débris des vieilles fiscalités féodales qui a survécu à la Révolution française.

En 1791, l'Assemblée constituante détruisait les barrières de l'octroi au nom des principes qu'elle avait proclamés. Le gouvernement de la Restauration allait faire de même lorsque la Révolution de 1830 le renversa. La monarchie de Juillet fit espérer cette réforme. En 1847, M. Léon Faucher disait à la tribune de la Chambre des députés :

« Tout le monde est mécontent de cet impôt qui pèse inégalement sur les diverses classes de la population.

« L'octroi est la cause principale des misères qui affligent les populations urbaines. Il augmente le prix des aliments les plus essentiels. — L'octroi renchérit le combustible ; il rend matériellement la vie difficile. — Il faut aviser aux moyens de le remplacer par un autre système. »

En 1848, le gouvernement provisoire promettait l'abolition des octrois dans les termes suivants : « Le gouvernement s'engage à présenter à l'Assemblée nationale un budget dans lequel l'octroi sera supprimé. »

Le 3 décembre 1851, les représentants restés libres, au nombre d'une soixantaine, réunis chez Michel de Bourges, 10, rue des Moulins, « comprenant la nécessité de s'affirmer par quelque grande réforme, par une grande amélioration populaire, rendirent le décret suivant sur la proposition de Victor Hugo :

« Les représentants restés libres, décrètent :
« Les octrois sont abolis dans toute l'étendue du territoire de la République.
« Fait en séance de permanence, le 3 décembre 1851. »

« Le lendemain avait lieu le massacre du boulevard Montmartre, l'écrasement des dernières résistances, la dispersion des derniers défenseurs de la République. Ce décret, qui ne fut même pas affiché, reste dans l'histoire comme le testament politique des « rouges » de 48. S'ils n'ont pu réaliser la réforme, du moins l'ont-ils voulue, et l'affirmation de cette volonté a été leur dernier acte collectif[1]. »

Ce décret, « qui ne fut même pas affiché », est une lettre de change tirée sur leurs successeurs par ces hommes héroïques qui luttèrent jusqu'au bout pour la défense du droit. Il est impossible que les représentants de la démocratie qui ont recueilli leur héritage la laissent protester.

1. Lucien-Victor Meunier (le *Rappel*).

DEUXIÈME PARTIE.
INJUSTICE & INCONVÉNIENTS DE L'OCTROI

I.

Principes des impôts.

Il convient de rappeler ici les bases adoptées par l'Assemblée nationale en matière d'impôts. Elle en a formulé d'abord le principe général en ces termes : « Toutes les contributions et charges publiques, de quelque nature qu'elles soient, seront supportées PROPORTIONNEL-LEMENT par tous les citoyens et par tous les propriétaires A RAISON DE LEURS BIENS ET FACULTÉS. »

Appliquant aussitôt ce principe, l'Assemblée posa les bases des contributions publiques et supprima les douanes intérieures, les taxes sur le sel, les boissons et les consommations en général. Ces réformes accomplies, elle les expliqua à la nation le 24 août 1791 par un manifeste dans lequel elle déclarait que l'une des obligations imposées aux représentants était de pourvoir aux besoins publics « avec la moindre dépense et la moindre gêne qu'il serait possible ». L'Assemblée ajoutait que, dans sa pensée, « le système financier d'une nation telle que la France doit avoir trois grands caractères : l'équité, l'égalité, l'uniformité ».

Les contributions indirectes, qui avaient été sous l'ancien régime une source d'abus, d'injustices et de cruautés dont le récit fait frémir d'indignation, ne pouvaient être maintenues par la grande Assemblée. Elle les rejeta de son système. « Vos représentants, portait le manifeste, sachant, par leur expérience et les instructions que vous leur avez données, que les visites domiciliaires et les vexations qu'elles entraînent sont insupportables à des hommes libres, se sont crus religieusement obligés de repousser toute idée, tout projet d'impositions dont la perception aurait exigé que l'on pût violer l'asile sacré que chaque citoyen a droit de trouver dans sa maison, lorsqu'il n'est prévenu d'aucun crime. »

Aucune Assemblée n'a appliqué à l'impôt une plus haute idée du principe de la justice. L'équité et le respect absolu de la liberté des contribuables sont les bases sur lesquelles elle avait établi le nouveau système financier de la France. C'est donc avec un légitime orgueil qu'elle pouvait proclamer la légitimité de ses lois par les paroles suivantes qui terminaient son manifeste : « Les impôts étaient arbitraires, leur forme était tyrannique, révoltante, leurs frais étaient énormes, leurs vexations également odieuses et ruineuses. Les nouvelles contributions, modérées au delà de nos espérances, suffiront. Leurs règles sont simples : vous y voyez à chaque article un profond sentiment d'équité, d'égalité, d'amour pour la liberté de chacun[1]. »

Ces règles si simples, établies avec un si profond sentiment d'équité, furent, hélas! bien vite oubliées. En l'an VII reparaissaient les octrois, timidement d'a-

____

1. Procès-verbaux des séances de l'Assemblée nationale, t. LX.

bord, à Paris seulement, comme impôt municipal de bienfaisance, destiné de préférence aux dépenses des secours à domicile et des hospices. « Cet impôt qui rentrait sournoisement, dit M. Yves Guyot, honteusement, en rampant, en se faufilant, ne tarda pas à se développer, à grandir, à s'enfler [1]. » Si bien que, moins de trois ans après, les octrois étaient rétablis à peu près partout comme avant la Révolution.

Le 25 février 1804, les contributions indirectes étaient rétablies de leur côté sous le nouveau titre de *régie des droits réunis*, dont les agents, auxquels le peuple donna le nom de *rats de caves*, devinrent si impopulaires.

« Le 16 mars 1806, l'impôt du sel était rétabli. Ainsi fut reconstituée de toutes pièces l'immense machine à haute pression des contributions indirectes, aujourd'hui tempérée, adoucie dans son fonctionnement, honorablement recrutée dans son personnel, mais alors si odieuse et tyrannique, que le premier empire en s'écroulant put entendre ce cri : *A bas les droits réunis !* et que le gouvernement nouveau, ne pouvant se passer des produits de la machine, en changea le nom par une ordonnance du 17 mai 1814. Il n'y eut plus de *Régie des droits réunis*, mais une *Direction générale des Contributions indirectes* [2]. »

Les contributions indirectes peuvent, à la rigueur, se justifier, étant donnée l'insuffisance des contributions directes dont le produit ne peut alimenter le budget de l'État qui, depuis l'Assemblée nationale, a pris de si énormes proportions. Qu'on en juge par les chiffres suivants :

1. Exposé des motifs
2. C. Vraye, *Le Budget de l'État.*

5.

Le manifeste dont nous avons parlé donnait le détail des contributions nouvelles substituées aux anciens impôts. Le total s'élevait à la somme de 549,975,000 francs.

Le budget des recettes de l'exercice 1888, présenté à la Chambre par M. Rouvier, s'élève à la somme de trois milliards 123,963,098 francs, soit une différence de deux milliards 573,988,098 francs. Le fisc percevra donc en 1888 une somme six fois plus considérable qu'en 1790. Il est clair que les contributions directes établies par l'Assemblée nationale ne pourraient produire aujourd'hui une différence aussi considérable.

Les défenseurs de l'octroi ne manquent jamais de citer l'opinion de M. Thiers sur les contributions indirectes. Pour eux, cette opinion est irréfutable : elle fait loi. Voyons ce que dit cet illustre homme d'État :

« Diminuer l'impôt indirect pour augmenter l'impôt direct n'est pas un moyen aussi assuré qu'on l'imagine d'améliorer le sort des classes pauvres aux dépens des classes riches. Ce résultat, on ne peut le trouver que dans un équilibre savant maintenu avec courage. Si même on connaissait les vrais effets de l'impôt, on saurait que si, en définitive, l'impôt direct, comme l'impôt indirect, se résolvent en une augmentation du prix des choses ; le premier est le plus incommode de tous, parce qu'il va chercher le contribuable pour exiger, à tel jour, à telle heure, une somme que celui-ci n'a pas eu la précaution de mettre de côté, tandis que le second, confondu dans le prix de tout ce qui s'achète, se paye insensiblement, à mesure des consommations, et que le contribuable ne mange, ne boit pas une fois, ne porte pas un vêtement, qu'il ne soit forcé d'acquitter une de ces contributions, sans le vouloir, sans le savoir. Aussi, les populations, seulement en cédant à leur propre impulsion, n'hésitent-elles jamais à préférer l'un à l'autre de ces impôts. Dans presque toutes les grandes villes, en effet, on demande à convertir la contribution personnelle et mobilière en octrois. A Paris, notamment, on déclare irrécouvrables trois millions de francs sur les plus basses cotes de la contribution mobilière, et on les prend sur les octrois. Insupportable sous forme d'impôt direct, cette somme devient insensible sous forme d'impôt indirect... »

M. Thiers peut avoir raison au point de vue des objets de consommation en général, à la condition toutefois « que les taxes n'excèdent nulle part les limites auxquelles elles peuvent être portées sans nuire essentiellement à la consommation, et par conséquent à la production; mais si les taxes locales sont tolérées ensuite sur la même matière, l'équilibre est aussitôt dérangé et toutes les combinaisons faussées. En vain dirait-on que ce sont les consommateurs qui s'imposent volontairement; il ne s'agit pas seulement de mesurer les charges des contribuables, il s'agit de défendre aussi les intérêts du producteur et de mettre le revenu public hors d'atteinte. Or, ces sortes de taxes peuvent, dans certaines localités, devenir prohibitives, ou tout au moins repousser un objet recueilli au loin au profit d'une production analogue du pays, comme le vin, par exemple, dans les lieux où le cidre ou la bière forme la boisson habituelle; et dans ce cas les octrois, en circonscrivant, en quelque façon, les limites de la consommation, peuvent dégénérer en une sorte de ligne de douanes intérieures, au grand détriment de la richesse publique et de l'impôt.

« Il semble donc permis de poser en principe qu'un objet de consommation soumis à l'impôt indirect au profit de l'État ne peut plus être taxé au profit des communes ; que l'impôt général est exclusif de l'impôt local. »

Ces lignes remarquables sont extraites d'un rapport adressé au roi le 15 mars 1830 par M. le comte de Chabrol, alors ministre des finances. Il est curieux de constater la différence d'opinion qui existe entre un ministre de la Restauration et un ministre du gouvernement de Juillet. L'esprit libéral du premier l'emporte de beaucoup sur celui du second.

Mais ce n'est pas tout. Non seulement M. de Chabrol voulait qu'on supprimât l'impôt supplémentaire établi sur les boissons à l'entrée des villes; il avait cherché en outre la vraie répartition « d'un impôt qui atteindrait dans une juste proportion les consommateurs de tous les lieux et de toutes les conditions ». Il proposait d'établir une taxe générale assise sur la consommation èt graduée suivant la valeur, taxe qui continuerait à être perçue chez le débitant à raison de 15 0/0 du prix de vente, et payée par les consommateurs d'après un tarif formé pour chaque département, sur le terme moyen de ces mêmes prix durant cinq années, et M. de Chabrol ajoutait :

« Une conséquence nécessaire de ce système serait de faire rentrer dans la condition commune la consommation que fait le producteur ailleurs que dans le lieu même de la production ; selon nous, on ne peut y voir que justice, et le contraire est un véritable privilège. Que le récoltant jouisse de la franchise sur ce qu'il consomme dans le lieu de l'exploitation, cela peut jusqu'à un certain point se justifier, et d'ailleurs, à moins de

recourir à l'inventaire, il serait impossible de l'atteindre ;
mais pour tout ce qui est déplacé et consommé dans les
maisons d'habitation, le propriétaire n'a plus aucune
préférence à invoquer. Un impôt de consommation doit
peser sans distinction sur l'universalité des consommateurs. L'exemption pour les uns serait une surcharge
inégale pour les autres.

« Outre l'avantage d'étendre ainsi l'impôt à tous ceux
qui doivent le supporter, de le répartir également entre
tous les contribuables, de soulager notamment les consommateurs des villes, d'anéantir la fraude que favorise
l'exemption dont nous venons de parler et la dispropor-
tion qui existe aujourd'hui entre le droit de détail et le
droit de circulation, le plan que nous développons ici
ferait disparaître les entraves et les formalités qui em-
barrassent le passage à l'entrée des villes [1]. »

Voilà, n'en déplaise aux partisans des idées de
M. Thiers, la véritable théorie en matière d'impôts indirects. C'est le grand seigneur qui donne ici une leçon de
libéralisme au *petit bourgeois*. Sans la révolution de 1830,
à laquelle ce dernier prit une si grande part, cette théorie allait passer dans la pratique.

II.

L'octroi et les économistes.

M. Thiers a contre lui la plupart des économistes, qui
le contredisent lorsqu'il affirme que c'est toujours le
consommateur qui paye l'impôt indirect.

[1] Comte de Chabrol, rapport au roi, page 107.

« On a remarqué, dit J.-B. Say, que, dans la plupart des cas, le producteur ne réussit pas à élever le prix de son produit de tout le montant de l'impôt qu'on lui a fait payer. Vous pouvez en inférer le tort que font à la production les obstacles intérieurs qui s'opposent à la facilité, à la rapidité des communications, tels que les visites, les péages, etc.

« Quand une marchandise est fort demandée, son détenteur ne la cède qu'autant que tous ses frais sont bien payés : l'impôt fait partie de ces frais; il a soin de se le faire rembourser en totalité et sans miséricorde. Une circonstance imprévue fait-elle baisser le même produit, il se trouve heureux de supporter l'impôt tout entier pour en faciliter la vente. Rien n'est plus incertain, rien n'est plus variable que les proportions suivant lesquelles les diverses classes de la société supportent l'impôt. Les auteurs qui les font porter sur telle ou telle classe, et suivant des proportions constantes, raisonnent sur des suppositions que l'observation des faits dément chaque jour.

« On voit, d'après ce qui précède, combien il est téméraire d'affirmer, comme un principe général, que tout impôt tombe définitivement sur telle ou telle classe de la société. *Les impôts tombent sur ceux qui ne peuvent s'y soustraire.* »

Stuart Mill n'est pas moins opposé à l'opinion de M. Thiers.

« Les taxes indirectes sont bien plus fâcheuses à l'entrée des villes qu'à la frontière du pays, car ce que le pays fournit aux villes sont les produits de la terre et les objets de première nécessité. L'octroi ne peut donner

un grand revenu sans peser fortement sur les classes
ouvrières des villes. Si cet impôt a pour conséquence de
faire augmenter d'une somme égale les gages et les
salaires, l'impôt pèsera, pour la plus grande partie, sur
ceux qui occasionnent les produits des villes, quelle que
soit leur résidence, soit en dedans, soit en dehors du
rayon. »

Cette répercussion de l'impôt ne s'est produite nulle
part avec autant d'intensité qu'à Paris, où les droits
d'octroi ont été élevés à un chiffre si exorbitant. S'imagine-t-on que, si les ouvriers parisiens n'eussent pas été
obligés de payer en droits d'octroi le cinquième et quelquefois le quart de leur salaire, ils eussent été obligés
de se mettre si souvent en grève pour augmenter leurs
ressources au grand détriment de l'industrie parisienne?

Adam Smith qui avait comparé, en observateur atten-
tif, la situation de l'Angleterre avec celle de la France et
des autres pays de l'Europe, n'hésitait pas à attribuer la
prospérité de l'Angleterre à l'absence de toute entrave
à la circulation intérieure. Il faisait remarquer que,
grâce à un régime uniforme, on pouvait circuler d'un
bout à l'autre du Royaume-Uni avec toute espèce de
marchandises sans visites, sans laisser-passer, sans
vexations, sans pertes de temps, et il voyait dans cet
état de choses l'une des causes principales de la prospérité de la Grande-Bretagne.

Le célèbre économiste anglais a rigoureusement
déterminé les qualités que doivent réunir les impôts pour
être conformes à l'équité et à la justice. Il exige d'abord
qu'ils soient proportionnels aux revenus de chaque
citoyen.

« Les sujets d'un État, dit-il [1], doivent contribuer au soutien du gouvernement, chacun le plus possible, en proportion de ses facultés, c'est-à-dire en proportion du revenu dont il jouit sous la protection de l'État. La dépense du gouvernement est, à l'égard des individus d'une grande nation, comme les frais de régie sont à l'égard des copropriétaires d'un grand domaine, qui sont obligés de contribuer tous à ces frais à proportion de l'intérêt qu'ils ont respectivement dans ce domaine. »

Or, comme le fait remarquer M. Deloynes, dans son livre déjà cité : « Cette règle n'est que l'application aux relations du citoyen avec l'État des principes de l'économie politique. Envisageant tous les hommes au point de vue de l'échange, cette science arrive logiquement à cette conclusion, que chacun doit contribuer aux dépenses publiques en raison des bénéfices qu'il retire des services sociaux. »

« C'est la loi de l'échange, c'est la formule économique. Mais en fait comment l'appliquer? Comment déterminer les avantages que procurent à chacun la société et les services publics? Il est évident qu'une semblable recherche excède les bornes de l'intelligence, de la perspicacité humaine, et que vouloir se lancer dans une telle appréciation de détails, dont les éléments varient chaque jour, à chaque heure, serait se vouer à l'accomplissement d'une œuvre irréalisable. Mis ainsi dans l'impossibilité de déterminer d'une façon mathématiquement exacte la part contributoire de chaque citoyen, les économistes cherchèrent à tourner la difficulté et à résoudre, à l'aide de présomptions, le difficile problème qui s'imposait à

1. *Richesse des nations*, t. II, p. 497.

leur examen. Les observations auxquelles ils se livrèrent
leur démontrèrent que chacun profitait des services
publics en raison de ses facultés, et ils en conclurent à
bon droit que chacun devait également participer aux dépenses en raison de ses ressources, de ses forces. Voilà
comment s'explique et se justifie facilement la règle
posée par Adam Smith comme une vérité incontestable,
comme un principe.

« C'est au nom de cette règle de la proportionnalité
de l'impôt que l'on peut à bon droit attaquer les octrois. »

Et en effet, s'il est admis en principe que les services
de l'État profitent aux citoyens et qu'ils doivent tous
contribuer aux charges, il n'en est pas de même des
services municipaux qui ne profitent qu'aux communes.
Les habitants doivent donc seuls en supporter les
charges. Or, comme nous l'avons fait voir plus haut,
c'est ordinairement le contraire qui se produit, et le
principe équitable posé par Adam Smith est violé.

Il n'est pas mieux observé en ce qui concerne la
proportionnalité des taxes communales sur les objets
de consommation et de luxe. Les taxes qui concernent
les derniers sont généralement moins élevées que sur
les objets de consommation générale qui, sous un
volume considérable, représentent une faible valeur,
parce que la contrebande sur ces objets est plus difficile.
Les droits d'octroi sont donc un impôt progressif à
rebours, puisqu'ils sont plus faibles sur les objets de luxe
que sur les objets de première nécessité. Ils violent par
conséquent le principe de la proportionnalité de l'impôt,
puisqu'ils frappent les citoyens sans tenir compte de leurs

ressources, et les atteint d'autant plus sûrement, que leur pauvreté ne leur permet de se procurer que des objets de consommation générale.

C'était l'opinion de Turgot, et il l'exprimait dans ces termes : « L'octroi est un droit abusif dont usent les villes pour se procurer des ressources financières aux dépens des campagnes, en soumettant toutes les denrées à des taxes énormes qui en diminuent la consommation et qui sont, en outre, *supportées par les citoyens les plus pauvres.*

« Ainsi, ceux qui profitent le plus des dépenses communes des villes sont précisément ceux qui n'y contribuent en rien ou presque en rien, et les dépenses se trouvent payées dans le fait par ceux qui n'ont point de biens-fonds et que leur pauvreté met hors d'état de s'approvisionner en gros, ou par les habitants des campagnes, dont les denrées chargées de droits se vendent toujours moins avantageusement. »

III.

L'impôt de l'octroi n'est pas proportionnel.

Turgot reconnaissait déjà que les droits d'octroi sont un impôt progressif à rebours. S'il est en effet évident, — et c'est un fait que personne ne peut contester, — que tous les habitants d'une ville font une consommation à peu près égale d'objets de consommation générale sur lesquels les taxes d'octroi sont établies, il est non moins évident que tous payent une somme égale d'impôts sans qu'il soit tenu aucun compte des facultés imposables de chacun, ni de la proportionnalité des charges. M. de Horn va même plus loin, voici ce qu'il disait en 1866, dans le *Journal des économistes* :

« On a dit parfois que les moyennes sont trompeuses. Quand la statistique établit que cent mille personnes payent en moyenne cent francs par tête, cela signifie en réalité qu'il y en a qui payent peut-être 40 à 50 francs et d'autres qui en payent le triple. C'est vrai en principe ; par rapport à l'impôt général, cela peut être vrai pratiquement aussi. Cela n'est guère vrai par rapport à l'impôt de l'octroi qui frappe les besoins les plus indispensables de la vie : la nourriture, la boisson, le chauffage, l'éclairage. La famille la moins aisée ne saurait guère échapper à ses exigences ; elle s'en trouve atteinte tous les jours, à toutes les heures. La seule différence entre le riche et le pauvre est celle-ci : pour le rebut de l'étal que seul il peut acquérir, le pauvre paye juste autant d'octroi qu'en paye le riche pour les morceaux de choix qui coûtent et valent trois fois autant. »

M. H. Courcelle, du *Nouvelliste de Rouen*, qui a pris en 1867 la défense des octrois, comme la plupart de ceux qui s'opposent à leur suppression, est obligé de reconnaître que cet impôt est mal assis et progressif à rebours ; mais il cherche à atténuer la portée de ce vice radical en alléguant que, s'il est certain que les classes peu aisées supportent une partie des droits d'octroi qui n'est pas proportionnelle à leurs ressources, elles n'ont cependant pas raison de se plaindre, et voici pourquoi : Des sommes considérables sont réparties par les villes entre les membres des classes pauvres sous forme de subventions aux institutions de bienfaisance, aux salles d'asile, aux écoles primaires, aux crèches, etc., etc., et ces frais dépassent la quote-part que paye la classe pauvre. M. H. Courcelle, qui s'est livré à ce triste calcul sur le budget de la ville de Rouen, démontre que la moyenne par tête des droits de l'octroi était de 25, 85, mais que pour 35,000 habitants peu aisés, la moyenne n'était en réalité pour eux que de 10,80, soit une somme de 378,000 francs. Les dépenses faites par la ville pour les différents services que nous avons énumérés plus haut s'élèvent à la somme de 908,416 francs ; qu'en conséquence la communauté avait accordé en bienfaits, aux classes ouvrières, une somme plus que double de celle qu'elle en avait reçue, et M. H. Courcelle s'écrie triomphalement :

« Cette démonstration chiffrée, applicable à toutes les grandes villes aussi bien qu'à Rouen, nous paraît valoir toutes les théories, et il nous semble pouvoir tenir comme prouvé que non seulement la perception des droits d'octroi ne constitue pas au préjudice de la classe ouvrière une charge lourde, puisqu'en définitive il est évident qu'elle reçoit plus qu'elle donne ; mais il doit demeurer constant pour tout le monde qu'elle ne présente pas cette inégalité choquante signalée, faisant tomber sur les moins bien partagés par la fortune le principal poids du fardeau. »

Nous ne nous arrêterions pas à réfuter ces tristes arguments s'ils n'avaient été reproduits par les défenseurs des octrois, mais comme l'a si bien dit M. Deloynes :

« Ceux qui prétendent défendre ainsi cette institution oublient que, si chaque pauvre pris individuellement n'a pas droit à l'assistance, la communauté n'en doit pas moins nourrir et assister ses pauvres, et que cette règle avant d'être écrite dans la loi a été gravée en caractères ineffaçables dans le cœur de l'homme par Dieu lui-même et prêchée en son nom par le Christ. Ils oublient que l'instruction est une dette de la société, et que sa diffusion profite indirectement aux classes aisées, parce qu'elle élève le niveau moral des populations, donne de sérieuses garanties de sécurité à tous, en établissant les rapports sociaux sur leurs véritables bases : le devoir et la loi morale développés par l'instruction et l'éducation. »

Résumons-nous. Tous ceux qui ont étudié la question des octrois ont reconnu que c'est un impôt progressif à rebours, parce qu'il demande à chacun une part d'impôt d'autant plus considérable que ses ressources sont plus minimes. Lorsqu'on discutait en Belgique le projet de M. Frère Orban, relatif à l'abolition des octrois, M. de Nazet, membre éminent de la Chambre des représentants, faisait ressortir en ces termes le défaut capital de cet impôt : « Il y a des contribuables que vous n'oseriez pas faire comparaître devant les agents du fisc, et cependant, au moyen des impôts de consommation, vous parvenez à leur arracher le denier du contribuable. »

IV.

Conséquences économiques de l'octroi.

Nous nous sommes attaché à démontrer que l'impôt des octrois est inique et contraire aux principes formulés par les économistes et à ceux de l'Assemblée nationale de 1789. Il nous reste à prouver qu'il est essentiellement nuisible au commerce et à l'industrie ; qu'il est vexatoire, et qu'il porte une grave atteinte à la richesse publique ainsi qu'à la liberté des citoyens.

Il est unanimement reconnu que la facilité des transports favorise la circulation des produits, multiplie les échanges, augmente la richesse et le bien-être de tous. Pour arriver à ce résultat, des sommes considérables ont été dépensées, — et ces dépenses ont été jugées éminèmment utiles, — pour creuser des canaux, construire des chemins de fer et des ponts. On a percé à grands frais des montagnes, jeté des viaducs sur les vallons ; on a uni les mers, supprimé la distance par la vapeur et l'électricité, dans le but de transporter plus vite et en plus grand nombre les marchandises de toutes sortes, les produits de toutes espèces. On a vaincu tous les obstacles naturels, et, par une sorte d'aberration, on a laissé debout les barrières de l'octroi, obstacles artificiels qu'un changement de législation pouvait si aisément faire disparaître.

« S'il y a une sorte d'impôt qui devrait être absolument interdit à toute commune, c'est l'impôt qui a pour résultat d'entraver, sur le territoire de la nation, la circulation des choses et des personnes, de créer au milieu du pays des sortes d'îlots. Quelle est la principale mission d'un gouvernement ? sinon d'assurer la liberté de la circulation entre tous les points du territoire ! Autrement comment établir la solidarité qui doit unir la nation, du nord au midi, de l'est à l'ouest. L'octroi est un arrêt de la circulation ; et, comme l'a démontré M. Ménier, tout arrêt de la circulation frappe la production en raison géométrique! S'il peut y avoir des divergences d'opinion pour le libre échange à l'extérieur, il ne doit pas y en avoir pour le libre échange à l'intérieur.

« Les octrois sont, pour me servir de l'expression anglaise, des *nuisances* à la solidarité des diverses parties de la nation entre elles.

« S'il est absurde que l'habitant de Paris soit forcé de payer cher ce que le commerçant de Londres pourrait lui fournir à bon marché, n'est-il pas encore plus absurde que Paris et Versailles soient séparés par une série de douanes? On nous parle des péages du moyen âge, et nous nous révoltons à cette idée; mais que diront nos descendants, quand ils verront qu'aujourd'hui, pour aller de Paris à Versailles, vous êtes soumis à l'inspection de six lignes de douanes? Vous êtes obligé de passer six fois devant des agents dont la morale professionnelle est de soupçonner que vous êtes un fraudeur, c'est-à-dire un voleur [1]. »

On a lieu de s'étonner qu'à une époque où les doctrines du libre échange sont généralement admises; quand toutes les nations cherchent à abaisser leurs lignes de douanes pour activer les échanges, et suppriment pour cela toutes les formalités qui ne sont pas absolument indispensables, il y ait encore en France, dans une démocratie gouvernée par des hommes qui invoquent sans cesse les traditions de 1789, il y ait 1,525 douanes intérieures, et que 12 millions d'habitants soient obligés non seulement de payer des impôts qui ne frappent pas les autres citoyens, mais qui ne peuvent circuler libre-

1. Yves Guyot. Exposé des motifs de sa proposition relative à la suppression des octrois.

ment sans être fouillés ou suspectés de fraude par les douaniers municipaux.

Si l'octroi est une atteinte portée à la liberté des habitants des villes, il atteint peut-être encore plus gravement celle du campagnard qui est obligé d'y apporter ses produits.

Veut-on avoir quelques échantillons des vexations imposées par les octrois ? L'exposé des motifs de M. Yves Guyot nous en fait connaître un certain nombre que nous croyons devoir reproduire :

« L'employé a le droit de monter dans votre voiture, d'ouvrir votre coffre, de farfouiller dans vos caisses, vos malles, vos paniers. En vain l'expéditeur a pris toutes sortes de précautions pour emballer des prunes, des pêches, de la volaille, du gibier ; l'employé d'octroi a le droit de tout bousculer, de tout déranger, de tout écraser. Les beurres arrivés à Paris sont reçus, chargés et déchargés plusieurs fois, maniés, déformés, brisés et mis dans un état déplorable [1].

« Si honnête que vous soyez, vous êtes menacé de la police correctionnelle chaque fois que vous introduisez dans un territoire assujetti au droit d'octroi un objet qui y est soumis. Vous devez faire une déclaration de la quantité exacte que vous faites pénétrer dans la commune. M. Rivet citait un procès-verbal fait à Paris pour une différence de 3 kilos sur un bloc de beurre de 400 kilos [2]. La veille, on a chargé une charrette de foin bien sec, sortant du grenier. C'est le poids de ce foin

---

1. Déposition de la Chambre syndicale des facteurs assermentés devant la commission des 44, p. 228.
2. Déposition devant la commission des 44, p. 228.

que vous avez payé. La charrette reste la nuit dehors, et se présente le matin dans les lignes de l'octroi. Il a fait du brouillard pendant la nuit. Votre déclaration constate un poids inférieur au poids actuel. Vous n'aviez pas prévu, vous n'aviez pas acheté le brouillard. Tant pis pour vous. Procès-verbal et transaction onéreuse.

« La plus légère inadvertance peut vous soumettre à des désagréments de ce genre. Un grand marchand de volailles de Paris, il y a quelques années, envoie un de ses garçons porter un panier au restaurant de Madrid. Au lieu de passer par le bois de Boulogne, celui-ci passe par Neuilly, sans penser à déclarer sa marchandise; il commet un délit, et son patron fut trop heureux de transiger, pour 1 fr. 35 montant du droit, moyennant la modeste somme de 149 fr. 95.

« Mais les bureaux d'octroi ne sont ouverts que de telle heure à telle heure. Si vous n'arrivez pas avant l'heure du couvre-feu, vous êtes obligé de laisser votre marchandise dehors ou de vous mettre en état de fraude. Entre Rive-de-Giers et Saint-Étienne il y a huit octrois. Dernièrement, un marchand de bestiaux allant à une foire, faisant voyager son bétail la nuit pour éviter la chaleur, a été frappé d'un procès-verbal. Ce cas ne doit pas être unique. »

Nous ne multiplierons pas ces exemples et nous n'insisterons pas davantage, car il n'est pas un citoyen qui n'ait été frappé des vices de l'octroi et n'ait été témoin ou victime des vexations sans nombre qui en résultent.

V.

L'octroi est un impôt onéreux.

Les octrois ne sont pas seulement un impôt injuste et vexatoire; cet impôt est aussi le plus onéreux. Dans son cours d'économie politique, Adam Smith dit : « Tout impôt doit être conçu de manière à ce qu'il fasse sortir des mains du peuple le moins d'argent possible au delà de ce qui entre dans le trésor de l'État. » Ce principe est incontestable, car l'impôt est une charge établie sur les particuliers pour l'utilité commune; tout ce qui n'est pas employé à satisfaire des besoins publics est une force perdue pour la production générale. Or, l'octroi est contraire à ce principe essentiel et, de ce fait encore, il doit être condamné.

Il est difficile d'établir exactement, et en détail, les frais de perception de l'octroi; on ne peut raisonner que sur les généralités. Ce qui est prouvé, c'est que ces frais sont toujours en raison inverse du produit brut de l'impôt. Ainsi, par exemple, les droits d'octroi perçus à Paris en 1886 se sont élevés à la somme de 142,765,035 francs, et les frais de perception à la somme de 7,430,230 francs, soit 5 % environ; tandis que pour les 1,524 autres communes à octroi, ces frais se sont élevés à 15,974,181 francs pour une recette totale de 140,250,449 francs, soit plus de 11 % [1].

En consultant le tableau des recettes d'octroi par département, on peut constater les variations suivantes :

[1]. *Annuaire statistique de la France de 1886*, p. 636-637.

Dans l'Orne,	recettes,	552 542,	frais,	88 724,	soit 16 º/₀.
— la Vienne,	—	1 009 924,	—	143 893,	— 14 º/₀.
— l'Yonne,	—	437 576,	—	67 765,	— 45 º/₀.
— la Corrèze,	—	296 634,	—	38 912,	— 14 º/₀.
— le Rhône,	—	10 149 486,	—	825 693,	— 8 º/₀.
— Bouches-du-Rhône,	—	8 436 288,	—	1 368 103,	— 46 º/₀.
— le Jura,	—	505 854,	—	73 232,	— 45 º/₀.
— la Gironde,	—	5 305 864,	—	864 044,	— 46 º/₀.

Le tant pour cent que nous indiquons n'est pas rigoureusement calculé et nous le donnons en chiffre rond; il suffit de faire remarquer la différence qui existe dans les frais de perception entre les villes pour démontrer que l'impôt de l'octroi est de tous celui qui est le plus onéreux et le moins proportionnel. Et encore ces chiffres ne représentent pas tous les frais de perception. Il convient d'y ajouter le loyer des bureaux de l'octroi, l'entretien des murs ou barrières, la retraite des employés, le mobilier et l'entretien des bâtiments affectés à l'octroi, etc., dépenses qui ne figurent pas dans les comptes administratifs.

Dans un rapport au conseil municipal de Périgueux, fait en 1870, M. Jules Martin constatait que les frais de perception étaient de 17,40 º/₀ [1].

« Outre les frais de perception proprement dits, ajoutait M. Jules Martin, ne doit-on pas considérer, comme perte pour la société, le temps passé à percevoir les droits par cette armée d'hommes actifs et intelligents qui pourraient rendre des services sérieux à l'agriculture, au commerce et à l'industrie, et que l'administration municipale de Périgueux n'abandonnera pas si, comme nous en avons la conviction, l'octroi est supprimé dans un avenir prochain?

---

1. Les frais des octrois municipaux s'élèvent, dans certaines localités de 20 à 30 º/₀. (de Parieu.)

« Ne faudrait-il pas ajouter l'intérêt des capitaux dépensés pour les bureaux, les bascules, etc., etc. ?

« Mais la perte pour le contribuable ne se borne pas là.

« Comme avec l'octroi la fraude est inévitable, les marchandises fraudées, quoiqu'elles n'aient rien payé, n'en sont pas moins surchargées pour le consommateur d'une surtaxe à peu près égale au droit d'octroi, surtaxe qui entre dans la poche du fraudeur au lieu d'entrer dans la caisse de la commune. Cette surtaxe représente donc une véritable charge sans compensation, absolument comme les frais de perception. Si l'on admet le chiffre de 10 % pour les fraudes, les frais de perception sont de 27 %.

« Cette somme serait de 32 %, si l'on admet que l'on introduit en fraude 15 % de la valeur des marchandises sujettes à l'octroi, et il faut avouer que ce chiffre de 15 % n'a rien d'exagéré.

« Il y a des communes où les frais de perception sont de 400 % !

« Dans une statistique officielle de 1850, on trouve environ cent communes dont l'octroi rapporte moins de 500 fr. A Fontanielle (Isère), il percevait 82 fr. 52 c. ; à Lebraivalaise (Finistère), 52 francs. Dans un chef-lieu de canton de l'Aisne, il était insuffisant même pour payer l'intérêt de l'emprunt contracté dans le but de construire les bâtiments d'octroi. »

Ce qui ressort de ces explications, c'est que plus la ville est petite, c'est-à-dire que plus les recettes sont moindres, plus les frais de perception sont élevés. La moyenne de perception de 11 % qui résulte de la statistique est la condamnation de l'impôt des octrois. Les autres impositions communales ne coûtant que 3 % de perception, il y a là une perte énorme de 8 % faite par les contribuables sans profit pour personne. N'est-on pas fondé à dire que l'octroi porte une atteinte profonde à la richesse du pays et à sa puissance de production?

VI.

Des fraudes.

Nous avons encore un grief à formuler contre l'impôt de l'octroi : c'est la prime qu'il donne à la fraude qui est une cause de démoralisation. Le commerçant honnête supporte tous les inconvénients des précautions prises contre le fraudeur; en même temps il est placé, à l'égard de celui-ci, dans un état d'infériorité qui lui rend toute concurrence impossible: « De tels impôts font la fortune de ceux qui savent les éluder, la ruine de ceux qui les subissent de bonne foi[1]. »

La fraude, condamnée par la morale, l'est aussi par l'économie politique.

« L'impôt, dit Adam Smith, doit être tel que le contribuable ne puisse l'éluder. »

Et, en effet, quand le fraudeur se soustrait à la taxe, il frustre le Trésor d'une somme qu'il est obligé de se procurer d'une autre manière, et qui retombe sur les contribuables honnêtes. Or, le vice inhérent des octrois est d'appeler la fraude, et elle est pratiquée indistincte-

1. Yves Guyot, Exposé des motifs.

ment par toutes les classes de citoyens : l'ouvrier, le commissionnaire, le débitant, le commerçant, le petit bourgeois lui-même. Bien plus, « dans les classes plus élevées on use de la considération dont on jouit pour se soustraire à l'acquittement de l'impôt : on paye d'audace. Ce n'est pas là une hypothèse de fantaisie, c'est un fait qui s'est souvent reproduit, et si nous compulsions les minutes des procès-verbaux des agents de l'administration ou celles des jugements émanés des tribunaux, nous pourrions acquérir la triste certitude que la fraude a été quelquefois pratiquée par des conseillers municipaux et par des maires dans leur propre commune. Triste exemple qui ne peut avoir pour les populations que les plus déplorables résultats, et qui leur enseigne à ne respecter ni la loi ni les officiers publics chargés de la faire exécuter ! Qui consentirait, en effet, à se soumettre à une loi violée par ceux-là même qui l'ont faite et ont reçu mission de la faire appliquer [1] ? »

De nombreuses mesures ont été prises par l'administration pour réprimer la fraude, et ces mesures n'ont pas toujours été conformes aux règles de la justice. Ainsi l'article 147 de la loi du 28 avril 1816 permet d'imposer tous les objets de consommation locale sans restriction. Cette loi abrogeait virtuellement une disposition précédente qui limitait l'octroi à la partie agglomérée des villes ; les habitations ou les dépendances rurales distinctes du lieu principal devaient en être affranchies. Certaines villes, en vertu de la loi de 1816, ont étendu arbitrairement les limites de leurs octrois en y comprenant des exploitations rurales entièrement détachées

---

1. P. Deloynes, *Les Octrois et les Budgets municipaux*, p. 67.

des agglomérations urbaines. Cette mesure, prise en vue de prévenir la fraude, était une injustice qui a provoqué des réclamations légitimes. Il est évident que les habitants de ces exploitations ou dépendances des communes, n'ayant aucun des avantages de la cité, ne devaient pas être appelés à en supporter les charges.

Ces moyens ayant été jugés insuffisants pour réprimer la fraude, la législation a consacré une nouvelle injustice plus grave que la première. L'article 152 de la loi du 28 avril 1816 porte que « des perceptions pourront être établies dans les banlieues autour des grandes villes *afin de restreindre la fraude;* mais les recettes faites dans ces banlieues appartiendront toujours aux communes dont elles sont composées. »

Cet article porte la plus grave atteinte à l'indépendance des communes, car elles sont soumises à l'octroi sans leur consentement. Elles doivent bien être consultées, mais leur avis n'est pas obligatoire.

Malgré ces mesures iniques, la fraude a continué de s'exercer et le législateur a toujours été impuissant à la réprimer. Le génie des fraudeurs a trouvé mille moyens de tromper les agents du fisc. C'est, du reste, dans l'intérieur même des villes que la fraude s'exerce avec le plus d'impunité, notamment par les détaillants qui altèrent en grand tous les produits, et causent ainsi à la santé publique un dommage difficilement appréciable. On a publié à maintes reprises l'énumération des sophistications dont se rendent coupables les épiciers, débitants de vin, et en général tous les marchands de denrées ou comestibles. Le laboratoire municipal nous fait connaître périodiquement le résultat de ses analyses, et l'on est effrayé des conséquences que peut

avoir sur la santé publique l'usage des choses de première nécessité qu'on est obligé d'acheter chez ces
commerçants malhonnêtes, dont toute la fortune repose
sur la fraude, et qui volent à la fois et leurs clients et
le fisc.

La fraude enlève aux villes des revenus incalculables. A Paris, à cause des droits élevés qu'il paye à
l'entrée, c'est surtout le vin qui donne matière aux
fraudes les plus nombreuses et les plus nuisibles à la
santé publique. Nous ne parlerons pas des innom-
mables liquides où le jus de la vigne est complètement
étranger, boissons qui se fabriquent en grand depuis
quelques années. Ceux-là n'ont payé à l'octroi que le
droit sur l'alcool qui entre dans leur composition; nous
parlons de celui qui vient du dehors.

« Ce vin est introduit dans les villes, et notamment à
Paris, après avoir reçu une addition d'alcool; on arrive
ainsi à livrer aux détaillants des produits qui contiennent une proportion de 12° à 15° d'alcool. Mais le vin
n'est vendu au consommateur qu'à un degré inférieur et
il subit impunément une addition d'eau vendue comme
vin. M. Tassin, dans un rapport présenté au Corps législatif dans la séance du 9 juin 1870, estimait à plus de
six millions le montant des droits dont on privait ainsi
chaque année la ville de Paris. N'y a-t-il pas là une
cause de démoralisation pour tous? Le commerçant qui
se livre à de semblables opérations peut-il inspirer la
confiance? et le consommateur qui connaît ces faits
peut-il sérieusement respecter une législation qui les
tolère et se déclare impuissante à les empêcher? Le législateur qui doit se préoccuper des intérêts de l'hygiène

et de la santé publique ne doit-il pas combattre de semblables abus, et s'il ne peut les détruire par un autre moyen, ne doit-il pas supprimer l'impôt qui leur donne naissance[1] ? »

VII.

Prix des denrées.

Un des principaux arguments des défenseurs de l'octroi est celui-ci :

« L'octroi, disent-ils, n'a pas d'influence sur la consommation ; si on le supprimait, ce ne sont pas les consommateurs, mais les producteurs ou leurs intermédiaires qui en profiteraient. »

Pour appuyer cette assertion, ils citent l'exemple de la Belgique, où, suivant eux, l'abaissement du prix des objets de consommation n'a pas suivi l'abolition des octrois.

Puisque nos contradicteurs n'ont pas à citer d'autre exemple que celui-là, nous laisserons à M. Frère Orban le soin de leur répondre.

Voici, en effet, ce que disait à ce sujet le ministre des finances belges, dans un rapport sur l'application de la loi de 1860 relative à l'abolition des octrois[2] :

« Une circonstance sur laquelle on s'est appuyé pour chercher à amoindrir les résultats économiques de la

1. P. Deloynes, *Les Octrois et les Budgets municipaux*.
2. Rapport déposé à l'appui du budget des recettes et des dépenses pour ordre de l'année 1863.

loi portant abolition des octrois, c'est que, depuis sa mise en vigueur, on n'a pas constaté généralement, dans le prix de vente des objets qui ont été dégrevés, une diminution en rapport avec le montant des anciennes taxes. De là, on a conclu que la suppression des droits d'octroi n'exerçait aucune influence sur le prix des objets qui y étaient soumis. Le fait fût-il vrai, rien n'est moins fondé que la conséquence qu'on en a tirée.

« Il est d'abord à remarquer qu'une réduction réelle de prix sur plusieurs objets détaxés a suivi l'abolition des octrois. Il est résulté d'une enquête sommaire faite à ce sujet au commencement de 1861, qu'une diminution était accordée aux consommateurs par beaucoup de marchands, notamment dans les villes de Gand, Verviers, Bruxelles, Liège, Termonde, Malines, Spâ, Saint-Nicolas, Renaix, Saint-Trond, Courtrai, Bruges, etc., sur des objets qui étaient soumis à une taxe assez élevée pour être appréciable, eu égard aux quantités qu'on achète habituellement à la fois ; des marchands annonçaient même cette réduction pour attirer les chalands ; pour plusieurs villes citées ci-dessus, le fait a été confirmé par des renseignements émanés des administrations locales. Si les investigations avaient été poussées plus loin, il est probable qu'un grand nombre d'exemples pourraient être donnés.

« Mais, ainsi qu'on l'a dit plus haut, de ce que la réduction de prix n'a pas été générale, cela ne prouve rien contre l'influence qu'a dû exercer à cet égard la suppression des octrois. Il est facile de le démontrer.

« Lorsqu'un impôt de consommation est supprimé, on conçoit très bien que, dans les premiers temps, les producteurs cherchent à maintenir les anciens prix, en s'appropriant l'équivalent de la taxe abolie. Mais par l'effet naturel de la libre concurrence, cet état de choses ne peut évidemment durer, car il se trouve toujours un marchand qui préfère gagner un peu moins sur la même quantité de marchandises, et en vendre le double ou le triple; puis un autre en fait autant, et successivement l'équilibre se rétablit au profit du consommateur. Si, pendant cette période de transition, il survient une circonstance, telle que le renchérissement persistant des denrées alimentaires, qui réagit sur le prix de la plupart des choses, l'effet de la concurrence dont on vient de parler ne se produit pas moins; seulement il n'est pas aussi apparent, ou plutôt il agit d'une autre manière, car au lieu d'abaisser le prix des objets dégrevés d'impôt, il empêche qu'il ne s'élève, ou tout au moins il en atténue l'accroissement.

« De même la concurrence a parfois pour effet de déterminer une amélioration dans la qualité des objets. Dans ce cas, il y a évidemment profit pour le consommateur, bien que le prix de vente n'ait pas diminué.

« Pour apprécier l'influence de la suppression des octrois sur le prix des objets détaxés, il faudrait pouvoir faire la part exacte de toutes les causes générales et particulières qui modifient sans cesse le prix des choses, et parmi lesquelles l'impôt ne figure le plus souvent que comme un élément secondaire; il faudrait pouvoir évaluer en argent l'effet de ces causes, et alors seulement il serait possible de savoir pour quelle somme y entrent les droits supprimés. Or, pour la plupart des objets de grande consommation qui étaient frappés de taxes communales, il est absolument impossible de déterminer, même approximativement, le taux de la hausse ou de la baisse de prix dû à des circonstances autres que la suppression des octrois, telle que l'abondance de l'offre ou de la demande, l'élévation du prix de revient, l'activité du commerce d'exportation, etc.; partant, on ne peut tirer d'induction utile du prix de vente des denrées pour apprécier l'influence du nouveau régime à cet égard. »

L'auteur de ce rapport présente un tableau d'après lequel le prix de la viande avait haussé de 15 % à Anvers, mais diminué dans les autres villes, et il ajoutait :

« L'augmentation moyenne à Anvers, de même que la diminution pour certaines espèces de viande dans les autres grandes villes, ont bien dépassé le taux des taxes abolies. Que conclure de là, si ce n'est que des causes étrangères à l'octroi ont également dû agir sur les prix?

« Telle est l'explication toute simple et toute naturelle des faits qui se sont produits depuis la mise en vigueur de la loi du 18 juillet 1860. Certes, ces faits ne prouvent pas que les taxes supprimées l'ont été au bénéfice exclusif et immédiat des consommateurs, mais ce qu'il importe de remarquer, pour ne pas se tromper, c'est qu'ils ne prouvent pas le contraire non plus, comme on a voulu bien à tort le prétendre.

« Ce qu'on ne peut de bonne foi se refuser à admettre, c'est que, pour les objets dégrévés, la concurrence doit avoir immanquablement pour effet, dans un temps donné, de faire bénéficier l'acheteur du montant de la détaxe, soit que, subissant l'influence de circonstances générales ou locales, le prix monte, soit qu'il descende. Il est même rationnel de prévoir que, par l'effet de la concurrence qui s'établira désormais entre les différentes parties du pays, ce résultat sera dépassé pour les objets dont la consommation n'est pas restreinte à un rayon rapproché des lieux de production. Mais, encore une fois, de ce que cet effet ne se manifeste pas par une diminution de prix, il ne faut pas inférer qu'il n'existe pas, attendu qu'il agit tout aussi bien en atténuant la hausse qu'en produisant la baisse.

« Il est, du reste, toute une catégorie de droits d'octroi dont la suppression profite immédiatement aux consommateurs : ce sont ceux qui étaient imposés sur les objets dont on s'approvisionne directement à l'extérieur des villes. »

Les prévisions de M. Frère Orban se sont réalisées de point en point. Un démenti éclatant a été donné aux partisans des octrois, qui affirmaient que la suppression des taxes communales indirectes n'avait pas profité aux consommateurs, et des arguments qu'ils faisaient valoir à l'appui de leur thèse il ne reste absolument rien. D'ailleurs, sur quoi se basaient-ils? Sur des renseignements fournis par quelques bourgmestres à une époque où les conséquences de la loi du 18 juillet 1860 n'avaient pas encore pu produire leur plein effet. Au reste, ces renseignements ne reposaient sur aucune statistique; car les éléments de comparaison leur manquaient, puisque, les droits d'octroi supprimés, les quantités des objets qui y étaient soumis n'avaient plus été relevées.

M. Frère Orban avait, au contraire, pleinement raison quand il disait, comme nous l'avons rapporté ci-dessus, que « la concurrence devait avoir immanquablement pour effet, dans un temps donné, de faire bénéficier l'acheteur du montant de la taxe ». Nous en trouvons la preuve dans l'exposé des motifs de M. Yves Guyot, qui s'exprime ainsi à ce sujet :

« D'après les tableaux qu'a bien voulu nous communiquer le savant statisticien belge, M. Denis, le prix de la viande dépecée, mouton, bœuf, porc, est resté stationnaire en 1861, puis n'a cessé de baisser pendant les années consécutives, pour remonter seulement, sous des influences diverses, en 1866. C'est la preuve que, pendant la première période, s'il y a eu résistance de la part des vendeurs à tenir compte de la suppression des droits d'octroi, ils ont dû céder ensuite. Ceux qui soutiennent la thèse de l'invariabilité des prix, en dépit des dégrèvements, ne tiennent pas compte de ces deux faits : la concurrence des commerçants entre eux, l'appât du bon marché sur les clients. »

Un document distribué l'année dernière aux membres du Parlement, montre que l'impôt des octrois fait supporter un fardeau écrasant aux habitants des localités qui y sont soumises, et notamment à Paris.

C'est une comparaison entre la valeur de diverses marchandises d'utilité générale, les droits d'octroi qu'elles supportent, et les taxes de chemins de fer qu'elles ont à payer pour se rendre du pays de provenance à Paris.

Ainsi le sel, qui vaut 125 francs la tonne dans la Loire-Inférieure, est imposé à 60 francs par l'octroi, et est transporté de Nantes à Paris pour 13 francs.

La tonne de charbon de bois se paye dans l'Indre 180 francs; elle acquitte 24 francs d'octroi et 19 fr. 95 de transport.

La valeur d'une tonne de vinaigre prise à Orléans est de 154 francs; elle est tarifée 230 francs à l'octroi et 13 francs au chemin de fer.

Du vin de l'Hérault à 300 francs la tonne est grevé de 188 fr. 70 à l'octroi, et de 49 fr. 45 sur les rails, de Montpellier à Paris.

Un bœuf de 300 kilogrammes vaut 400 francs dans la Corrèze; il supporte un octroi de 53 francs et un péage de wagon de 30 francs.

La tonne d'huile à brûler coûte, dans le Calvados, 571 francs; le montant de l'octroi est de 327 fr. 50 et le transport de 18 francs.

Une tonne de beurre achetée dans la Mayenne revient à 2,400 francs; l'octroi est de 144 francs, le prix de transport de 44 francs.

En résumé, les prix d'achat de ces denrées sont augmentés par les droits d'octroi et les frais de transport dans les proportions suivantes :

	Octrois.	Transport.
Sel.	48 %	10 %
Charbon.	13 %	11 %
Vinaigre.	149 %	8 %
Vin	62 %	16 %
Bœuf.	13 %	8 %
Huile.	58 %	3 %
Beurre.	6 %	2 %

Ainsi l'habitant de Paris paye son vin un prix de 62 0/0 supérieur à celui que paye l'habitant des campagnes environnantes; l'huile et le sel qu'il consomme lui coûtent une fois plus cher! Osera-t-on soutenir après cela que l'impôt de l'octroi ne nuit pas à la consommation et, par suite, à la production? S'imagine-t-on les sacrifices que de pareilles charges peuvent imposer aux ouvriers, et les privations qui doivent en résulter pour eux?

Supposons qu'un ouvrier soit marié et qu'il ait deux enfants. D'après un calcul très rigoureux de ce qu'une personne doit consommer en pain, viande, vin, etc., c'est-à-dire de choses indispensables à l'existence, la part dans les impôts de l'octroi de chaque personne est de 65 francs, soit 260 francs pour le ménage de l'ouvrier que nous prenons pour exemple. Dans une monographie d'une famille ouvrière, publiée en 1870, M. Cochut portait même ce chiffre à 300 francs.

« Sur quoi ce ménage parisien doit-il payer cette somme? Sur les vins, qui comptent pour plus de 50 millions dans les recettes de l'octroi; sur la viande pour 15 millions; sur la bière et le cidre pour 5 millions 1/2, tous objets de consommation indispensables.

« Si maintenant on prend le chiffre de 260 francs qui frappe une famille, si on le répartit sur un salaire de 2,000 francs par an, on voit immédiatement la part énorme que prend l'octroi à ce salaire [1]. »

M. Thiers, partisan acharné de la théorie de l'incidence de l'impôt, a donné aux adversaires des taxes directes, en matières d'impôts communaux, le moyen de justifier les octrois et en général tous les impôts de consommation. « Les salaires, disent-ils, croissent avec le prix des choses, et les taxes indirectes, dont l'ouvrier fait l'avance, lui sont remboursées en fin de compte par celui qui l'emploie. »

1. Yves Guyot, Exposé des motifs.

Le prix des denrées est, évidemment, un des principaux éléments qui règlent le taux des salaires, mais il n'est pas le seul: la loi de l'offre et de la demande, la nature du travail, la saison, les circonstances politiques ou économiques, la mode, les inventions nouvelles, d'autres influences contribuent à fixer ce taux. Mais, admettons que le prix des objets de consommation règle les salaires, il les règle alors de la même façon pour le célibataire que pour l'ouvrier qui a une famille. Si le premier se fait restituer 1 franc par exemple par le patron, pour sa quote-part des droits d'octroi, le second ne sera indemnisé que d'une pareille somme, alors que, pour lui, sa femme et ses enfants, il aura été obligé de payer 2, 3 ou 4 francs. Il y a là, quoi qu'en disent les partisans des doctrines de M. Thiers, une iniquité révoltante.

VIII.

L'octroi et les étrangers.

Un autre argument mis aussi en avant par les défenseurs de l'octroi est celui-ci : « Si l'octroi est supprimé, les étrangers qui profitent de tous les avantages de la capitale, ne contribueraient plus au paiement de ses charges. »

Il est certain, tout d'abord, que le dégrèvement des impôts de consommation n'empêcherait pas les étrangers de payer les mêmes prix qu'auparavant, et que, par répercussion, ils paieraient ensuite leur part des nouveaux impôts qui remplaceraient ceux de l'octroi. Dans tous les cas, en admettant que les étrangers puissent vivre à Paris à meilleur marché, nous n'y voyons qu'un bien : leur affluence serait plus considérable, et le commerce parisien ne pourrait qu'en profiter.

Cette objection relative aux étrangers est qualifiée d'enfantine par M. Yves Guyot. « D'abord, ajoute-t-il, nous n'interdisons pas de leur demander une taxe de séjour, comme on fait à Hombourg et autres villes d'eaux d'Allemagne. C'est l'affaire des communes : nous croyons que celles qui y auraient recours feraient une déplorable spéculation. Mais on se fait de singulières idées sur le nombre des étrangers. Le recensement de 1881 compte 513,000 individus de passage, voyageurs, etc., pour toute la France, soit 1 sur 75 habitants. Dans le département de Seine, le jour du recensement, ils étaient au nombre de 37,400 sur 2,762,000 habitants, soit 1 étranger par 73 habitants.

« On a également de singulières idées sur leur productivité au point de vue de l'octroi. Certes, si leur influence devait se faire sentir, ce serait au moment des expositions universelles.

« Or, quelles ont été les recettes de l'octroi de Paris en 1867, année d'exposition, comparées aux recettes des années précédentes et suivantes ?

1864.	. . . .	85.960.000 fr.
1865.	. . . .	89.949.000 »
1866.	. . . .	96.082.000 »
1867.	. . . .	100.151.000 »
1868.	. . . .	100.813.000 »
1869.	. . . .	107.557.000 »

« De 1866 à 1867, l'octroi n'augmente que de 4 millions ; tandis que de 1864 à 1865 il avait augmenté également de 4 millions, et de 1865 à 1866 il avait augmenté de 6 millions.

« Il reste stationnaire en 1867 et 1868, et augmente au contraire de 7 millions en 1869, alors que tous les étrangers venus pour l'Exposition étaient bien loin.

« Prenons les années qui précèdent et suivent l'Exposition de 1878, nous verrons se produire un phénomène analogue :

1875.	118.243.000 fr.
1876.	124.248.000 »
1877.	125.398.000 »
1878.	132.182.000 »
1879.	136.359.000 »
1880.	142.619.000 »

« L'octroi monte de 7 millions en 1878, et il était monté de 6 millions en 1876 ; mais, en 1879, il monte de 4 millions ; en 1880, il monte également de 6 millions. On voit que l'affluence des étrangers a, sur les recettes de l'octroi, une influence beaucoup moins considérable qu'on le suppose.

« Mais que les auteurs de cette objection qui considèrent encore l'étranger, même quand il est leur compatriote, comme un *hostis* qu'il faut exploiter, se rassurent : l'impôt étant direct, l'étranger en payera toujours sa part par répercussion ; et puis vraiment, ce serait un singulier métier de dupe de faire peser un impôt inique sur 75 personnes de peur qu'un oiseau de passage y échappât. Cet argument ayant été invoqué au conseil municipal de Dijon, M. Duthu, faisant le décompte de ce que pouvaient payer les étrangers à l'octroi, disait : « Quoi ! c'est sur une misérable somme de 800 francs, prélevée sur les étrangers, que l'on s'appuie pour demander aux habitants une somme cent fois plus forte [1] ! »

Nous n'insistons pas davantage sur cette objection que les partisans de l'octroi, à bout d'arguments, ont l'*enfantillage* d'invoquer..

IX.

Funestes effets de l'octroi au point vue agricole.

Il est encore une conséquence funeste de l'octroi qu'il importe de signaler. La facilité qu'ont les conseils municipaux d'augmenter les taxes locales les ont entraînés, à l'exemple de Paris, à faire des travaux d'embellissement qui n'étaient pas toujours nécessaires et dont les dépenses, hors de proportion avec leurs ressources, ont conduit les villes à faire des emprunts qui ont obéré leur situation financière et créé de nouvelles charges pour les contribuables. Pendant ce temps, les travaux utiles étaient sacrifiés à ces travaux improductifs, dont le principal résultat a été d'enrichir quelques propriétaires aux dépens des autres habitants. Alors, qu'est-il arrivé? C'est que les ouvriers, désertant les campagnes, se sont portés en grand nombre dans les villes où ils étaient attirés par l'appât d'un salaire plus élevé, et « le luxe, qui s'étale chaque jour devant leurs yeux, les a profondément démoralisés. Ils sont devenus les auxiliaires les plus certains des fauteurs d'émeutes et de révolutions violentes ; cet état de choses est une menace constante pour l'ordre et pour la liberté, et

1. Yves Guyot. Exposé des motifs.

apporte une grave entrave au développement de la civilisation morale et matérielle » [1].

L'exécution de ces travaux improductifs qui absorbaient les capitaux disponibles, a fait, en outre, négliger les travaux productifs, tels que ceux des chemins ruraux, des canaux, des drainages et des irrigations. Les communes rurales, manquant de ressources pour accomplir ces travaux si nécessaires à l'agriculture, se sont dépeuplées au profit des villes dont la population augmentait sans cesse, et la question du paupérisme est devenue chaque jour de plus en plus grave. Pour obvier à cet état de choses et rendre à l'agriculture les bras qui lui manquent, on ne voit qu'un moyen efficace : la suppression des octrois.

En accomplissant cette réforme, la Belgique a établi un fonds communal sur lequel l'État a pu assurer aux communes rurales une somme presque équivalente à celle que les villes tiraient du produit de leurs octrois. Grâce à cet ingénieux système, les communes ont pu accomplir les travaux dont nous venons de signaler la nécessité, et leur prospérité a pris depuis des proportions véritablement inconnues dans les autres pays.

Il est inutile de nous étendre davantage sur les injustices et les inconvénients de l'octroi. Il est prouvé que les impôts de l'octroi sont injustes et onéreux ; qu'ils favorisent la sophistication des denrées ; qu'ils sont une cause de vexations de tout genre et d'entraves de toute espèce, en contradiction avec les lois de l'économie politique, préjudiciables à la production agricole, nuisibles à l'industrie, ruineux pour le travailleur des villes,

1. P. Deloynes.

aussi bien en ce qui concerne sa bourse que sa santé, attentatoires à la liberté individuelle par leur caractère inquisitorial et à la morale publique par les fraudes qu'ils propagent. Tout le monde connaît ces vices des octrois; tout le monde les sent, tout le monde désire en être affranchi.

« Les octrois sont chargés de malédictions séculaires; et si, après avoir été supprimés un instant ils ont reparu, s'ils ont été relevés par la puissance de la nécessité, ils n'en ont pas moins à subir les mêmes imprécations. Il faut que les vices de cette institution soient bien profonds, pour que les générations actuelles continuent encore à les sentir aussi vivement. Car nous avons trouvé les octrois en naissant, nous avons vécu avec eux, nous avons subi quant à eux l'empire d'une habitude invétérée; et cependant ils restent toujours réellement insupportables [1]. »

La situation financière de la France permet-elle d'accomplir la réforme de la suppression des octrois? Peut-on retirer aux villes leurs ressources actuelles sans leur donner une compensation en leur abandonnant certains revenus de l'État? Il n'est pas facile de trouver la solution de ce problème, car il ne s'agit de rien moins que de remplacer une somme de 260 millions. Toutefois ce problème ne nous paraît pas insoluble, et cette opinion est fondée sur une étude attentive des diverses législations des États de l'Europe, en matière de taxes communales. Nous allons les passer successivement en revue, dans l'espoir d'y trouver la solution que nous recherchons.

1. Frère Orban, Discours à la Chambre des représentants.

TROISIÈME PARTIE

LES TAXES COMMUNALES A L'ÉTRANGER

1.

Angleterre.

En général le Trésor public s'alimente en Angleterre par l'impôt indirect; il porte principalement sur les alcools, les douanes, le timbre, etc. Les bourgs ou paroisses, sauf une petite exception, font face à leurs besoins au moyen de taxes locales directes. L'exception n'a lieu qu'à Londres, où l'on perçoit des droits sur le charbon, les fruits, le blé et le vin; et à Edimbourg, où l'on a établi un droit de dix ou vingt centimes sur chaque voiture de légumes qui entre dans la ville pour la consommation des habitants.

Les taxes locales [1] ont eu pour origine la loi sur les pauvres d'Élisabeth, qui n'a été longtemps que l'assurance de la propriété contre les pauvres. Elle est restée le type des autres taxes qui sont venues s'y ajouter pour de nouveaux services et reposent sur la même assiette. La feuille de contributions de chaque contribuable porte qu'il a tant à payer pour la taxe des pauvres, la taxe de

[1]. Nous avons emprunté la plupart de ces détails à l'exposé des motifs de M. Yves Guyot.

police, la taxe pour l'éclairage, le pavage et l'arrosage des rues, pour les égouts et quais, pour les eaux, pour les musées, pour les asiles d'aliénés, pour les nouvelles rues, pour l'amélioration de la ville, et enfin la taxe générale, destinée à pourvoir aux services d'administration réglés par le *local government act*.

Il y a encore le *church rate*, si les revenus de l'Église sont insuffisants, mais sa quotité ne peut excéder un shilling par livre, soit 1/25 du revenu annuel des contribuables soumis à la taxe des pauvres ; elle doit être votée par la *vestry* ; si la majorité la refuse, elle ne peut être levée.

Depuis 1837, ces diverses taxes ont pour assiette la valeur annuelle ou revenu net des immeubles, ceux-ci comprenant les canaux, chemins de fer, mines et carrières et les *tithes* ou dîmes.

Ce revenu est obtenu, déduction faite du coût probable des réparations, assurances et autres dépenses indispensables pour maintenir l'immeuble en état. Il est en dehors de toutes les contributions, taxes, dîmes de l'occupant. Cette évaluation est soumise à de fréquentes révisions.

Quand il s'agit d'exploitations industrielles, le profit n'entre pas en compte. Une ferme, par exemple, est imposée d'après son taux de location et non d'après le profit présumé du fermier. Il n'en est pas de même à l'égard des compagnies de chemins de fer, de canaux, de gaz ou d'eau. Les impôts locaux sont calculés à leur égard sur les profits qu'elles ont réalisés ou qu'elles doivent réaliser.

Pour l'année fiscale 1883-1884, la dernière dont les comptes aient été publiés, les recettes des taxes locales

directes pour l'Angleterre ont été de 24,477,000 £, la
population étant estimée à 27,132,000 habitants et l'évaluation totale du revenu imposable pour la taxe des
pauvres à 143,222,000 £ (3,575 millions de francs). C'est
donc une taxe moyenne de 3 sh. 5 deniers par £ d'évaluation et environ 18 sh. 1 denier par tête d'habitant.
Pour l'Écosse, la valeur imposable est de 23,388,500 £ et
sa population de 3,849,000 habitants. Les taxes locales
directes représentent un total de 3,319,000 £, soit une
moyenne de 2 sh. 10 1/2 deniers par £ de revenu imposable et 17 sh. 3 deniers par tête d'habitant [1].

Le rapport moyen des taxes locales à la valeur imposable est donc, en Angleterre, de plus de 17 %, et en
Écosse de près de 15. Il dépasse de beaucoup ce chiffre
dans certaines villes. Aux États-Unis, la taxe des impôts
sur le capital est de 1.85 % relativement aux valeurs
déclarées, mais en réalité de 1 à 1,20 % relativement
aux valeurs réelles. Pour un revenu à 5 %, c'est
20 %. Et nous avons vu qu'à Paris, pour la suppression
des octrois, il ne devrait être au maximum que de 18 %,
à Lyon que de 13 %.

On voit, par ce qui précède, que les taxes locales en
Angleterre reposent en général sur le revenu des immeubles et ils se distinguent par leur spécialisation. Ce
dernier caractère indique l'esprit pratique des Anglais.
En recevant sa cote, sur laquelle figurent autant d'articles
qu'il a de taxes spéciales, le contribuable peut se rendre
un compte exact des frais que lui coûte chacun des services municipaux, et il se trouve ainsi amené à contrôler
avec connaissance de cause la gestion des intérêts de sa

1. *The Economist*, 12 juin 1886.

paroisse. Cette pratique est évidemment une des causes qui ont donné au peuple anglais les mœurs de liberté que nul autre peuple ne possède à un aussi haut degré. Ce contrôle les a habitués à ne pas rester étrangers aux affaires publiques.

II.

Autriche et Allemagne.

En Autriche-Hongrie, les communes autrichiennes pourvoient à leurs dépenses au moyen des revenus de leurs biens patrimoniaux, et, lorsqu'ils sont insuffisants, de centimes aux contributions directes. Si toutes ces ressources ne suffisent pas, les villes fermées peuvent établir des taxes sur les objets de consommation.

En Hongrie, les ressources communales sont le produit de droits d'octroi, mais seulement dans les places fortes et dans les villes ouvertes au-dessus de 2,000 habitants. Il existe en Hongrie une taxe sur les loyers au-dessus de 100 florins. Les recettes de la ville de Vienne consistent principalement en surtaxes ajoutées aux impôts directs de l'État, à l'impôt de consommation et au droit de mutation sur les immeubles également perçus par l'État.

Pour connaître les contributions communales en Allemagne [1], il est indispensable d'en rechercher les bases dans chacun des différents pays qui composent l'empire actuel. Associés par le *Zollverein*, au point de vue des douanes, et unifiés par la constitution nouvelle, au point

1. Ces détails sont empruntés au livre de M. le vicomte G. d'Avenel, *les Octrois*, Guillaumin et Cⁱᵉ, Paris, 1881.

de vue de la politique générale, de l'armée et de la marine, les divers États ont conservé leur autonomie, en ce qui concerne l'administration et les finances municipales. Ici, les lois n'ont guère varié depuis le XVIII° siècle; là, l'ancienne fiscalité a cédé entièrement la place à des impôts tout modernes que notre pays n'oserait encore aborder; ailleurs encore, les principes nouveaux se sont combinés plus ou moins heureusement avec des droits d'origine féodale qui subsistent encore dans quelques pays.

C'est ainsi qu'en Bavière les princes et comtes médiatisés jouissent encore du privilège de faire entrer en franchise, sans être tenus au payement d'aucun octroi ou impôt indirect, tout ce qui est utile à leur existence et nécessaire à leur consommation et à celle de leurs gens (denrées coloniales, vins, cigares, etc.). Partout ailleurs, ils ont traité de gré à gré de ce dernier vestige de leur souveraineté.

A Berlin l'octroi a été supprimé.

Dans les six provinces de l'est (Brandebourg, Prusse proprement dite, Poméranie, Posnanie, Saxe, Silésie), les lois en vigueur sur les contributions communales dans les villes diffèrent notablement de celles qui existent sur la même matière dans les communes rurales.

Pour les dernières, « les dépenses sont ordinairement couvertes par des impôts proportionels à ceux de l'État. La répartition des dépenses se fait d'après les constitutions locales; en cas de doute, l'interprétation appartient à la commune, et les contributions communales sont fixées par un vote du conseil communal, sanctionné par le gouvernement. A défaut par la commune de régler les questions dont l'examen lui appartient, le gouvernement central est autorisé à modifier les coutumes existant dans la localité. »

Pour les villes, le règlement s'exprime ainsi : « Si les recettes provenant des fonds de la ville ne suffisent pas à couvrir ses dépenses, les conseillers municipaux peuvent décréter la perception des catégories suivantes de contributions communales : contributions additionnelles portant sur les impôts perçus au profit de l'État. Dans cette matière, l'autorisation du pouvoir central est nécessaire quand la contribution nouvelle porte sur le revenu, ou quand les autres impôts directs sont augmentés dans la proportion de 50 % des impôts dus à l'État. Quant aux impôts indirects, toute augmentation, si minime qu'elle soit, doit être approuvée par le gouvernement. »

Pour les contributions directes ou indirectes que la ville voudrait créer spécialement pour ses besoins, et qui ne devraient être perçues que sur son territoire, la législation prussienne exige, dans tous les cas, la permission du gouvernement. A Breslau, par exemple, la ville perçoit, à titre de contributions additionnelles à celles de l'État, un droit supplémentaire de 50 % sur l'impôt général des bâtiments (direct), et des droits sur la *mouture* et sur la bière. On a, en outre, obtenu l'autorisation de percevoir, à titre de contributions purement municipales, un second droit sur la bière, un droit sur le gibier, et de plus, comme charges directes, des impôts sur le revenu, sur les chiens et sur les établissements de bals publics.

Les droits sur la mouture et sur l'abattage, perçus au profit de l'État aux portes des villes, peuvent être remplacés par des droits additionnels à ces contributions, l'impôt des classes ou capitation progressive.

En Wurtemberg, d'après l'édit du 1er mars 1822, les contributions établies au profit de la commune sont perçues selon les dispositions de la loi sur les impôts de l'État. Il n'y a d'ailleurs aucune différence entre les villes et les communes rurales, et point d'impôt indirect.

Les ressources communales consistent dans un prélèvement et dans une addition sur l'impôt général. Les communes ont la liberté de percevoir, pour leur propre compte, dans la limite d'un quart en plus des impôts fonciers, des patentes, des bâtiments et de l'impôt sur le revenu, dont la part principale appartient à l'État.

A Bade, la législation communale est basée, pour tout le grand-duché, sur la loi du 17 février 1832. D'après cette loi, si le revenu des propriétés foncières et mobilières de la commune ne suffit pas à faire face à ses dépenses, l'excédent « est réparti, selon le cadastre, sur le capital (maisons, propriétés, etc.) des membres de la commune ».

Les octrois n'y existent que dans peu de villes. Ils ne sont établis que pour un laps de temps déterminé et par autorisation expresse du gouvernement. Ils frappent à peu près les mêmes objets qu'en France, mais le pain y est généralement chargé de droits.

Le contraire existe dans le grand-duché de Hesse. La législation s'y base sur ce principe, « que les communes étant des parties de l'État, doivent couvrir leurs dépenses de la même manière que l'État fait pour les siennes, se servant d'abord des domaines et des contributions indirectes, et n'ayant recours aux impôts directs qu'en cas d'insuffisance de revenus ». Cependant les octrois sont perçus dans quelques villes, comme Darmstadt, Offenbach, Alsfeld. Leurs tarifs diffèrent pour chacune, mais on remarque partout des droits sur la *farine*.

Les impôts directs sont au nombre de trois, et sont basés sur le système français : impôt foncier, impôt d'habitation sur les loyers, impôt des patentes; ce dernier est plus compliqué que chez nous. « Les patentables sont divisés en sept classes et, en outre, selon la population de l'endroit en trois *rangs*. Il y a, pour chaque classe et chaque rang, un droit fixe et un droit proportionnel, selon l'étendue de l'industrie, le nombre des ouvriers et leur qualité. »

Les communes ont, du reste, le droit de gérer et d'administrer leurs finances selon les règles édictées par elles-mêmes, bien que sous la surveillance de l'État.

En Bavière (à l'exception du Palatinat), la législation n'admet guère que les impôts indirects. Ils pèsent sur différents objets de consommation locale, dont quelques-uns sont déjà imposés par l'État : la viande, le blé et la farine, et le malt. Quant aux droits sur le blé et sur la viande, ils sont exclusivement communaux, et le gouvernement n'y exerce son contrôle que par l'établissement de tarifs généraux et l'application d'un maximum.

Les contributions directes ne sont perçues que dans le cas où les autres ne suffisent pas; encore ces dépenses auxquelles elles doivent être appliquées sont-elles limitativement déterminées par la loi, par exemple pour les constructions nouvelles, la réparation des bâtiments communaux, des fontaines, ponts et routes, le salaire des gardes champêtres, l'entretien des écoles, l'assistance publique.

Dans le Palatinat, la législation communale a profondément gardé l'empreinte de nos lois et de notre administration. On y retrouve les cinq divisions de marchandises auxquelles peuvent s'appliquer les taxes d'octroi. Toutefois, les fruits, le beurre et le fromage ne sont pas taxés.

Dans les villes au-dessus de 5,000 âmes, le roi autorise l'établissement des octrois; dans les autres, le gouvernement départemental.

Les octrois existent également dans quelques villes du grand-duché de Saxe-Weimar, mais ils doivent aussi être autorisés par le pouvoir central.

Les impôts directs consistant en *pfennigs* additionnels, pour couvrir les dépenses communales, sont fixés par les municipalités. L'État abdique ici son droit de contrôle. La commune jouit du droit de répartir les charges locales d'après des principes différents de ceux qui servent de base à la perception de l'impôt de l'État (sur le revenu), si cela lui semble préférable. Elle est tenue seulement de fixer ces principes par des statuts et des règlements locaux.

Bien que le duché de Brunswick ne se serve ni d'octroi ni de contributions indirectes, il ne nous paraît pas sans intérêt de signaler certaines dispositions qui président à l'assiette de ses autres impôts. Dans les villes, l'impôt foncier ne doit pas pourvoir à plus d'un tiers des dépenses; dans les villages, il peut s'élever jusqu'à la moitié. Le montant du droit par arpent ne doit pas dépasser la moitié de l'impôt supporté « par la plus petite maison ». Sauf cette disposition, la commune règle ses impositions à sa guise. En général, il est d'usage de demander à l'impôt sur le revenu le surplus des ressources nécessaires.

Les villes libres perçoivent des accises considérables : celle de Hambourg (douane non comprise) produit environ 1,700,000 francs.

Partout où les octrois disparaissent en Allemagne, l'impôt sur le revenu les remplace.

Le système qui, en Prusse, frappe la population de certaines villes de divers impôts indirects spéciaux, compensés dans la campagne par d'autres contributions de nature directe, paraît du reste remonter aux traditions du grand Frédéric, qui organisa sur cette base le système financier de la Silésie. C'était alors une imitation de la capitation française, véritable « impôt des classes ».

III.

Belgique.

Avant la loi du 18 juillet 1860, la Belgique comptait 78 communes, dont les octrois avaient produit en 1858 une somme de 12,376,085 francs, de laquelle il fallait déduire, pour frais de perception, une somme d'environ 1,500,000 francs. Le produit net des octrois se montait donc à 10,876,085 francs.

Après la révolution de 1831, les hommes du nouveau gouvernement belge se préoccupèrent des octrois dont l'abolition était vivement réclamée, mais le gouvernement n'avait pas encore trouvé dans la législation le moyen de remédier aux vices de ce système d'impositions. Cependant les octrois formaient un contraste si frappant avec les institutions libérales que la Belgique s'était données, et, vers 1845, les réclamations devenaient si impérieuses, que le gouvernement ne pouvait plus différer de mettre la question à l'étude.

Un arrêté royal du 9 novembre 1847 institua une commission chargée d'examiner s'il y avait lieu de maintenir ou de reviser les octrois. La commission conclut à la suppression de ces taxes, et elle indiqua divers moyens de procurer aux communes des ressources équivalentes; mais aucun de ces moyens ne fut reconnu réalisable.

Cependant, les travaux de la commission ne restèrent point sans fruit : elle avait montré que ce système d'impositions était un dissolvant de l'unité nationale, et elle en avait dépeint les vices nombreux et irrémédiables avec une vigueur et une vérité qui firent une vive impression dans le pays. Peu de temps après, des voix s'élevèrent de tous côtés pour demander, non plus la revision, mais l'abolition des octrois. Dans le cours de la session de 1850-1851, la Chambre des représentants fut même saisie de deux propositions de loi dues à l'initiative parlementaire, et, à son tour, elle se livra à une étude approfondie de la question.

Après avoir exposé les vues divergentes qui s'étaient fait jour, et les motifs qui s'opposaient à ce qu'elle se ralliât aux propositions dont elle était saisie, la section centrale s'exprimait ainsi dans son rapport :

« La section centrale exprime l'espoir que le résumé de ses délibérations, les renseignements qui font l'objet de ce travail, et surtout la discussion publique, jetteront quelque jour sur l'importante question des octrois, si vivement controversée, *et rapprocheront le moment de sa solution définitive*. Dans l'opinion de la majorité de la section centrale, le système des octrois n'est pas exempt de vices. *Cette suppression est désirable dans l'intérêt des classes laborieuses, dans l'intérêt même des communes.*

« Mais, quels que soient les inconvénients et les vices de ces taxes, elles ne peuvent être abolies qu'à la condition expresse d'ouvrir préalablement aux communes des sources nouvelles et suffisantes de revenu.

« L'initiative, dans une matière aussi importante, appartient, d'une part, aux communes intéressées, de l'autre, au gouvernement, qui, placé dans une sphère supérieure, peut pondérer tous les intérêts, et dispose de puissants moyens d'action et d'éléments généraux d'appréciation. »

Quatre années s'écoulèrent sans que les communes se fussent mises en mesure de réaliser le vœu de la section centrale.

Enfin, en séance du 7 juillet 1858, le conseil provincial du Brabant adopta les conclusions d'un rapport élaboré par une commission formée dans son sein, tendant à ce que les Chambres et le gouvernement voulussent bien introduire dans le système général des impôts perçus au profit de l'État, des modifications telles qu'il fût possible d'arriver à l'abolition des octrois communaux. Par décision de la Chambre des représentants, en date du 25 février 1859, ce rapport fut renvoyé au département des finances, qui, par là, se trouva saisi officiellement de la question.

En présence de ces manifestations réitérées et de l'abstention prolongée des conseils communaux d'user de l'initiative qui leur avait été laissée, le gouvernement crut ne pouvoir différer plus longtemps de rechercher un moyen pratique de résoudre la difficulté.

M. Frère Orban, ministre des finances, se mit immédiatement à l'œuvre. Il élabora un projet qui, déposé sur le bureau de la Chambre à la séance du 10 mars 1860, fut voté le 18 juillet de la même année.

Aux termes de cette loi, un fonds commun était institué pour subvenir aux besoins des communes urbaines, qui voyaient disparaître leur principale ressource ; ce fonds était alimenté au moyen des revenus suivants que l'État abandonnait :

1° 40 % dans les produits bruts des recettes de toute nature du service des postes.

2° 75 % dans le produit du droit d'entrée sur le café.

3° 34 % dans le produit des droits d'accises sur les vins et eaux-de-vie provenant de l'étranger, sur les eaux-de-vie indigènes, sur les bières et vinaigres et sur les sucres.

En ce qui concerne ce troisième élément du fonds commun, l'État ne faisait pas en réalité l'abandon d'une partie du produit de ces impôts ; les droits d'octroi sur ces objets étaient plutôt transformés que supprimés. En effet aux termes de la loi du 18 juillet 1860, les droits de douane sur les vins et eaux-de-vie provenant de l'étranger furent augmentés dans une proportion égale au droit moyen d'octroi réparti sur la consommation totale du royaume en 1858 ; le droit sur les sucres reçut un léger accroissement, et, enfin, les droits d'accises perçus sur la fabrication de la bière et de l'alcool indigène furent à peu près doublés.

Le montant de ce fonds commun, fixé d'abord à 15 millions, garantit aux communes à octroi un revenu annuel s'élevant au produit net de leurs octrois pendant l'année 1859. Le surplus est partagé entre les communes rurales au prorata du principal de la contribution personnelle et du principal des patentes.

L'ingénieuse combinaison de M. Frère Orban a été l'objet de nombreuses critiques, surtout en France. Il est vrai que les économistes, au moment où ils les formulaient, n'avaient pu encore apprécier les effets de cette loi, qui ne se sont produits qu'à la longue, et qu'ils avaient mal étudié le merveilleux mécanisme de la réforme. Nous en faisons plus loin une étude spéciale.

En DANEMARK, les droits d'octroi qui y avaient été primitivement établis sont abolis depuis plus de quinze ans, et les communes ont demandé à l'impôt direct les ressources qui leur étaient nécessaires. Nous allons faire connaître les impôts ainsi perçus au profit des communes, et indiquer en même temps comment ils sont répartis; on remarquera du reste que les taxes ont en Danemark le même caractère de spécialité que nous avons déjà signalé en parlant de l'Angleterre.

Il est perçu au profit des communes :

1° Une contribution par chaque *tonne d'imposition ou de hartkorn* pour les tribunaux, les maisons de détention et autres frais de justice du ressort;

2° L'impôt pour les pauvres est payé, partie par tête d'habitant, partie par la propriété; il est en général acquitté par le fermier, l'usage du pays le met à sa charge;

3° L'impôt scolaire réparti de la même manière;

4° Les contributions pour chemins vicinaux ou voies communales, les prestations en nature imposées aux cultivateurs qui exploitent le sol; les habitants non cultivateurs doivent prêter leur travail personnel pour l'entretien des voies de communication ;

5° Les frais de transport des personnes qui voyagent pour les affaires de la commune; ils frappent la propriété territoriale et sont répartis par tonne de hartkorn ;

6° L'enlèvement des neiges est obligatoire pour tous les habitants, mais cette charge pèse plus lourdement sur les propriétaires fonciers.

7° Les transports à travaux pour l'entretien des églises sont supportés également par les cultivateurs en raison de l'importance de leur exploitation.

Tous les impôts ainsi prélevés au profit des communes soit en argent, soit en prestations, sont évaluées à 7 francs par tête en argent, et en nature à 3 francs.

IV.

Espagne. — Hollande. — Portugal.

Il existe en Espagne des droits sur les objets de consommation (*consumos*); les tarifs sont variables suivant les villes, et l'État prélève une partie de l'impôt à son profit.

Comme en France, l'octroi a donné lieu à des plaintes d'autant plus vives que la perception, dans les villes de moins de 2.000 habitants, avait le caractère d'un véritable attentat à la liberté des transactions.

Dans ces localités, en effet, le gouvernement, pour assurer la perception des droits, pouvait exiger que la vente des objets introduits se fît dans les lieux publics sous la surveillance de l'administration.

Ces règles sévères et gênantes contribuaient à l'impopularité des droits d'entrée et d'octroi ; aussi le peuple en réclama-t-il la suppression dès qu'il put faire entendre sa voix à la suite de la révolution qu'il avait accomplie. Les hommes qui présidaient aux destinées nouvelles du pays et cherchaient un appui solide dans le concours de l'opinion publique ne pouvaient rester sourds à ces plaintes, à ces réclamations. Ils cherchèrent alors le moyen d'abolir les octrois, tout en assurant aux communes les ressources qui leur sont indispensables. Ils acquirent bientôt la certitude que les octrois devaient disparaître et qu'il fallait demander à l'impôt direct les revenus destinés à les remplacer ; ils créèrent à cet effet un impôt direct, calculé d'après le loyer des bâtiments occupés par le contribuable. Cette réforme, due à l'initiative de M. Figuerola, ministre des finances, fut réalisée dans le courant de l'année 1868 ; mais, mal étudiée et appliquée sans préparation, elle ne produisit que de mauvais effets, et l'ancien état de choses ne tarda pas à être à peu près rétabli.

Les octrois existaient en Hollande de même qu'en Belgique, et le législateur de ce pays a dû également porter son attention sur cet impôt. Une loi du 7 juillet 1865 a supprimé les octrois dans la plupart des villes du royaume, et, dans le courant de l'année 1870, ils ont dû être complètement abolis. Pour opérer cette réforme, l'Etat a abandonné aux communes les 4/5e de la contribution personnelle et 2 1/2 % de l'impôt foncier sur les propriétés bâties. En outre, pour pourvoir à leurs services, qui comprennent la police, l'état civil, l'assistance des pauvres, etc., on a établi des taxes locales qui sont perçues sous la forme de centimes additionnels aux con-

tributions directes. Il ne faudrait pas croire que l'on a
eu recours à ce moyen parce que ces taxes sont peu élevées. Dans certaines provinces, les centimes additionnels, tant provinciaux que communaux, s'élèvent jusqu'au chiffre de 298 sur l'impôt foncier, et encore dans
les polders est-il perçu une contribution spéciale pour
l'entretien des moulins, des digues et du personnel administratif des terres basses.

En PORTUGAL, indépendamment des centimes additionnels à l'impôt foncier, qui ne peuvent excéder le
dixième de la contribution payée par le propriétaire à
l'État, et dont la perception au profit des communes doit
être autorisée par une loi spéciale, indépendamment des
droits de paroisse, destinés au frais du culte et à l'entretien des curés et desservants, qui frappent les biens,
fonds et les terres appartenant à chaque paroisse, il
existe des impôts sur les objets de consommation. Ces
droits d'octroi sont perçus sur le vin et la viande. Il
existe également un impôt communal sur les ventes opérées dans les foires et marchés. Dans quelques localités,
les droits sont perçus à l'entrée du champ de foire; dans
d'autres, la perception n'a lieu que sur un droit sur le
bétail ou sur tout autre article abondant sur le marché.

V.

Italie.

Les droits de consommation sont perçus, en Italie,
comme impôt général; les communes ont la faculté de
percevoir des taxes additionnelles[1].

1. Ces détails sont empruntés au livre de M. le vicomte G. d'Avenel : *Les Octrois*, Guillaumin et Cⁱᵉ. Paris, 1881.

La législation italienne sur les impôts de consommation établit, au profit de l'État, une taxe ou octroi sur la *consommation* du vin, du vinaigre, de l'eau-de-vie, des liquides et des viandes, et sur la *fabrication* de la bière et de l'eau gazeuze; on y a ajouté plus tard la *farine*, le riz, les huiles, le beurre, le suif, le saindoux, le sucre. Il y a ainsi, frappés de droits généraux, un nombre beaucoup plus grand d'objets de consommation qu'en France, où l'on abandonne ces objets aux octrois municipaux. La même loi règle d'ailleurs à la fois, en Italie, les contributions indirectes et les octrois, tandis qu'en France ces deux impôts ne sont jamais confondus. On n'y observe pas non plus une règle constamment suivie dans notre pays, par laquelle l'État interdit aux communes, sauf de rares exceptions, les taxes municipales sur des marchandises déjà frappées de droits généraux, comme le papier, le sel, le café, le thé, le poivre, les allumettes, etc., et s'interdit à lui-même de frapper de droits généraux les objets de consommation taxés par les communes. De plus, la farine y est l'objet de droits à la fois généraux et municipaux.

Aux droits de douane pour l'introduction de ceux de ces produits qui viennent de l'étranger, s'ajoute une surtaxe égale à la taxe recouvrée à l'intérieur. Par contre, la taxe payée à l'intérieur est remboursée à l'exportation de ces produits.

Pour l'application des tarifs, les communes italiennes sont divisées en quatre classes, selon la population, variant depuis les communes rurales jusqu'aux villes de 50,000 âmes et au-dessus.

Pour le recouvrement des taxes, les communes des trois premières classes (de 8,001 à 50,000 âmes) sont déclarées fermées, à moins que leurs conditions topographiques ne permettent pas de les entourer d'une ligne d'octroi. Dans ce cas, elles sont déclarées ouvertes par décret délibéré en Conseil d'État. Les villes de la cinquième classe, d'une population inférieure à 8,000 habitants, sont censées ouvertes, excepté quand elles sont chefs-lieux d'arrondissement, ou quand elles en font la demande, si elles veulent maintenir ou établir, pour leur propre compte, un droit d'introduction. Cette division a son importance. En effet, dans les communes fermées, le droit de consommation s'acquitte à l'introduction des produits indiqués au tarif dans l'enceinte de l'octroi.

On ne paye jamais qu'un droit, selon les villes, au profit de l'État; il est juste d'ajouter que dans une commune où le vin, par exemple, ne paye que le droit de consommation, la municipalité peut y ajouter *à son profit* e droit de détail.

Le transit, l'entrepôt et l'introduction temporaire sont autorisés d'après les mêmes règles qu'en France.

Si, dans une commune fermée, il se fabrique des objets soumis aux droits, la taxe de *consommation* de ces produits est recouvrée moyennant une taxe équivalente sur leur *fabrication*; ces droits sont ainsi destinés, non à se cumuler, mais à se suppléer au profit de l'État.

Dans les communes ouvertes, les droits sont un peu moindres que dans les communes fermées; la taxe de consommation y est perçue sur la vente au détail, dès qu'elle a eu lieu, et sur l'introduction des objets dans le lieu de vente au détail. Mais l'*exercice* va jusqu'à s'appliquer à la distribution non gratuite, entre plusieurs personnes, de vins ou de produits alcoolisés dans les proportions determinées.

Le recouvrement des droits de consommation dans les communes ouvertes, et celui des taxes sur la fabrication dans les communes fermées, se fait quelquefois par abonnement, entre les contribuables et les agents de l'État.

En ce qui concerne l'octroi, les communes ont la faculté d'imposer sur les mêmes objets une taxe additionnelle à celle du gouvernement. Fixée à 30 % du droit principal, cette taxe a été depuis portée à 50 %. Quant aux objets non frappés de droits au profit de l'État, les conseils municipaux peuvent les en frapper, sans pourtant les imposer à plus de 20 % de leur valeur. Ce maximum considérable n'a été atteint que progressivement. La proportion de 10 % de la valeur avait été fixée par la loi de 1864.

Les municipalités ont été admises à inscrire sur leurs tarifs, après avis de la Chambre de commerce et du Conseil d'État, d'autres matières de *consommation locale*; mais elles en usèrent si largement que les abus ne tardèrent pas à pénétrer par cette voie, et dès 1867 le gouvernement dut spécifier que le papier, les imprimés à l'usage des administrations publiques et les lingots servant à la fabrication des monnaies de l'État seraient exempts des octrois communaux. L'année suivante, il dut également exempter, par une loi, les appareils télégraphiques, piles, gutta-percha, etc., destinés au service de l'État.

Les taxes additionnelles des communes, celles-là mêmes dont elles frappent des objets qui ne sont soumis à aucun droit au profit du gouvernement, sont recouvrées par les agents de l'État, et les frais de recouvrement sont divisés selon le profit respectif. Par contre, les communes fermées obtiennent la concession de faire recouvrer par des agents particuliers les taxes générales et communales toutes les fois qu'elles s'entendent avec le gouvernement pour lui assurer un minimum de produit des droits qui le regardent. L'excédent au-dessus du minimum garanti est partagé également entre l'État et la commune.

La même faculté est accordée aux associations de communes ouvertes, quand elles forment ensemble un total d'au moins 10,000 habitants. Dans les autres communes ouvertes, l'impôt est affermé par province, par arrondissement ou par groupe de district. Le gouvernement a ainsi pour fermiers tantôt des particuliers, tantôt des communes elles-mêmes, soit réunies, soit isolément.

Pour le recouvrement des droits, non seulement le gouvernement, mais aussi les communes, peuvent le donner à ferme; ainsi les communes fermières du gouvernement peuvent avoir à leur tour des fermiers auxquels elles confient à la fois le recouvrement de leurs droits propres et celui des droits de l'État qu'elles ont affermés.

Des abonnements peuvent être conclus entre les communes et l'État.

Une des conséquences de ces abonnements est de permettre aux communes fermées de changer, de leur propre initiative, les tarifs du gouvernement, d'accord avec l'autorité financière, en observant toutefois que la somme due à l'État soit prélevée, avant tout, moyennant la taxe sur les objets réservés au gouvernement. Une autre conséquence est de substituer les communes et leurs fermiers au gouvernement dans ses droits et ses obligations envers les contribuables, et de donner à leurs agents des pouvoirs équivalents.

Les tarifs élevés des taxes sont pesants pour le contribuable. On a vu qu'elles pouvaient frapper un grand nombre d'objets d'un droit égal à 20 % de leur valeur. Les marchandises de première nécessité supportent, sauf le vin et l'alcool, dont l'usage en Italie est restreint, des droits bien plus considérables qu'en France. Ainsi. le bœuf paye dans les grandes villes 40 francs par tête au profit de l'État, et 20 francs au profit de la commune ; tandis qu'en France, il ne peut être taxé en tout qu'à 8 francs maximum (par tête) au profit de la commune ; la farine (État et commune) peut être taxée à 4 francs le quintal, tandis qu'elle est affranchie de droits dans notre pays.

VI.

Russie. — Suède. — Suisse. — Turquie.

Les recettes ordinaires des *villes* russes se composent, entre autres :

D'un impôt sur les immeubles et redevances ;

D'un impôt industriel ;

D'un impôt indirect.

Les communes *rurales* occupent une place importante dans les institutions russes ; mais loin d'embrasser toute la surface de l'empire, elles n'y figurent, au contraire, que comme des points isolés ; cependant les communes voisines sont groupées en espèces d'associations cantonales.

On rencontre en Russie de vastes espaces, domaines

de la grande propriété, qui ne sont agrégés à aucune
municipalité, à aucune commune, et ne se relient admi-
nistrativement qu'au district.

En Suède, les communes perçoivent un impôt proportionnel sur le revenu immobilier et sur le revenu mobilier.

Elles perçoivent en outre un impôt sur la vente en
détail de l'eau-de-vie et d'autres spiritueux brûlés ou
distillés.

Quelques villes ont établi des droits de port, de pont,
de quai, etc.

Les adultes au-dessus de dix-huit ans supportent une
capitation destinée à former un fonds pour le soutien des
pauvres et pour l'instruction primaire.

Il y a aussi en Suède certains impôts locaux qui reposent sur d'antiques coutumes, comme des prestations
pour la construction des routes et de divers bâtiments
communaux.

Les communes suisses trouvent des ressources très
importantes dans les revenus de leurs biens patrimoniaux, qui sont très considérables, grâce aux nombreuses
libéralités dont elles sont l'objet. « Le sentiment patrio-
tique, dit très bien à cette occasion M. de Banneville, est
très développé dans ce pays, et les citoyens riches font
fréquemment des libéralités très importantes à leurs
cantons et à leurs communes. A Bâle, presque tous les
établissements de bienfaisance, la fondation des hôpitaux, des écoles, sont dus à la générosité de ses capitalistes. A Neuchâtel, David de Pury a laissé des millions
pour les hôpitaux et pour l'embellissement de sa ville
natale. Il en est de même à Zurich, Genève, Saint-Gall

et dans une foule de communes. » Cet élément de la richesse des communes est en effet fort important, et dans beaucoup de localités les revenus qu'on en retire sont suffisants pour solder toutes les dépenses. Dans les autres communes, au contraire, on obtient le supplément indispensable pour assurer le fonctionnement des services publics à l'aide de taxes locales perçues sous la forme d'impôts directs. Il existe cependant quelques octrois municipaux dans le Tessin et dans le canton de Vaud, à Genève et à Carouge.

Quant à la Turquie, d'après M. Ohannès, secrétaire général au ministère des finances à Constantinople, l'octroi n'y a jamais existé. En 1864 le gouvernement, pressé par des nécessités budgétaires, en proposa l'établissement à Constantinople; mais l'opinion publique se prononça énergiquement contre le projet de loi, et en présence de cette manifestation, on le soumit à l'examen d'une commission présidée par Achmed-Véfik-Effendi, ancien ambassadeur à Paris. Après de mûres délibérations, la commission repoussa le projet à l'unanimité et le gouvernement lui-même l'abandonna. Dans le document auquel nous empruntons ces renseignements, M. Ohannès n'indique pas la nature des ressources mises à la disposition des communes, mais il existe des taxes locales directes comme en Russie.

VII.

Conclusion.

De l'examen qui précède, il résulte que le problème de la suppression des octrois peut être facilement résolu.

On voit que les services municipaux sont assurés dans différents pays de l'Europe sans avoir recours à l'octroi, et que des taxes locales ou des impôts indirects perçus par l'État, mais dont une partie revient aux communes, suffisent à pourvoir à tous les services municipaux.

On a soutenu qu'en recevant de l'État une partie de l'impôt, les communes perdaient leur indépendance et qu'il était porté ainsi atteinte à leur autonomie.

Ce qui assure l'indépendance des communes, c'est leur indépendance financière. Or, pour que cette indépendance soit assurée, il suffit qu'elles aient le droit d'établir des taxes équitables conformes aux règles de la justice, sous la seule réserve de les faire approuver par le pouvoir central.

Nous ferons une dernière remarque, qui nous est suggérée par l'étude des diverses législations régissant en Europe les finances communales : c'est que le système des impôts le plus généralement adopté consiste dans l'établissement de taxes directes. Ce système a un avantage considérable qu'il importe de faire ressortir. Au lieu de dissimuler le fardeau de l'impôt, comme en France, on l'expose au grand jour. L'attention de chaque citoyen est appelée sur chacune des taxes dont l'emploi est indiqué sur sa feuille de contributions, de telle sorte qu'il peut se rendre compte des sacrifices qu'on lui impose et qu'il est en mesure d'exercer un contrôle sévère sur la gestion des deniers communaux. « De cette manière, on donne à un peuple les mœurs viriles de la liberté, parce que le mandataire sait qu'il agit sous le contrôle incessant de son mandant, et que celui-ci, de son côté, comprend que, si les intérêts de la commune sont mal administrés, il doit se reprocher le choix qu'il a fait d'un mandataire incapable ou infidèle.

« En développant ainsi chez l'un et chez l'autre les idées de contrôle et de responsabilité, on élève le niveau moral de la population ; l'opinion publique ne voudra plus abandonner la gestion des intérêts de la commune à des hommes qui, quelque honnêtes qu'ils soient, ont besoin de sentir que leurs électeurs surveillent leurs actes et sont prêts à leur en demander compte [1]. »

La France, après avoir été si longtemps en Europe l'initiatrice de la liberté et du progrès, ne peut rester en arrière des autres nations qui, autrefois, s'inspiraient de ses principes. Il faut que les octrois disparaissent. Mais par quels moyens les remplacer? C'est ce que nous allons rechercher.

1. P. Deloynes.

QUATRIÈME PARTIE

REMPLACEMENT DES OCTROIS

I.

Les systèmes.

Depuis Vauban jusqu'à nos jours un concert général de réprobations s'est élevé contre les octrois. Presque tout le monde est d'accord pour en demander la suppression : le peuple, instinctivement; les économistes, par raisonnement, arrivent à la même conclusion. Mais comment les remplacer? C'est ici que commencent les difficultés, car chacun a son système. Les uns ne se donnent même pas la peine de rechercher par quels moyens les communes auraient à pourvoir à leurs besoins après la suppression des ressources que leur procurent les octrois, et se bornent à indiquer comme ressources les taxes directes. Les autres proposent des moyens de tous genres : taxes sur les propriétés bâties et non bâties, décimes additionnels aux droits de succession, taxes sur le capital des meubles corporels, centimes additionnels aux droits de mutation; taxes sur les pianos, sur les professions libérales, sur les étrangers, etc., etc.

Ces divers systèmes ont leurs avantages et leurs

9

inconvénients, mais il s'en dégage un principe général qui doit être admis tout d'abord : c'est que les octrois ne peuvent disparaître de notre législation qu'à la condition d'assurer aux communes les ressources qui doivent remplacer celles qu'elles retirent de l'impôt dont on demande la suppression.

Nous allons passer sommairement en revue les solutions les plus importantes, en reproduisant les critiques dont elles ont été l'objet, les motifs ou les circonstances qui les ont fait rejeter. Nous croyons que, en empruntant aux unes et aux autres les moyens les plus pratiques, nous parviendrons à trouver la véritable solution, ou tout au moins celle dont l'application, donnant à la fois satisfaction aux intérêts et aux principes, n'apporterait aucune perturbation dans les finances des villes et n'imposerait pas de sacrifices onéreux à l'État.

II.

Proposition Glais-Bizoin.

Nous avons dit que M. Glais-Bizoin avait déposé en 1870 une proposition dans laquelle il demandait de remplacer les octrois en abandonnant aux communes : 1° l'impôt personnel et mobilier; 2° l'impôt des portes et fenêtres; 3° l'impôt des patentes; et, comme ces ressources étaient encore insuffisantes, les communes étaient autorisées à combler le déficit au moyen de centimes additionnels et même par un impôt sur le revenu.

Cette réforme privait l'État d'une recette totale de 162,798,600 francs, sans que l'auteur de la proposition indiquât par quels moyens le Trésor pourrait la remplacer. Or, si les finances de l'État ne permettaient pas de faire alors ce sacrifice, elles le permettent encore bien moins aujourd'hui.

Quant aux centimes additionnels, les communes en ont déjà tellement abusé qu'il n'est guère possible d'en accroître le nombre. Reste l'impôt sur le revenu qui, pour les communes, ne mérite pas d'être mieux accueilli. Cet impôt, qui existait en Belgique sous le nom de *Cotisations personnelles*, a donné lieu à des réclamations telles, qu'il est presque partout abandonné, et, ce qu'il y a de remarquable, c'est précisément l'application de la loi abolitive des octrois qui a donné aux communes les moyens de le supprimer.

III.

M. Hermitte et M. Courcelle.

M. Hermitte, qui a écrit une brochure très remarquable sur la réforme de l'impôt des boissons, intimement liée à la question de la suppression des octrois, propose de résoudre cette dernière, comme M. Glais-Bizoin, par l'abandon aux communes des mêmes contributions directes. Ce que nous venons de dire, à propos de la proposition Glais-Bizoin, s'applique donc à cette première partie du projet de M. Hermitte.

Mais, comprenant qu'il fallait offrir au Trésor une compensation pour les revenus qu'il proposait d'abandonner, M. Hermitte conférait à l'État le monopole des assurances. Dans l'état actuel des esprits, il n'est guère permis d'espérer la création d'un nouveau monopole en faveur de l'État, auquel on reproche d'en avoir déjà trop établi. Cette opinion s'est récemment manifestée dans la commission nommée par M. Rouvier pour étudier la réforme de l'impôt des boissons.

La commune de Bruxelles a essayé d'établir un système de ce genre. Un rapport très étudié en a été fait et les conclusions n'ont pas été favorables. « Les attributions du pouvoir communal, disait le rapport [1], telles qu'elles sont définies par la constitution et par les lois, excluent toute idée d'ingérence de ce pouvoir dans des matières d'intérêt privé, et l'on est porté à croire que la commune sort de son rôle et excède son droit quand, sous prétexte de créer des ressources pour les besoins publics, elle impose aux citoyens des charges auxquelles, à raison même de leur destination, manque une des conditions essentielles qui caractérisent l'impôt, à savoir, la nécessité envisagée au point de vue de l'intérêt communal. »

Ce qui est dit ci-dessus pour les communes s'applique évidemment à l'État.

M. Courcelle proposait des taxes directes locales. D'après son système, les avantages recueillis par les habitants de la ville sont en proportion avec le quartier où leur demeure est située; par conséquent chacun doit payer une part d'impôt proportionnelle au loyer de son habitation. L'impôt nouveau ainsi créé serait l'impôt sur les loyers. Cette contribution serait imposée à l'habitant; elle ne pourrait jamais être mise à la charge du propriétaire, qui ne devrait l'acquitter que pour son logement

---

1. Hubert Léemans, *Traité des impositions communales directes.*

personnel. Toute convention contraire serait frappée de nullité. Le propriétaire serait chargé de recueillir l'impôt au moment où il recevrait le montant de son loyer; il verserait les sommes ainsi obtenues dans la caisse du receveur municipal; il serait déchargé de toute responsabilité et de toute obligation en ce qui concerne la quote-part d'impôt mise à la charge de locataires insolvables; il serait exonéré de toute contribution à raison des logements vacants, pourvu qu'il déclarât la vacance dans certaines formes déterminées. Cette contribution prendrait le nom de contribution de ville, et l'on voit qu'elle n'affecterait en rien la propriété.

M. Courcelle a emprunté l'idée de son système au principe qui règle souverainement en Belgique l'établissement des taxes locales : « L'impôt communal ne doit frapper que celui qui profite de la dépense pour laquelle il a été établi » ; mais il n'en fait pas une rigoureuse application. Il y a certaines dépenses qui favorisent plus spécialement certains habitants, comme l'ouverture de voies nouvelles, par exemple, qui profite davantage aux propriétaires en augmentant, souvent dans des proportions considérables, la valeur des terrains en bordure de ces voies; les dépenses de police et de chemins vicinaux, qui intéressent les propriétaires non domiciliés dans la commune, etc. La variété des taxes peut seule répondre au principe posé plus haut, et nous montrerons plus loin, quand nous examinerons la législation belge, comment on est parvenu chez nos voisins à répartir équitablement les impôts entre tous ceux qui doivent raisonnablement les acquitter.

M. Courcelle proposait d'établir l'impôt sur les loyers, non sur l'impôt mobilier d'après la valeur locative du logement établie par les répartiteurs, mais sur le loyer total de la maison. L'application de cette règle soulève des difficultés de répartition entre les divers locataires. En effet, les baux passés par le propriétaire n'ayant, aux termes de notre législation civile, aucune force probante vis-à-vis des autres locataires, ceux-ci pourraient soutenir que le prix du loyer est supérieur à celui qui est énoncé dans le bail, ou qui a été indiqué d'un commun accord par les parties intéressées. Il y aurait là une source de procès qui rend l'application de ce système impossible.

IV.

MM. Boiteau et de Lavergne.

Nous pouvons en dire autant de celui de M. Boiteau[1].

Il demandait qu'on substituât aux octrois des taxes directes locales; mais il était impossible d'admettre les impôts qu'il voulait créer. M. Boiteau estimait à 150,000,000 de francs[2] le produit net des octrois. Pour n'apporter aucun trouble dans les budgets municipaux, il avait recours aux deux moyens suivants :

1° L'impôt des patentes devenait un impôt exclusivement communal; l'État renonçait à toute espèce de contribution établie sur les revenus industriels et commerciaux. Cet abandon, consenti au profit de toutes les communes, leur procurerait 68,000,000 francs. M. Boi-

1. *Journal des Économistes,* avril 1867.
2. Ce produit est aujourd'hui de 250 millions environ.

teau pensait que sur cette somme totale, les villes à octroi recevraient 60,000,000 francs.

2° Pour compléter la somme de 150,000,000 de francs, montant du produit des octrois, il créait deux nouveaux impôts : une taxe sur les loyers et une taxe sur les revenus. Ces contributions, dont il ne déterminait pas les conditions d'application, ne devaient être établies que dans les villes dont on aurait aboli les octrois et n'auraient frappé que 8,000,000 d'habitants. Il comprenait que l'État ne pouvait pas se priver sans compensation de 68,000,000 de francs, et il voulait que les anciennes villes à octroi comblassent ce déficit. Aussi, la taxe des loyers et la taxe sur les revenus devaient-elles atteindre le chiffre de 158,000,000 de francs, sur lesquels 68,000,000 de francs auraient été versés dans les caisses du Trésor public.

Il semble plus simple de laisser à l'État le produit de l'impôt des patentes et de remplacer les octrois par les taxes sur les loyers et sur les revenus. Le système proposé par M. Boiteau présentait donc les mêmes inconvénients que celui de M. Glais-Bizoin. D'ailleurs les chiffres sont loin d'être les mêmes puisque le produit net des octrois s'est augmenté depuis de plus de 100 millions. Les difficultés que présentait le système de M. Boiteau sont devenues aujourd'hui absolument insurmontables.

Un autre économiste qui a combattu avec une très grande vivacité les octrois, M. L. de Lavergne, a proposé un système pour les remplacer[1].

Il divisait leur produit en quatre parties : le 1er quart représente pour lui les frais de perception qu'il évalue

1. *Journal des Économistes*, 1866.

à 12 %, et les économies qui peuvent être réalisées sur les dépenses des villes ; il en fixe le chiffre à 13 % du produit brut de l'octroi. Ainsi il décharge les contribuables de ce premier quart ; mais, pour les trois autres, voici comment il obtient les équivalents. Pour remplacer le second quart, il demande à l'État d'abandonner au profit des villes à octroi, et jusqu'à due concurrence, le principal de l'impôt foncier qu'il y perçoit. Le troisième quart serait obtenu à l'aide de centimes additionnels à la contribution personnelle et mobilière ; enfin le dernier quart serait fourni par des centimes additionnels aux trois autres contributions directes. On peut reprocher à cette répartition des centimes additionnels un certain arbitraire ; mais il faut reconnaître qu'au fond M. de Lavergne a obéi à une idée de justice : il a remarqué avec raison que les dépenses communales profitent tantôt aux seuls habitants de la commune, tantôt à la fois et aux habitants et à ceux qui y possèdent des propriétés ; c'est pour ce motif qu'il a proposé la répartition que nous venons de faire connaître.

En fait, l'application d'une semblable réforme est-elle possible ?

Le 1er quart représente les frais de perception et les économies réalisables. Peut-on bien en fixer ainsi *à priori* le montant ? Les frais de perception varient dans les diverses communes, et les économies possibles dans certaines villes ne le sont pas dans d'autres.

Le 2e quart est remplacé par l'impôt foncier abandonné par l'État jusqu'à due concurrence. En fait, l'État ne peut pas renoncer à une aussi importante recette : et alors même qu'il le pourrait, toutes les communes n'y trouveraient pas une compensation suffisante.

Le mode de remplacement présenté par M. de Lavergne pour le 2⁰ quart n'est donc pas applicable, parce que, dans la plupart des cas, il laissera subsister un déficit dans la caisse municipale.

Pour remplacer le 3⁰ quart, M. de Lavergne propose des centimes additionnels à la contribution personnelle et mobilière. Quel en serait le nombre? Ils seraient si considérable que l'application de ce système serait, aujourd'hui surtout, absolument impraticable.

Enfin le 4⁰ quart serait obtenu à l'aide de centimes additionnels aux trois autres contributions directes, aussi impossibles à établir que les précédents.

Mais il y a un autre motif pour ne pas accepter ce projet. Si on appliquait ses règles, le propriétaire d'immeubles situés dans une ville à octroi, serait exonéré en partie de contribuer aux dépenses de l'État, puisqu'il n'aurait plus à payer au Trésor public la contribution foncière exclusivement appliquée à des dépenses communales. Les habitants des campagnes continueraient au contraire à acquitter cette contribution. Il y aurait là une grande injustice, et un système qui produirait de semblables résultats doit être écarté.

V.

Systèmes divers.

D'autres économistes ont proposé de remplacer les octrois par des centimes additionnels au principal des quatre contributions directes. Ce système avait paru à M. Magne le plus propre à résoudre la question de l'abolition des octrois. Il avait, en effet, appelé sur ce point l'attention des conseils municipaux, et il leur avait demandé quel serait le nombre de centimes additionnels nécessaires, si l'on voulait fournir par ce moyen aux communes l'équivalent des octrois. Pour obtenir cet équivalent, voici ce qu'il fallait à cette époque : à Nantes de 146 %, à Caen de 113 %, à Amiens de 96 %, à Cherbourg de 170 %, à Lille de 140 %, au Havre de 113 %, à Rouen de 131 %, à Cambrai de 113 %, à Donai de 123 %. Le résultat de l'enquête a dû être instructif pour tout le monde; car il a été loin de justifier les affirmations qui s'étaient produites dans le sein du Corps législatif. L'honorable M. Magne, qui avait pris une grande part comme ministre des finances à la discussion de l'amendement de M. Glais-Bizoin, s'était écrié à la séance du 20 avril 1869 : « A la vérité, messieurs, M. Glais-Bizoin vous dit : Eh bien, nous comblerons la différence par des centimes additionnels. S'en est-il rendu compte? Quel est le nombre des centimes additionnels dont il serait nécessaire de surcharger les habitants de ces villes (Paris, Lyon, Marseille, Bordeaux, Rouen, Lille)? Il faudrait, messieurs, établir 266 centimes additionnels. »

Ces chiffres, plus tard, ont été reconnus exagérés; mais les communes ayant eu pendant la guerre et depuis des charges qui les ont obligées à établir de nouveaux centimes, et les produits de l'octroi ayant augmenté dans une proportion considérable, il est bien évident que l'établissement de centimes additionnels en remplacement exclusif des octrois serait une charge que les contribuables ne pourraient pas supporter.

M. Jules Martin, dans un rapport présenté en 1870

au conseil municipal de Périgueux sur l'enquête prescrite par le ministre des finances, se prononçait pour la suppression de l'octroi. Son système de remplacement consistait dans l'abandon par l'État de l'impôt des patentes et du produit de la contribution personnelle mobilière. Pour le surplus, M. Martin proposait l'établissement d'un impôt sur le revenu.

L'abandon des 110 millions que produisaient alors les contributions demandées à l'État, et que M. Jules Martin considérait à bon droit comme des impôts essentiellement communaux, devait être compensé par une forte diminution du contingent militaire. C'était alors une illusion que les Prussiens ne devaient pas tarder à dissiper. Nous ne parlerions donc pas de cette proposition, si M. Jules Martin n'avait considéré la suppression des octrois à un autre point de vue qu'à celui d'une réforme fiscale : M. Martin y voyait le point de départ d'une réforme bien autrement importante, celle que tous les esprits libéraux réclament : La réforme administrative, ayant pour base l'autonomie communale.

La suppression des octrois devait correspondre à une agglomération de petites communes pouvant vivre de leur vie propre, sans subvention de l'État, grâce à l'abandon des contributions dont nous venons de parler.

Tel était le vœu du rapporteur, qui ajoutait :

« Quant aux conséquences sociales ou économiques, elles nous paraissent découler si naturellement, si évidemment du système, qu'il suffira de les indiquer sommairement.

« La commune rurale agglomérée, ayant le pouvoir

d'agir plus efficacement dans l'intérêt des classes ou vrières, les habitants des campagnes ne seront plus aussi vivement tentés d'aller vivre au sein des grandes cités; ils pourront trouver à leur portée l'école, la bibliothèque, l'hospice, etc., etc.

« Les chemins nécessaires au développement de l'agriculture pourront s'exécuter plus promptement, grâce aux ressources que les communes auront la liberté de créer : l'industrie agricole deviendra plus productive, et les capitaux, au lieu d'affluer entre les mains des industriels, se répartiront équitablement entre tous les travailleurs, suivant le mérite de chacun.

« Les chefs-lieux des départements, et, en tête des chefs-lieux, Paris, auront leur influence légitime sur les affaires; mais ces métropoles n'imposeront plus absolument leurs volontés et leurs idées à la province. Les idées de la province réagiront sur les grandes villes, et nous nous débarrasserons enfin de ce triple réseau administratif qui nous entrave et qui ferait bientôt du peuple français un peuple stationnaire, comme le peuple chinois. »

Nous nous associons pour notre part très vivement au vœu exprimé par M. Jules Martin en ce qui concerne la décentralisation. Quant à son système relatif aux octrois, il n'est plus réalisable aujourd'hui.

VI.

Système de M. Deloynes.

De tous les systèmes proposés, celui qui nous a paru mériter l'attention la plus sérieuse est celui de M. P.

Deloynes, professeur de droit administratif, dont nous avons si souvent reproduit les opinions au cours de cette étude.

M. Deloynes part de ce principe, éminemment équitable, que les villes doivent pourvoir à leurs besoins par des contributions frappant directement les personnes en raison du bénéfice ou des avantages qu'elles retirent des services municipaux pour le paiement desquels ces contributions sont établies. C'est là le vrai principe. Voyons comment il en propose l'application.

Avant d'exposer les voies et moyens, l'auteur établit d'abord la théorie des impôts directs. Ayant pour but d'atteindre les revenus des citoyens, il faut qu'ils les atteignent dans leurs principales ressources qui peuvent être ramenées à trois : la propriété foncière, la propriété mobilière, la propriété industrielle et commerciale.

Les revenus territoriaux acquittent l'impôt foncier ; les revenus industriels et commerciaux acquittent l'impôt des patentes. Quant aux revenus mobiliers, le législateur, partant de cette idée que la valeur locative de la demeure du contribuable est le signe de son revenu, c'est sur ce fondement qu'il a établi la contribution mobilière. Cet impôt est donc le plus mal assis de tous les impôts, car la loi ne tient aucun compte de la source des revenus. Il est évident que le propriétaire, le commerçant et l'industriel payent deux fois de cette façon l'impôt sur leur revenu présumé, puisque le premier l'a déjà acquitté par l'impôt foncier, et les autres par la patente.

Cette injustice n'avait pas échappé à l'Assemblée constituante lorsqu'elle créa l'impôt mobilier. Elle avait reconnu au propriétaire foncier le droit de faire déduire de la taxe à laquelle il était imposé en raison de l'impôt mobilier, l'impôt qu'il acquittait déjà comme propriétaire foncier. Depuis, cette réserve a disparu de notre législation.

La contribution des portes et fenêtres, qui n'est qu'un supplément à la contribution mobilière, présente le même défaut. Ces deux contributions font donc double emploi avec l'impôt foncier et l'impôt des patentes, quand elles frappent celui qui n'a qu'un revenu foncier, commercial ou industriel, et dès lors leur suppression s'impose, puisqu'elles sont contraires au principe de la proportionnalité.

Il est cependant juste que les revenus mobiliers contribuent pour leur part aux dépenses publiques, et M. Deloynes proposait une taxe de 5 % sur le revenu des actions et obligations de toutes les sociétés indistinctement, aussi bien les sociétés civiles et commerciales que celles qui exploitent les mines. Ces dernières, aux termes de l'article 32 de la loi du 21 avril 1810, n'étant pas considérées comme des sociétés commerciales, ne payent pas patente et réalisent des bénéfices souvent considérables qui doivent acquitter l'impôt comme tous les revenus. M. Deloynes demandait l'application de la même taxe sur le revenu des créances hypothécaires et chirographaires.

En prenant pour base le chiffre de 5 milliards, moyenne de la somme à laquelle était évalué le revenu des capitaux mobiliers, l'impôt proposé aurait produit à l'État une ressource de 250 millions, soit, en remplacement des deux contributions que M. Deloynes proposait d'abandonner aux communes, un excédent de recettes d'environ 130 millions.

La réalisation de cette réforme, à la fois si conforme aux règles de la justice et aux intérêts du Trésor, devait avoir pour conséquence la suppression des octrois.

L'auteur du projet que nous analysons proposait, en effet, d'abandonner à toutes les communes de France la contribution personnelle et celle des portes et fenêtres qui seraient devenus des impôts communaux. Les conseils municipaux auraient été chargés d'en déterminer le produit suivant les besoins de leurs communes respectives, jusqu'à une limite déterminée par le législateur. Les communes à octroi auraient trouvé dans les ressources mises ainsi à leur disposition, sinon l'équivalent, du moins une partie des revenus dont elles auraient été privées par la suppression de leurs octrois, quitte à retrouver le surplus au moyen de taxes directes qu'elles auraient été autorisées à établir.

Quant aux communes rurales, qui manquent généralement de revenus et qui sont obligées de solliciter sans cesse des subventions du département ou de l'État, elles recevaient des subsides qui assuraient leur indépendance financière, et leur permettaient d'accomplir des travaux utiles que leur situation précaire les obligeait d'ajourner.

Cette réforme, qui était possible à la fin de l'Empire et qui aurait eu de si féconds résultats, est devenue malheureusement irréalisable dans les conditions proposées par M. Deloynes, car les ressources qu'il voulait créer pour indemniser l'État de l'abandon des deux contributions directes figurent en partie dans son budget, la loi du 29 juin 1872 ayant créé un impôt de 3 % sur le revenu des actions et obligations; mais si son projet n'est plus réalisable aujourd'hui, les principes sur lesquels il repose sont toujours applicables. Il s'agit de trouver d'autres combinaisons financières qui permettent à l'État d'abandonner, non seulement la contribution personnelle mobilière et celle des portes et fenêtres, mais encore celle des patentes, car les revenus de l'octroi se sont accrus depuis 1870 dans des proportions si considérables, que les revenus des deux premières contributions ne suffiraient plus aujourd'hui à indemniser les communes à octroi des ressources dont elles seraient privées.

<h2 style="text-align:center">VII.</h2>

Proposition de M. Yves Guyot.

La proposition de l'honorable député de la Seine, dont nous avons déjà parlé au cours de cette étude, est ainsi conçue :

Art. 1er. — Les conseils municipaux des communes soumises à l'octroi sont autorisés à remplacer leurs octrois par des taxes directes.

Art. 2. — Ils pourront eux-mêmes déterminer l'assiette de ces taxes.

Art. 3. — Si ces taxes sont proportionnelles, la délibération qui les aura établies deviendra exécutoire un mois après le dépôt qui en aura été fait à la préfecture ou à la sous-préfecture.

Si ces taxes sont progressives, il sera statué par une loi sur le taux de la progression.

Art. 4. — Les communes pourront, à l'aide de centimes additionnels ajoutés au principal de leurs taxes locales, se rédimer envers le Trésor des taxes perçues pour son compte à l'entrée des villes.

Le défaut capital de cette proposition est de laisser les communes libres de supprimer ou de conserver leurs octrois. Si elle était votée, la question de l'abolition des octrois ne serait pas résolue, car la plupart des villes ne profiteraient pas de la liberté qui leur serait accordée. Nous en trouvons la preuve dans ce qui s'est passé en Belgique.

En déposant son projet d'abolition des octrois, M. Frère Orban disait à la tribune de la Chambre des représentants :

« Deux modes pouvaient être suivis pour opérer cette réforme.

« Il fallait, ou bien l'initiative des communes, ou bien celle du gouvernement.

« Les communes sont investies, en vertu de la Constitution, de pouvoirs tellement étendus en cette matière, qu'aucun obstacle légal ne semblait devoir les arrêter.

« Cependant les communes n'ont rien fait ; et si elles n'ont rien fait, c'est qu'elles ne pouvaient rien faire.

« Le devoir de s'occuper de cette question incombait donc au gouvernement. »

Or que propose M. Yves Guyot ? De donner aux communes françaises le droit de remplacer les octrois par d'autres taxes, c'est-à-dire la faculté qu'avaient les communes belges d'agir de même, et, cependant, celles-ci n'avaient pas usé de cette faculté. Pourquoi ? M. Frère Orban le disait encore dans son exposé des motifs :

« C'est évidemment une illusion que d'espérer l'abolition des octrois par les conseils communaux sans l'intervention de la législature. En théorie, rien ne serait plus facile, puisqu'il s'agirait simplement de substituer des taxes directes aux taxes actuelles de consommation ;

mais, en pratique, l'entreprise serait des plus chanceuses; et dans tous les cas, pour réussir, elle devrait être préparée de longue main et introduite lentement, de manière à familiariser peu à peu l'esprit public avec ce changement de système. Or, pour procéder ainsi, les villes devraient pouvoir disposer momentanément d'une somme considérable qui leur permît de risquer l'essai sans mettre en péril l'équilibre de leurs finances, et cette somme, aucune d'elles ne la possède. En supposant d'ailleurs qu'il se trouvât quelques conseils communaux assez entreprenants pour tenter la réforme, il est certain que le plus grand nombre préféreraient s'éviter les embarras et la responsabilité d'une si rude tâche en maintenant le *statu quo*. D'un autre côté, il ne faut pas oublier que les tarifs d'octroi protègent des intérêts particuliers, et que, dans certaines localités, la coalition de ces intérêts serait assez puissante pour empêcher toute innovation pouvant leur porter préjudice.-Il est donc indubitable que, pour faire abolir les octrois dans toutes les communes, il faut qu'une loi intervienne. »

Nous avons dit en effet que dans un rapport de la section centrale, en date du 22 janvier 1856, on avait repoussé deux propositions tendant à supprimer les octrois en Belgique, en déclarant que l'initiative d'une pareille mesure appartenait, d'une part aux communes intéressées, de l'autre au gouvernement. On a vu que celui-ci avait attendu pendant quatre années l'initiative des communes sans qu'elle se produisît. Il ne se décida à agir que sur l'invitation du conseil provincial du Brabant, demandant « que les Chambres et le gouvernement voulussent bien introduire, dans le système général des impôts perçus au profit de l'État, des modifications telles qu'il fût possible d'arriver à l'abolition des octrois communaux ».

Nous savons qu'on professe généralement en France un profond dédain pour le système adopté par nos voisins. Nous ferons voir bientôt que les critiques dont ce système a été l'objet ne sont justifiées, ni par les moyens employés, ni par les résultats obtenus. Nous nous bornons, pour le moment, à constater des faits qui nous paraissent concluants en ce qu'ils démontrent : 1° Que les communes ne prendront pas l'initiative de la suppression des octrois ; 2° Que cette suppression ne peut s'accomplir qu'à une condition essentielle, c'est que l'État en prendra l'initiative, et que pour la rendre possible il devra introduire des modifications dans le système général de ses impôts.

Or la proposition que nous examinons ne renferme aucune de ces conditions.

Dans son exposé des motifs, M. Yves Guyot dit qu'il n'y a point d'impôt parfait ; qu'il n'y a que des impôts plus ou moins mauvais ; qu'il s'agit donc de trouver celui qui représente le plus de justice, la proportionnalité la plus exacte ; celui qui gêne le moins la circulation et le développement de la richesse ; celui qui est le moins vexatoire dans son mode de perception et qui présente le plus de garantie aux contribuables.

Cet impôt qui réunit tant de qualités, celui que M. Yves Guyot propose à l'adoption des municipalités, c'est une taxe qu'il fixe d'abord, comme première expérience, à 2 0/0 sur la valeur vénale des terrains bâtis et à bâtir, et de tous les établissements particuliers quelle qu'en soit la destination.

Nous avons déjà fait voir, en examinant le projet de M. Courcelle, que la variété des taxes peut seule répondre au principe fondamental applicable aux impôts communaux.

D'après ces principes, la taxe unique proposée par M. Yves Guyot doit être déjà repoussée.

Nous examinerons cependant très sommairement les principales objections que soulève l'application de la taxe proposée par M. Yves Guyot.

La première est celle-ci : Ce n'est pas le propriétaire qui paiera l'impôt, car il exercera nécessairement une répercussion sur son locataire.

M. Yves Guyot, prévoyant cette objection, répond que la répercussion n'existera pas toujours, car quelquefois c'est le propriétaire qui occupe son immeuble, surtout dans les habitations de grand luxe ; mais supposons, dit-il, qu'elle tombe sur chaque locataire, voici quelles en seront les conséquences pour la ville de Paris :

Supposant que les 140 millions de l'octroi disparaissent, il faut, pour les remplacer, une taxe de 9/1000 sur le capital de 17 milliards que représente la valeur des propriétés, taxe qui produit encore un excédent. Appliquant la répercussion de cette taxe, d'après des calculs rigoureux, à un petit loyer de 300 francs, celui-ci ne pourrait être majoré que de 54 francs : au total le loyer d'un petit ménage coûterait 354 francs ; tandis qu'avec l'octroi actuel, ce ménage, composé du chef de la famille, d'une femme et de deux enfants, paye par tête 65 francs, soit en totalité 260 francs à l'octroi. Il y aurait donc pour lui un bénéfice net de 260 — 54, soit 206 francs.

Et, ajoute M. Yves Guyot, cette différence serait encore bien plus considérable : car il y a des locaux, des terrains, des établissements, comme les gares, par exemple, qui, n'étant pas des locaux d'habitation, devraient être déduits des droits d'octroi qu'il faut porter exclusivement sur les locaux consacrés à l'habitation.

Nous ne pouvons pas suivre l'honorable député de la Seine dans le développement de la démonstration qu'il a entreprise pour justifier l'équité de la taxe qu'il propose. Il cherche à prouver surtout que la classe travailleuse sera soulagée, et que les riches paieront davantage; or, c'est le contraire qui arrivera.

Et en effet, la répercussion ne se ferait pas seulement sentir sur les petits loyers; elle atteindrait dans de fortes proportions le loyer des industriels et des commerçants, qui payent déjà le triple impôt des portes et fenêtres, de la contribution personnelle-mobilière et de la patente. Pourrait-on réclamer aux marchands de vin et de commestibles, aux bouchers, à tous ceux qui, en un mot, vendent au détail des objets de consommation, une diminution égale au dégrèvement des droits d'octroi sur leurs marchandises ? Il est certain qu'ils se retrancheraient derrière l'augmentation du taux de leur loyer pour maintenir leurs prix. La classe peu aisée, à laquelle M. Yves Guyot veut venir en aide, ne gagnerait donc qu'une augmentation de loyer à l'application de son système. De plus, l'affectation d'un impôt aussi considérable sur la propriété bâtie provoquerait indubitablement une crise immobilière dont tout le monde aurait à souffrir.

Nous relèverons encore deux vices graves dans le système de l'honorable député de la Seine.

Il abandonne aux communes le soin d'établir des taxes

et d'en déterminer l'assiette, ce qui est juste ; mais il leur laisse la liberté de rendre ces taxes exécutoires, quand elles sont proportionnelles, sans l'approbation du pouvoir central, ce qui est inadmissible dans l'intérêt même des contribuables. Cette approbation doit être admise au contraire en vue de garantir ces intérêts et d'assurer la stricte exécution de la loi.

L'article 4 donne en outre aux communes le droit de se rédimer, envers le Trésor, des taxes perçues pour son compte à l'entrée des villes, à l'aide de centimes additionnels. Pour les communes qui seraient tentées d'appliquer ce système, ce serait un véritable désastre financier. Il a été reconnu, en effet, que la suppression des octrois ne pouvait s'opérer qu'à la condition d'indemniser les communes des ressources qu'elles en retirent. Or, non seulement M. Yves Guyot ne leur offre aucune indemnité, mais il leur impose encore de nouvelles charges. Quelle est la municipalité qui oserait s'exposer aux conséquences d'un pareil système ?

VIII.

Le système belge.

Nous avons dit qu'en abolissant les octrois en Belgique, on avait établi un fonds commun alimenté au moyen de certaines recettes du budget de l'État, et réparti entre toutes les communes du royaume suivant les règles établies par la loi du 18 juillet 1860.

Au début, on a prélevé sur ce fonds le montant des recettes garanties aux communes urbaines, et le surplus a été réparti entre toutes les communes rurales.

En 1861, la première année de l'application de la loi, les impôts attribués au fonds communal ont produit une somme totale de 15,253,270 fr. 30, dont 11,988,085 fr. 32 pour les communes à octroi, et la différence, soit 3,265,485 fr. 05, pour les communes rurales.

L'écart existant entre la somme distribuée aux premières et celle attribuée aux secondes, a fait dire que l'intérêt des campagnes avait été sacrifié à celui des villes.

Le fonds commun, disait-on, étant alimenté au moyen d'impôts acquittés par tous les contribuables, les communes rurales ne retirent pas de ce fonds une somme égale au montant de l'impôt payé par leurs habitants, et contribuent, par conséquent, à solder les dépenses des villes. On en tirait cette conséquence que le législateur belge ne s'était pas préoccupé de cette idée de justice qui veut que *ceux-là seulement qui contribuent aux dépenses en retirent un avantage*. Or, ce principe qu'on reproche à nos voisins d'avoir violé, est précisément celui qui sert invariablement de base à toutes leurs taxes communales.

Le mode de répartition du fonds communal a donné lieu, en Belgique aussi bien qu'en France, à des critiques que M. Frère Orban a réfutées.

A ceux qui demandaient la suppression pure et simple des octrois, en laissant aux communes le soin de les remplacer, soit par des taxes locales semblables à celles qui forment le principal revenu des villes d'Angleterre, soit par toute autre imposition directe, l'illustre ministre démontrait que ce système présenterait des difficultés d'exécution insurmontables, qu'il consacrerait une véritable injustice, et il ajoutait :

« Ce qui se passe aujourd'hui prouve l'accueil qu'aurait reçu une loi décrétant une semblable mesure. En effet, la loi du 18 juillet 1860 alloue aux communes un revenu égal au produit obtenu pendant la dernière année de l'existence des octrois. Elle les laisse parfaitement libres de recourir aux taxes directes pour subvenir aux accroissements de dépenses de l'avenir, mais elle assure le présent; et c'est cependant de plusieurs de ces communes que s'élèvent les plaintes les plus vives. Peut-on dès lors raisonnablement admettre, quand déjà quelques administrations communales s'effrayent à ce point d'avoir à recourir à des taxes directes pour les accroissements de dépenses seulement, que ces administrations eussent accepté l'obligation de remplacer immédiatement, par des taxes de ce genre, la totalité du produit de l'octroi? Une telle mesure, qui eût occasionné un bouleversement complet dans les finances communales, aurait incontestablement soulevé une opposition invincible [1]. »

Ce que n'ont pas vu les adversaires du système belge, c'est que l'indemnité accordée aux villes n'était que temporaire. En effet, tandis que leur part restait fixe pendant un certain temps, celle des communes rurales grandissait au fur et à mesure que les revenus du fonds communal s'accroissaient, en raison de l'augmentation du revenu des impôts qui l'alimentent. Sur ce point, les prévisions des auteurs de la loi se sont complètement réalisées.

Il avait été établi que la part des campagnes, dans le paiement des revenus attribués au fonds communal, pouvait être fixée à 45 %, et celle des villes à 55 %; or, d'a-

1. Extrait du rapport déposé à l'appui du budget de l'exercice 1863.

près les chiffres que nous prenons dans un document officiel [1], les communes rurales ont eu en 1886, dans le fonds communal, une quote-part de 13, 150, 571 fr. 58, tandis que celle des communes à octroi n'a été que de 14, 783, 898 fr. 58. On ne peut plus dire aujourd'hui que les campagnes sont lésées, puisqu'elles touchent une somme presque égale à celle des villes.

Il est vrai que ce résultat n'a été obtenu qu'au bout de vingt-cinq années, et l'on a pu prétendre que, pendant ce laps de temps, les villes ont été privilégiées. Il y a du vrai dans cette critique; mais on avait considéré que les octrois étaient un privilège consacré en faveur des villes, et qu'on ne pouvait les en exproprier, dans l'intérêt général du pays, sans les indemniser.

Les auteurs de la loi de 1860 ont fait valoir d'autres considérations que nous croyons devoir reproduire.

Comme dans l'enquête qui a eu lieu en France en 1867, la suppression des octrois était demandée surtout au point de vue des intérêts agricoles.

On avait calculé que le campagnard contribuait pour un cinquième environ dans l'ensemble des charges de l'octroi.

Acceptant cette évaluation, quelque faible qu'elle lui parût, M. Frère Orban trouvait que les octrois imposaient aux populations rurales un sacrifice de trois millions. Or, les campagnes fournissant en plus trois millions et demi dans le fonds communal, et la loi leur assurant à son début une part de trois millions, qui chaque année devait s'accroître, il était clair que, même momentanément, elles ne devaient payer par aucun sacrifice

1. Budget des recettes et des dépenses pour ordre de l'exercice 1888.

appréciable les avantages que leur procurait la suppression des octrois.

Dans l'application de la loi, la situation des campagnes s'était encore améliorée. En effet, aussi longtemps que la libre concurrence n'a pu produire tous ses effets, une partie des droits supprimés sont venus augmenter les bénéfices des producteurs. Cet état était transitoire, mais il n'en existait pas moins. Or, les habitants des campagnes fournissant un large contingent dans les produits dégrevés des droits d'octroi, ont profité de la plus grande partie de ce surcroît de bénéfice. Cette circonstance est encore venue adoucir l'introduction d'un régime qui, en lui-même, n'était nullement préjudiciable aux campagnes, et ne consacrait d'ailleurs aucune injustice, même momentanée, à leur égard.

On voit, par ce qui précède, que les intérêts des communes rurales n'ont pas été aussi sacrifiés qu'on le prétend. Elles se sont crues si peu lésées qu'aucune réclamation n'a été formulée par elles. Les réclamations ne se sont produites au contraire que dans les anciennes communes à octroi qui manifestaient des craintes, d'ailleurs bien vite dissipées, sur les moyens de pourvoir à leurs accroissements de dépenses. Ces moyens, comme nous le montrerons plus loin, les villes les ont trouvés dans l'établissement de taxes directes, conséquence nécessaire de tout système d'abolition des octrois.

Nous insistons plus particulièrement sur les conséquences de la réforme au point de vue agricole, parce qu'elle paraît impopulaire dans nos campagnes. On y croit généralement, sur la foi des écrivains que nous réfutons, que les communes rurales en feraient les frais.

Or, quoi qu'on en dise, c'est le contraire qui s'est passé en Belgique. Nous allons le démontrer.

Les recettes ordinaires des communes belges s'élevaient, avant l'abolition des octrois, à 12,000,000 de francs, y compris 3,500,000 à 4,000,000 de francs de cotisations personnelles. L'allocation de plus de 3,000,000 de francs (soit le quart de leur budget ordinaire) qui était dévolue à ces communes en 1861, leur a permis, d'une part, de réduire les cotisations personnelles de 850,000 francs, et, d'autre part, d'augmenter les sommes consacrées aux services de l'instruction primaire et de la voirie vicinale de 1,850,000 francs, ou de 28 %. Pour se rendre compte de l'importance de ce résultat, il convient de remarquer que l'accroissement normal de ces dépenses, d'après les budgets de 1850 à 1860, n'avait été que de 200,000 francs environ par an, et qu'il n'aurait dès lors probablement pas dépassé 400,000 francs, ou 6 %, de 1859 à 1861, avec les seules ressources ordinaires.

Non seulement l'accroissement progressif des revenus ordinaires des communes rurales a pu continuer, mais elles ont reçu, en outre, pour leur quote-part du fonds communal, de 1860 à 1886, une somme de 240 millions. Si un pareil système avait été établi en France, nos communes auraient vu leurs ressources s'augmenter d'une somme de *un milliard six cent quatre-vingt millions*.

L'établissement du fonds communal, en donnant aux communes belges un revenu assuré, leur a permis en outre de se procurer d'avance les sommes nécessaires à l'accomplissement des travaux les plus urgents, au moyen d'un établissement de crédit spécial dont nous parlons plus loin.

IX.

Autres critiques.

On a reproché à la législation belge d'avoir substitué aux octrois d'autres impôts de consommation. M. Frère Orban a répondu à cette objection que la loi du 17 juillet 1860, en remplaçant 13 millions de droits d'octroi par une augmentation de 10 millions et demi des impôts indirects généraux, réduisait par ce seul fait de 2 millions et demi les impôts indirects : il y avait déjà, sous ce rapport, un notable progrès économique. D'un autre côté, il ne fallait pas perdre de vue que le système financier belge repose sur une combinaison qui en répartit les charges dans une certaine proportion, d'une part sur les objets de consommation, d'autre part sur les revenus mobiliers et immobiliers. Or, dégrever les premiers de plus de 10 millions qu'on aurait demandé aux seconds, c'eût été rompre l'équilibre du régime fiscal, c'est-à-dire bouleverser gravement une foule d'intérêts.

M. Émile Flourens, ancien ministre des affaires étrangères, dans un livre très remarquable qui a été couronné par l'Académie des sciences morales et politiques [1], s'est fait l'écho des critiques qui se sont produites en France contre le système belge.

La réfutation de ces critiques a été faite par un écrivain belge d'une haute compétence sur la matière, M. Hubert Léemans, qui a collaboré à l'œuvre de

1. *De l'organisation judiciaire et administrative de la France et de la Belgique.* — 1814 à 1875. — *Garnier frères.*

M. Frère Orban, et qui est aujourd'hui directeur général au ministère de l'intérieur et de l'instruction publique. Cette réfutation a été publiée dans la *Revue de l'administration et du droit administratif de la Belgique* [1].

Nous en reproduisons les principaux passages :

« Quoi qu'en dise M. Flourens, l'abolition des octrois a été pour la Belgique une des plus heureuses réformes fiscales et économiques de notre époque. Le pays tout entier y a applaudi. Grâce à cette réforme, les murs et barrières de l'octroi qui enserraient nos villes sont tombés, et leur poussière, loin d'être inféconde, répand tous les jours sur notre heureuse patrie de nouveaux germes de prospérité.

« Les charges qui pesaient sur la classe ouvrière ont été notablement amoindries. Outre qu'elle participe à tous les avantages résultant de la libre circulation des produits, elle n'a dû payer que d'un fort léger surcroît d'impôt sur la bière et l'eau-de-vie (agissant à peine sur le prix de ces boissons, surtout de la première), le dégrèvement d'une foule d'objets de grande consommation et de première nécessité qui étaient frappés de droits d'octroi.

« Quant aux communes rurales, leur situation financière a acquis un degré de prospérité inconnu avant la création du fonds communal, sans accroissement de charges bien sensibles pour les habitants. Elles ne payent la jouissance d'un revenu considérable que par une augmentation peu importante des droits sur les bières et l'eau-de-vie.

« Elles profitent en outre de tous les avantages ré-

____
[1] 1873, 7°, 8° et 9° livraisons.

sultant de la liberté de la circulation et du commerce intérieur.

« En présence d'une situation si brillante, qui pourrait encore regretter l'abolition des octrois?

« Le pays tout entier protesterait contre toute velléité de rétablir un système condamné pour toujours en Belgique.

« M. Flourens dit que *pour remédier au désordre que l'abolition des octrois a jeté dans l'économie de leur budget, les conseils communaux ont inventé force impôts.* Il donne ensuite l'énumération des taxes établies.

« L'auteur aurait été exact s'il avait dit le contraire, du moins pour le très grand nombre des 2,568 communes dont se compose le pays. Au moyen des ressources mises à la disposition des conseils communaux par le fonds communal, les collèges ont supprimé ou réduit les cotisations personnelles, et, dans beaucoup de localités, on a même cessé de percevoir des centimes additionnels au principal des contributions directes.

« Cette mesure ne les a pas empêchées d'assurer et de développer les services communaux, tels que la voirie vicinale, l'enseignement primaire et moyen, l'amélioration de la position des secrétaires et employés communaux.

« Il est vrai que, dans quelques villes et communes qui percevaient des droits d'octroi, l'accroissement des dépenses a nécessité l'augmentation du nombre des centimes additionnels et la création de taxes spéciales directes.

« Mais le même fait s'est produit dans des communes qui ne percevaient pas d'octroi. On ne peut donc tirer de cette circonstance un argument en faveur du maintien de ce dernier impôt.

« Au surplus, la variété des taxes locales spécialisées selon la nature des dépenses auxquelles leur produit doit pourvoir, est à nos yeux un bien plutôt qu'un mal.

« Ce système ne porte aucune atteinte à la justice distributive. Il favorise au contraire l'égalité en matière d'impôt, attendu qu'il atteint toutes les richesses dans une proportion équivalente aux avantages qu'elles retirent de la communauté.

« Le régime des impôts au profit de l'État, tant en France qu'en Belgique, ne repose-t-il pas également sur la multiplicité et la spécialité des taxes ? »

Enfin, le dernier reproche adressé à la législation belge, celui qui est à la fois le plus injuste et le moins justifié, est qu'elle porte atteinte à l'autonomie des communes, parce que si elles peuvent voter leurs dépenses, elles ne peuvent plus fixer le montant de leurs recettes par des mandataires librement élus. C'est l'État qui procède à cette opération, en se conformant aux règles de répartition établies par le législateur. L'indépendance financière se trouve ainsi détruite. Or, rien n'est plus contraire aux faits que cette théorie. Les communes reçoivent leur part dans une augmentation d'impôts qu'elles payent, voilà tout, et leur indépendance financière en est moins atteinte que celle des communes françaises qui sollicitent sans cesse des subventions. Il y a entre les premières et les secondes la différence essentielle qui existe entre une personne qui a un revenu fixe et une autre qui reçoit des secours,

L'indépendance de la première ne peut être contestée ; celle de la seconde n'existe pas.

Dans la discussion de la loi du 18 juillet 1860, M. Frère Orban, répondant aux objections qui ne pouvaient manquer de se produire à ce sujet, disait qu'il s'en faisait peut-être une fausse idée, mais qu'il ne les comprenait pas, et il citait l'anecdote suivante :

« Un de mes amis vit au village ; il aime beaucoup sa commune, il l'administre avec soin. Il s'occupe de l'école, du presbytère et de l'église : tout cela exige des dépenses relativement assez considérables. Il eut l'idée de donner à cette commune une somme suffisante pour que, placée en fonds publics, elle représentât les dépenses auxquelles elle est tenue. Il me fit part de son projet et je le trouvai bon. Il en parla également à un ami commun, membre de la droite : celui-ci se récria incontinent et lui dit : Malheureux ! Vous allez confisquer la liberté communale. (*Hilarité.*) Et cet ami se résigna à attendre jusqu'à ce que la Chambre eût pris une décision sur la question qui nous occupe. (*Hilarité générale.*) »

M. Wolowski et tous ceux qui, avec lui, ont soutenu que l'établissement de fonds communal portait atteinte à l'indépendance financière des communes, nous paraissent dans le cas du droitier dont parlait M. Frère Orban. Ce dernier ajoutait :

« On objecte que le droit de voter l'impôt fait partie, et partie essentielle, de la liberté communale.

« Il serait beaucoup plus juste de dire que l'obligation de voter l'impôt est une des charges de la liberté communale. Je n'aperçois pas que la commune qui n'a pas d'impôt à voter soit privée de sa liberté; que les communes qui ont beaucoup de rentes, beaucoup de ressources, beaucoup de terres, de bois, de propriétés de tous genres soient des communes privées de liberté. Je ne l'avais pas soupçonné jusqu'à présent. »

Nous n'ajouterons rien à ce sujet. Depuis 27 ans, la loi du 18 juillet 1860 fonctionne sans qu'aucune réclamation se soit produite de la part des communes, dont l'autonomie, quoi qu'on dise, n'a jamais été plus complète.

<h2 style="text-align:center">X.</h2>

<h3 style="text-align:center">Le crédit communal.</h3>

Les communes qui ont besoin d'emprunter, en France, s'adressent généralement à la Société du Crédit foncier, qui leur prête à raison de 4 fr. 75 % une somme amortissable en 75 ans.

On sait comment se fonde chez nous une société de crédit. Elle se compose de capitalistes qui veulent de gros bénéfices, et comme dans toutes les grandes sociétés financières, surtout quand elles sont placées sous le patronage ou sous la surveillance de l'État, les frais généraux sont considérables, car les fonctions sont grassement rétribuées. Si l'affaire est quelquefois médiocre pour les actionnaires, elle est toujours excellente pour les chefs et les promoteurs de l'entreprise.

M. Frère Orban s'est bien gardé de mettre le *Crédit communal* entre les mains des capitalistes, afin que les communes, au fur et à mesure de la baisse du loyer de l'argent, puissent emprunter au taux le plus avantageux.

Les communes, à l'exception des grandes villes, rencontraient généralement des difficultés lorsqu'elles devaient recourir au crédit, soit pour régulariser ou améliorer leur état financier, soit pour faire face à des dépenses extraordinaires dont l'utilité, souvent même la nécessité, ne pouvait être contestée.

Pour faciliter à ces communes la possibilité d'emprunter à des conditions avantageuses et leur procurer les moyens de conversion ou de remboursement de leurs dettes anciennes, il s'agissait de centraliser les opérations, de les ramener à l'uniformité du titre, et de donner pour base aux combinaisons financières l'amortissement par annuités, de manière à mettre les charges annuelles en harmonie avec les ressources.

Et en effet, pendant que les grandes villes comme Anvers, Bruxelles, etc., pouvaient emprunter à 4 $\frac{1}{2}$ % avec amortissement en 66 annuités, des communes rurales, situées aux portes de ces villes, ne trouvaient que difficilement à emprunter à 5 % sans amortissement.

Une commission nommée par le roi, et présidée par M. Frère Orban, fut chargée d'élaborer des statuts, et la Société du Crédit communal était instituée par un arrêté royal en date du 8 décembre 1860.

Le mode d'emprunt adopté est des plus simples. Le conseil municipal prend une délibération dans laquelle la commune souscrit au profit de la Société du Crédit communal des annuités payables par trimestre [1]. Afin de faciliter le paiement de ces annuités, le gouvernement consent à ce que les communes l'autorise à les solder à la Société, et à en imputer le montant sur la quote-part

1. Voir à l'appendice.

de la commune dans le fonds communal. Cette autorisation, qui vaut délégation au profit de la Société, doit être inscrite dans la délibération.

La Société réunit en un ou plusieurs groupes les emprunts que les communes veulent contracter, et fait pour chaque groupe une émission d'obligations uniformes.

Tous les bénéfices que la Société peut faire sur le taux de l'émission des obligations, soit sur les revenus des capitaux, soit sur le $\frac{1}{2}$ % qu'elle prélève pour frais d'administration sur chaque annuité, en un mot, tout ce que la Société peut gagner et économiser revient exclusivement aux communes qui empruntent et qui deviennent par ce fait même actionnaires et seules actionnaires de la Société.

Pour jouir de ces avantages, il suffit que les communes majorent de 5 % le chiffre du capital qui leur est indispensable pour leurs besoins extraordinaires ; par contre chaque commune reçoit, pour les 5 % prélevés sur le produit de l'emprunt, un certificat constatant qu'elle se trouve inscrite comme actionnaire sur les registres de la Société pour un nombre d'actions proportionnel.

Ainsi, par exemple, une commune a besoin de 100,000 francs ; elle souscrit 264 quarts d'annuité d'un capital de 105,000 francs. Elle reçoit 100,000 francs espèces et cinq actions de 1,000 francs. Elle peut, comme on l'a vu, déléguer le paiement de ces annuités au gouvernement, qui lui donne les quittances comme argent comptant en acompte sur sa part du fonds communal.

Les communes empruntent donc sans bourse délier, et le taux auquel elles empruntent, fixé d'abord à 5, réduit ensuite à 4 $\frac{1}{2}$, et descendu aujourd'hui à 4 %, leur importe peu, puisque ce sont à elles seules, actionnaires.

que reviennent les bénéfices. En effet, au moyen des annuités encaissées sans frais, la Société paye aux porteurs d'obligations les intérêts, les primes et le capital de celles désignées pour l'amortissement, de manière que les communes n'ont d'autre obligation à remplir que de payer régulièrement leurs annuités.

Cette combinaison offre pour les communes non seulement toutes les facilités dont jouissent les grandes villes pour leurs emprunts, mais elle les dispense encore de la gêne d'une administration compliquée et coûteuse.

Comme actionnaires, les communes n'ont en réalité aucun risque à courir, à moins de supposer l'hypothèse peu admissible de la mauvaise foi de l'une ou de l'autre d'entre elles ; tandis qu'elles peuvent toucher, à ce titre, un revenu qui ne peut qu'augmenter d'année en année.

Mais si cette combinaison est favorable aux emprunteurs, elle présente également des avantages sérieux pour les prêteurs.

D'abord, sécurité inattaquable par la triple garantie : de l'engagement de la commune ; de la délégation sur le fonds communal ; de tout l'avoir social.

Ensuite, avantage de pouvoir toucher les intérêts, les primes et le capital chez tous les agents de la Banque nationale.

Finalement, facilité de négocier le titre, qui est coté dans toutes les Bourses et à la portée des habitants de toutes les communes intéressées à l'emprunt.

Le Crédit communal en était déjà, d'après le compte rendu de 1887, à son 28e emprunt. Cet emprunt, s'élevant à la somme de 3,509,400 francs, était émis en obligations 3 % sans primes pour le compte de 90 communes, dont 57 étaient déjà actionnaires de la Société.

Pour donner une idée exacte de cette remarquable institution et des services qu'elle rend aux communes, nous ne saurions mieux faire que de reproduire les paroles suivantes qui figurent en tête du compte rendu de l'exercice 1885 :

« En vous présentant, Messieurs, la balance des comptes arrêtés au 31 décembre 1885 et le projet de bilan de cet exercice, comparés à ceux de l'exercice précédent, j'ai l'honneur de vous soumettre, à l'occasion de la 25ᵉ année d'existence du Crédit communal, quelques tableaux récapitulant les opérations réalisées pendant ce quart de siècle.

« Elles se résument dans l'existence en portefeuille d'un capital nominal de onze millions de fonds publics et d'obligations de la Société, jouissant du même crédit que les fonds de l'État, qui représentent le capital action, malgré la distribution faite cette année aux actionnaires d'une somme de 1,105,917, fr. 70, qui est égale au tiers de la somme de 3,317,753, fr. 06, montant du dividende 5 % réparti annuellement depuis 1882.

« Si l'on se rappelle que la Société s'est constituée sans aucune ressource, ni sans capital autre que celui provenant du prélèvement de 5 % sur le montant de chaque emprunt et converti en actions au profit de l'emprunteur, on peut dire que les résultats obtenus ont dépassé de beaucoup les prévisions les plus optimistes des fondateurs. »

Nous ajouterons que les frais d'administration du Crédit communal sont presque nuls, car le montant des frais généraux de 1886 ne figure au bilan que pour la somme de 79,084 fr. 83, dont 20,471 fr. 79, pour droit de patente et autres contributions.

XI.

Les taxes communales.

Nous avons dit qu'après l'abolition des octrois, les villes qui ne recevaient pour *minimum*, dans leur quote-part du fonds commun, que le montant du produit net de l'octroi qu'elles percevaient en 1859, avaient manifesté des craintes pour les besoins nouveaux qui pouvaient surgir par suite de l'augmentation de la population et de la richesse publique. Comment pourvoiraient-elles à la progression des dépenses?

C'est encore M. Frère Orban qui leur donnait la marche à suivre dans les termes suivants :

« Le souvenir de l'octroi, avec son cortège de vexations et d'injustices, est encore assez présent pour qu'on ne rencontre pas dans les villes une opposition sérieuse à l'établissement de taxes directes, mais on ne saurait trop y insister : pour que cette réforme ne soit pas dénaturée, pour que le pays en retire tout le bien possible, il faut savoir entrer résolument dans la nouvelle voie qui est ouverte, et surtout ne pas perdre un temps précieux en tentatives, inutiles d'ailleurs, pour rétablir des taxes indirectes qui ne seraient que des droits d'octroi plus ou moins déguisés. »

Les villes belges sont entrées dans la voie que leur traçait le célèbre ministre, et leurs craintes ont été bien vite dissipées. Elles ont trouvé dans les taxes directes toutes les ressources qui leur ont été nécessaires pour faire face à leurs nouveaux besoins, et, depuis, leur situation financière n'a jamais cessé d'être des plus prospères.

Voici dans quels termes un autre ministre non moins célèbre, M. Charles Rogier, appréciait le mérite et l'utilité des taxes communales.

« Je crois qu'il n'est pas indifférent au progrès des mœurs publiques que le contribuable sente le poids de l'impôt; lorsque le citoyen aura à le payer *directement*, il y regardera de plus près, il surveillera ses magistrats.

« Il sortira de chez lui pour s'assurer que l'impôt qu'il a dû tirer de sa poche, non sans quelque peine, reçoit une bonne application. Les mœurs publiques éprouveront d'heureux résultats de cette amélioration.

« Dans les pays libres, comme aux États-Unis, c'est l'impôt direct qui domine[1]. »

Dans sa notice sur Léon Faucher, M. Reybaud exprimait à peu près le même avis contraire à l'opinion toujours citée de M. Thiers :

« L'impôt direct, s'il est brutal, a du moins le mérite de la franchise ; il réclame une somme, il éveille dans l'esprit de celui qui le paye le désir de savoir ce que cette somme représente : si c'est une guerre, on la discute ; un embellissement municipal, on en agite l'urgence. L'impôt direct est ainsi un mode d'opinion. Chacun sait ou cherche à savoir à quel prix il est citoyen d'un État, d'une commune. Un contrôle général naît de cette disposition des esprits[2]. »

1. Chambre des représentants, séance du 2 juin 1859.
2. *Revue des Deux-Mondes*, 15 mai 1864, page 73.

M. Hubert Léemans, qui s'est fait en Belgique le propagateur des taxes directes dans un livre devenu classique en Europe, a dit de son côté :

« Les partisans d'un impôt unique, dont la recherche et surtout l'application ont découragé les hommes d'État les plus éminents et les économistes les plus distingués, critiqueront peut-être le principe de la multiplicité des impositions communales.

« Mais il importe de ne pas perdre de vue que la multiplicité, ou, en d'autres termes, la *spécialité* de ces taxes directes est un principe de justice distributive qui favorise l'égalité en matières d'impôt, parce qu'il a pour but d'atteindre toutes les richesses dans une proportion équivalente aux avantages qu'elles retirent des services communaux. »

Le droit consacré par la Constitution et la loi communale d'établir des taxes directes, — car tout impôt qui aurait l'apparence d'un octroi déguisé est rigoureusement interdit, — ne peut être restreint *a priori* dans aucune limite, si ce n'est par une disposition formelle de la loi, comme celle portant abolition des octrois, par exemple.

Deux arrêts de la Cour de cassation ont confirmé cette doctrine. Ils sont conçus dans les termes suivants :

« Sauf des restrictions particulières introduites ou à introduire par des lois spéciales, les autorités communales ont, en vertu de la législation, le pouvoir illimité de fixer, sous l'approbation royale, l'*assiette* aussi bien que le *montant* de leurs propres taxes.

« Toute commune étant une société politique qui a

son existence propre et un territoire déterminé par la loi (art. 3 de la Constitution), il est de l'essence de l'autorité communale qui la représente d'exercer ses pouvoirs constitutionnels et légaux dans toute l'étendue de son ressort territorial, non seulement sur les personnes qui l'habitent, mais aussi sur les immeubles qui y sont situés, sur les objets qui s'y trouvent et les industries qui s'y exercent. »

Il semble difficile de soutenir, d'après ce qui précède, que la création du fonds commun ait porté atteinte à l'autonomie des communes. En dehors des restrictions dont nous avons parlé, nous voyons au contraire que les communes belges ont le droit illimité d'établir des taxes directes, sauf l'approbation du roi, la députation permanente entendue; mais ce droit est subordonné à l'accomplissement de formalités administratives constituant des garanties pour le contribuable au point de vue de l'assiette et du recouvrement de ces taxes.

En effet, aux termes de l'article 29 de la Constitution, aucun arrêté ou règlement d'administration communale n'est obligatoire qu'après avoir été publié dans la forme déterminée par la loi.

En vertu de cette disposition, l'article 102 de la loi communale du 30 mars 1836 prescrit les mesures suivantes :

« Les règlements et ordonnances du conseil ou du collège sont publiés, par les soins des bourgmestres et échevins, par la voie de proclamations et affiches; dans les campagnes, la publication se fait à l'issue du service divin.

« En cas d'urgence, dans ces dernières communes, le collège des bourgmestres et échevins est autorisé à adopter tel mode de publication qu'il juge convenable.

« Ces règlements et ordonnances deviennent obligatoires le cinquième jour après leur publication, sauf le cas où ce délai aurait été abrégé par le règlement ou l'ordonnance.

Ces dispositions sont surtout applicables aux délibérations des conseils communaux concernant l'établissement et le changement des impositions communales, parce qu'elles n'auraient, le cas contraire, aucun caractère obligatoire.

Mais la première condition exigée pour l'établissement d'une taxe communale, c'est qu'elle constitue la rémunération d'un service rendu, et qu'elle atteigne le contribuable dans la juste proportion du bénéfice ou de l'avantage qu'il peut en retirer. C'est sur cette base essentielle que les taxes communales sont d'ailleurs autorisées, et quand elles violent ce principe fondamental, elles sont impitoyablement repoussées.

Ce régime permet de prélever l'impôt à la charge des habitants d'une commune par section, quartier ou rue qui profitent directement de l'organisation des services communaux, et il facilite, pour chaque contribuable, les moyens de se rendre compte du montant de la taxe à laquelle il est soumis, des motifs qui l'ont fait établir, et de contrôler les dépenses que cette taxe est destinée à couvrir.

C'est ce régime d'imposition communale que nous cherchons à faire prévaloir. On remarquera, en effet, que la plupart des taxes directes établies en Belgique peuvent être non seulement adoptées chez nous dans le cas où le Parlement se déciderait à supprimer les octrois, mais que, dans l'état actuel de notre législation, les municipalités urbaines ont également le devoir de les appliquer pour réduire, sinon supprimer, les droits d'octroi sur les objets de consommation qui grèvent si lourdement le budget des familles peu aisées.

C'est dans ce but que nous avons placé à la fin de ce livre un résumé des taxes directes communales de Belgique, indiquant le principe, l'assiette et le mode de recouvrement de ces impôts, qui se perçoivent sans la moindre difficulté dans toutes les villes et communes de ce pays.

C'est un guide sûr que nous recommandons à l'attention des conseils municipaux.

Si la Belgique a eu souvent recours à notre législation pour modifier et améliorer la sienne, quelques-unes de nos lois récentes, notamment la loi sur les conseils généraux, ont fait à leur tour de nombreux emprunts à l'organisation intérieure de nos voisins. Nous ferons bien d'emprunter encore tout ce qui touche à leur organisation municipale.

CINQUIÈME PARTIE

VOIES ET MOYENS

I.

L'opinion et l'octroi.

Dans une enquête qui a fait, il y a une dizaine d'années, l'objet d'un rapport à la Chambre des députés, la question de la suppression des octrois avait été posée en ces termes :

« Y aurait-il des inconvénients à autoriser les villes à remplacer l'octroi par une imposition à leur convenance ? »

113 déposants répondirent : Oui ; 81 répondirent très justement que cela dépendait de ce qu'on substituerait aux octrois ; enfin, 103 déclarèrent que l'autorisation dont il s'agit n'aurait pas d'inconvénients pour celles qui veulent établir une imposition à leur convenance.

Le rapporteur avait formulé ainsi l'opinion générale qui s'était dégagée de l'enquête :

« En cas de suppression des octrois, nous avons trouvé reproduite, à plusieurs reprises même, cette idée, qu'il ne serait pas sans inconvénient d'abandonner leur remplacement à l'arbitraire et à la fantaisie des municipalités ; qu'il faudrait au contraire mettre de l'unité et de l'ensemble dans l'adoption des mesures financières qui sembleraient les meilleures pour les remplacer [1]. »

On a donc reconnu en France, comme on avait été amené à le reconnaître en Belgique, que l'abolition des octrois n'est possible qu'à la condition de pourvoir aux besoins des municipalités par des mesures financières qui leur procurent des ressources nouvelles. Or, il faut bien constater que, dans la situation actuelle de nos finances, l'État est dans l'impossibilité de procurer aux communes à octroi des revenus prélevés sur son propre budget ; mais nous croyons qu'on peut trouver ces ressources dans les réformes fiscales que le pays réclame depuis si longtemps et dont le Parlement ajourne sans cesse la réalisation. C'est ainsi que M. Rouvier l'avait compris. Pendant qu'il recherchait les moyens d'augmenter les ressources financières du pays, au moyen de la réforme de l'impôt des boissons, l'honorable M. Fallières préparait un projet relatif à la suppression des octrois. Dans la pensée des deux ministres, ce dernier projet devait compléter l'ensemble des réformes fiscales qu'ils s'étaient engagés à présenter à la Chambre.

Malheureusement les ministères durent trop peu pour que le gouvernement puisse étudier des projets qui exigent une longue préparation. Cependant la Chambre est saisie de la question de la suppression des octrois par une proposition de M. Yves Guyot qui, après avoir été prise en considération, vient d'être renvoyée à l'examen d'une commission parlementaire. Le moment nous

1. Rapport de M. Galpin.

paraît donc venu d'exposer les moyens propres à amener la solution du problème que nous avons entrepris de résoudre.

II.

Les boissons et l'octroi.

La réforme de l'impôt des boissons étant intimement liée à celle de la suppression des octrois, c'est dans cette première réforme que l'on doit nécessairement trouver la majeure partie des ressources financières qui permettront de réaliser la seconde. Nous allons examiner sommairement le système que nous proposons de substituer aux impôts actuels sur les alcools, les vins, les bières, cidres, poirés et hydromels.

Après l'impôt de l'octroi, celui des boissons est à coup sûr le plus impopulaire. De tout temps il a été attaqué, notamment après la révolution de 1848.

Dans la séance du 4 décembre 1849, M. Jules Grévy en parlait en ces termes :

« C'est un impôt inique dans sa répartition, car il n'est pas le même dans toutes les localités, et, dans chaque localité, il n'est pas le même pour tous les consommateurs, et l'inégalité est à la charge du plus pauvre.

« C'est avec raison et justice que le sentiment public s'est soulevé contre un pareil impôt ; il justifie toutes les haines amassées contre lui, et il mérite amplement la réprobation dont il est, quoi qu'on fasse, irrévocablement frappé. »

A cette époque, M. Jules Grévy croyait que l'impôt des boissons pouvait être supprimé au moyen d'économies budgétaires. De semblables illusions n'étant plus permises aujourd'hui, il ne peut plus être question que de répartir également les charges de cet impôt entre tous les contribuables.

Cette inégalité dans la répartition, que signalait M. Jules Grévy, avait déjà fait l'objet des préoccupations du gouvernement de Charles X. M. de Chabrol, alors ministre des finances, avait élaboré un projet qu'il avait soumis à l'approbation du roi, à la date du 15 mars 1830.

M. de Chabrol proposait l'établissement d'un impôt unique, supporté également par les habitants des villes et par ceux des campagnes.

Deux systèmes se présentaient pour l'établissement d'une taxe unique : 1° le paiement du droit à la première vente par le producteur et garanti par l'inventaire après récolte; 2° le paiement du droit au moment de la consommation.

M. de Chabrol, après mûr examen, et bien qu'il lui eût paru tout d'abord plus séduisant par sa simplicité et par l'avantage de rendre la liberté à la circulation, repoussait le premier système à cause des difficultés qu'offrait l'inventaire. L'expérience en avait été faite sous l'Empire pendant cinq ans, et il en était résulté des inconvénients tels qu'on avait été obligé d'y renoncer.

Après avoir pris l'avis de tous les hommes compétents en matière de contributions indirectes, M. de Chabrol avait adopté le second système.

« Le droit fixé d'après le prix de vente au détail, disait-il, satisfait à toutes les conditions qu'on peut rechercher dans l'établissement des taxes indirectes : il frappe partout la matière imposable en raison de sa valeur; il suit toutes les variations des cours, et pèse par conséquent sur le consommateur dans la juste proportion de sa dépense. Celui-ci ne paye qu'au moment où il consomme et sans qu'il s'en doute; car, pour lui, l'impôt se confond avec le prix. Quant au débitant, il n'est tenu d'acquitter le droit qu'après l'avoir reçu et se trouve réellement le premier percepteur. A la vérité ce mode d'imposition exige une surveillance à domicile qui n'est pas sans quelque rigueur; mais, si l'on considère qu'elle s'exerce dans des lieux toujours ouverts au public, on reconnaîtra qu'aucune industrie n'aurait moins à souffrir d'un semblable contrôle. »

La taxe unique était fixée à 15 % sur les deux tiers du prix moyen de la vente des vins au détail. Le terme moyen des déclarations du prix de vente, dans chaque localité, pouvait être considéré comme un signe certain de la gradation que suivait la valeur des vins. Pour connaître la somme sur laquelle le droit de consommation devait être réglé, il suffisait de retrancher du terme moyen des prix de vente en détail le bénéfice présumé du débitant, et ce bénéfice ne pouvait être évalué à moins d'un tiers, si l'on considère que le débitant devait se couvrir de l'impôt et s'indemniser de ses frais.

Ainsi, pour former le tarif du droit de consommation, on aurait pris pour chaque département 15 % sur les deux tiers de la valeur moyenneà la vente au détail, et afin d'opérer sur une base plus large, on aurait établi le prix moyen sur une série de cinq années, sauf à réviser le tarif chaque année, en écartant du calcul la plus ancienne et en y faisant entrer la dernière. Ce système entraînait la suppression des droits d'entrée et d'octroi dans les villes. Quant aux spiritueux, ils restaient soumis pour toutes les classes de consommateurs à un droit égal, et il n'y aurait rien eu de changé dans la législation si la matière imposable eût été atteinte partout de la même manière; mais elle n'était mise sous la main du fisc, à la production, que chez les distillateurs de profession. Les bouilleurs de cru n'avaient aucun compte à rendre des produits de leur fabrication et la, fraude, comme aujourd'hui, profitait audacieusement de ce privilège qu'on se proposait d'abolir.

M. d'Audiffret avait proposé un système analogue.

« Nous pensons, disait-il [1], qu'il faudrait accepter désormais, sans restriction et sans combat, l'impossibilité démontrée par l'expérience de toute évaluation des vins à domicile public ou privé, cesser des investigations aussi incertaines qu'impolitiques, et se borner à arriver, d'après les mercuriales officielles, soit par département, soit par arrondissement, à un prix moyen annuellement calculé par l'administration sur les ventes effectives des débits publics pendant les trois ou les cinq dernières années. »

Dans l'enquête dont M. Galpin a fait connaître les résultats, le régime de la taxe unique a été approuvé par les représentants des intérêts commerciaux, ainsi que par ceux des villes. Par contre, les associations agricoles ont donné plus de réponses contraires que d'avis favorables, et cela se comprend : l'impôt des boissons ne les atteint que par le droit de circulation et le droit de détail, tandis que les villes ont à payer un droit d'entrée plus élevé, sans compter le droit d'octroi.

1. *Système financier de la France.*

M. Passy, ministre des finances, disait en 1849 :

« Je ne suis pas de ceux qui font l'éloge d'un impôt parce que 12 millions de personnes ne le payent pas, 20 millions le payent un peu, et 5 millions, qui sont les plus pauvres, le payent presque en totalité. »

Il y a peut-être un peu d'exagération dans cette assertion. Toutefois, comme le dit M. Galpin dans son rapport : « Il est démontré que l'impôt des boissons, dans son organisation actuelle, ne saurait être considéré comme un impôt de consommation, ou que, tout au moins, il est réparti d'une façon bien inégale sur l'ensemble de la population. »

MM. Glais-Bizoin et Pelletan, en proposant la suppression des octrois, avaient également demandé que les droits sur les vins fussent perçus *ad valorem*. Ils avaient fixé ces droits au dixième de la valeur et payables par douzième à la production.

Ce système qui avait été repoussé, comme, on l'a vu par M. le comte de Chabrol, offrait de grandes difficultés, notamment en ce qui concerne la perception. Le droit perçu à la production ne frapperait pas d'ailleurs la valeur réelle des vins, cette valeur ne pouvant être rigoureusement déterminée qu'au moment de la consommation.

Nous avons dit que ce système avait été expérimenté sous le premier Empire et qu'on avait dû y renoncer. Il avait fonctionné plus tard dans quelques provinces rhénanes séparées de la France en 1814, et il y avait soulevé de vives plaintes. Il y était considéré comme formant en réalité une addition à l'impôt foncier sur les terres plantées en vigne. Le producteur, obligé de faire l'avance du droit, était sans cesse placé dans l'alternative, ou de vendre sa récolte à vil prix, ou de faire des emprunts onéreux qui l'obligeaient à subir la loi des capitalistes.

Par suite de l'importation des vins qui se fait aujourd'hui sur une grande échelle, et qui donne lieu à différentes manipulations, le système de MM. Glais-Bizoin et Pelletan serait d'ailleurs absolument impraticable.

III.

La taxe unique.

L'unification de la taxe, en supprimant en grande partie la fraude, aurait le double avantage d'augmenter les ressources du Trésor et de rendre la répartition de l'impôt plus équitable. L'intérêt de l'État se trouve donc ici entièrement d'accord avec les règles de la justice distributive.

D'après l'enquête qui a été faite en 1880 sur l'impôt des boissons, la taxe unique était à peu près unanimement réclamée.

M. Cavalié résumait ainsi, dans son rapport, les vœux qui ont été exprimés à ce sujet :

« Reviser et modifier, sinon changer la législation actuelle.

« Supprimer l'exercice et le droit de détail.

« Maintenir la taxe obligatoire, avec la condition expresse de l'abaissement des diverses taxes ainsi unifiées ; la généraliser alors, mais en la laissant facultative ;

« Dégrever les vins, les cidres et les bières, mais sans augmenter les droits sur l'alcool ;

« Modifier les formalités imposées aux négociants, en ne conservant que les prescriptions indispensables pour la répression de la fraude ;

« Étudier les moyens propres à régulariser et à rendre uniformes les procédés employés par la régie.

« Abolir, dans tous les cas, les primes accordées aux agents, s'il n'est pas possible d'admettre la preuve contraire aux énonciations des procès-verbaux des agents de l'administration. »

Dans un autre rapport, déposé à la même époque, sur la législation des alcools par M. Diancourt, ce député exprimait un avis conforme à celui de M. le comte de Chabrol relativement à la suppression du privilège des bouilleurs de cru.

« Quant aux facultés données à la fraude, disait-il, sur les alcools mis en vente sans avoir acquitté les droits, c'est par une revision de la loi sur les bouilleurs de cru qu'on pourrait les faire disparaître.

« Sans doute, si la loi était observée dans sa lettre et dans son esprit. Si le privilège des bouilleurs de cru était restreint à la fabrication de l'alcool extrait de matières sans valeur et exposées à se perdre sans profit pour personne, un tel privilège, réduit à ces faibles proportions, présenterait peu d'inconvénients et rencontrerait peu d'adversaires. Mais les choses ne se passent pas ainsi dans la pratique. La fraude trouve dans cette fabrication peu contrôlée l'élément d'opérations ruineuses pour le Trésor et qui obligent ce dernier à chercher, dans les recettes produites par l'impôt sur le vin, la compensation du déficit qu'il trouve dans le produit des droits sur les alcools. »

La commission extra-parlementaire, nommée par M. Rouvier pour étudier la réforme de l'impôt des boissons, s'est prononcée pour la suppression du privilége des bouilleurs de cru et pour l'unification de la taxe sur les vins. Il paraît donc décidé en principe qu'il y a lieu d'opérer la réforme sur la base de taxes uniques perçues à la consommation.

IV.

Taxe sur les vins.

D'après le *Bulletin de statistique et de législation comparées*[1], la production des vins s'est considérablement abaissée dans ces dernières années. De 70 millions d'hectolitres produits en 1870 par nos vignobles, elle est descendue en 1886 à 27 millions. La moyenne des cinq dernières années ne dépasse donc pas 30 millions d'hectolitres.

L'importation des vins étrangers a été, en 1886, de 11 millions d'hectolitres : la fabrication avec des raisins secs et des figues sèches a produit 2 millions d'hectolitres.

On sait que les vins provenant d'Espagne et d'Italie sont additionnés d'alcool, et que les importateurs, avec un hectolitre de ces vins, en fabriquent deux et même quelquefois trois. Les vins provenant de l'étranger entrent dans la consommation pour une quantité d'au moins

1. Tome VII, 1re livraison.

25 millions d'hectolitres, ce qui porterait la quantité totale des vins mis en circulation au chiffre d'environ 54 millions d'hectolitres. Mais la quantité réelle doit être beaucoup plus élevée.

Dans sa déposition devant la commission présidée par M. Claude (des Vosges). M. Girard, chef du laboratoire municipal, a déclaré qu'on fabriquait à Paris un hectolitre de vin avec 25 kilos de raisin sec qui ne payait aucun droit à l'entrée. La boisson résultant de cette manipulation ne revenait qu'à vingt centimes le litre et se vendait au prix du vin ordinaire.

Il résulte d'autre part du rapport de M. Galpin que, d'après la chambre de commerce de Brest, 25 millions d'hectolitres de vin échappent à l'impôt; d'après la chambre de commerce de Paris, que 5 à 7 millions d'hectolitres de vin sont brûlés pour faire de l'alcool servant à des vinages clandestins. Qu'en résumé, les diverses évaluations faites sur les fraudes auxquelles donnent lieu les boissons varient depuis 10 jusqu'à 50 % et au delà.

La quantité soumise aux droits ayant été en 1886 de 28 millions d'hectolitres, alors que, d'après les documents officiels, on a dû en consommer plus du double, il y a lieu de croire que, par la répression de la fraude, une quantité d'au moins 40 millions d'hectolitres pourrait être soumise à l'impôt.

Il s'agit de déterminer la base de la taxe unique sur les vins. On se trouve ici en présence de deux systèmes : la taxe à la valeur, et la taxe au degré.

En établissant la taxe à la valeur sur la moyenne des prix de vente au détail, et fixant cette taxe à 10 % sur les deux tiers de ces prix, on obtiendrait les résultats suivants :

La moyenne des prix de vente au détail, officiellement constatée en 1886, étant de 78 francs, le droit de 10 % porterait sur les deux tiers, soit sur 52 francs, et serait par conséquent de 5 fr. 20 par hectolitre. Appliqué à une quantité de 40 millions d'hectolitres, ce droit produirait au Trésor une recette de 208 millions.

Quant au second système, la taxation au degré, établie par exemple à 4 francs pour les vins à 7 degrés et augmentée de 0 fr. 50 à chaque degré jusqu'à 12 inclusivement, le produit de l'impôt serait un peu plus élevé que par le système de la taxe *ad valorem*.

Dans l'un ou l'autre système, le produit de l'impôt ne pourrait que s'accroître au fur et à mesure de la reconstitution de nos vignobles.

Le système de la taxation au degré aurait l'avantage de rendre la fraude à peu près impossible. Elle mettrait fin à l'introduction en France des alcools allemands, avec lesquels les Italiens et les Espagnols vinent les vins qu'ils nous exportent. Dans l'intérieur des villes, les débitants qui achètent des vins fortement alcoolisés pour les additionner d'eau ne pourraient plus pratiquer cette fraude. Enfin la taxe unique, entraînant la suppression du droit d'entrée payé par les habitants des villes et les droits d'octroi qui pèsent si lourdement sur la classe ouvrière, rétablirait l'égalité devant l'impôt, principe si ouvertement violé, aussi bien par la législation actuelle sur les boissons que par l'impôt des octrois.

V.

Taxe sur les alcools.

M. Claude (des Vosges) disait, en 1886, que le chiffre officiel de la consommation des alcools était de 1 million 500,000 hectolitres, tandis qu'en réalité la consommation atteint le double, c'est-à-dire 3 millions d'hectolitres. En fixant ce dernier chiffre, M. Claude s'appuyait sur l'opinion émise par la commission extra-parlementaire des distilleries agricoles, qui estimait la fraude à 100 %.

M. Bardy, chef du laboratoire des contributions indirectes, déclarait que le chiffre de 1,500,000 hectolitres, auquel on évaluait la fraude, était sans doute exagéré. Il reconnaissait néanmoins qu'elle se pratiquait dans de larges proportions, et que c'est à elle surtout qu'on doit les alcools les plus toxiques.

Les hommes les plus compétents estiment que la fraude peut atteindre au moins le cinquième de la production. C'est l'opinion du Dr Lanier. Mais un grand distillateur, M. Luzet, prétend qu'elle atteint les trois quarts de la production totale, soit 1,072,600 hectolitres, occasionnant au Trésor une perte de 167,500,000 francs; et M. Luzet n'avance pas ces chiffres sur une simple hypothèse, il les appuie sur une étude approfondie des sources de la fraude.

Dans une note publiée par un syndicat de négociants et d'industriels, les signataires s'appuient sur le rapport de M. Cavalié, député du Tarn, pour porter à 2 millions d'hectolitres la quantité d'alcool soustraite frauduleusement à l'impôt.

D'après le rapport de M. Galpin, la chambre de commerce de Grenoble estimait que les quantités d'alcool soustraites à l'impôt allaient jusqu'à 80 et 90 %. De l'enquête qu'il était chargé d'examiner, M. Galpin tirait cette conclusion, qu'en prenant pour moyenne un tiers de la consommation, il avait grande chance d'être au-dessous de la vérité.

Enfin, au moyen de l'importation des vins d'Espagne, d'Italie, de Grèce, de Hongrie, etc., vinés avec des alcools allemands, on introduit en France 500,000 hectolitres d'alcools qui ne payent aucun droit.

La commission présidée par M. Claude (des Vosges), après un examen très approfondi, estimait que la consommation apparente, c'est-à-dire taxée, ne représente qu'une partie de moins en moins importante de la consommation réelle, et elle reconnaissait qu'il était urgent de remédier à un état de choses aussi dommageable pour le Trésor que pour l'hygiène nationale.

Les mesures législatives qui vont être prises pour mettre tous les alcools sous la main du fisc, permettent d'estimer, en se tenant au-dessous de la moyenne des évaluations que nous venons de reproduire, que la quantité taxée pourra s'élever au minimum à 2 millions 250,000 hectolitres, qui, au taux actuel de 156 fr. 25, donnerait un revenu d'environ 351 millions.

VI.

Taxes sur les bières, cidres, poirés et hydromels.

La production totale de la bière est d'environ 8 millions d'hectolitres. Les droits perçus sont de 3 fr. 75 sur 4,600,000 hectolitres de bières fortes, et de 1 fr. 25 sur 3,400,000 hectolitres de petites bières, produisant ensemble une somme d'environ 22 millions de francs.

La fraude la plus commune, d'après le rapport que M. Laumont a fait à la Chambre des députés, et la plus préjudiciable au Trésor, consiste à mélanger la petite bière avec la bière forte et à livrer un produit unique vendu comme bière forte, qui, en fait, ne paye pas la taxe applicable à cette dernière qualité.

Dans les départements du Nord et dans ceux de l'Est, la production de la petite bière serait considérable d'après la statistique de l'impôt, tandis qu'en réalité la consommation est nulle. La distinction que le législateur a voulu établir au profit de l'ouvrier étant illusoire, les motifs qui avaient décidé à l'établir n'ont donc plus leur raison d'être. La taxe unique qui a déjà existé dans notre législation doit être par conséquent rétablie.

Puisque la consommation de la petite bière est nulle, il semble juste de faire porter le droit de 3 fr. 75 sur toutes les bières. L'impôt produirait ainsi une somme de 30 millions.

Cette taxe unique de 3 fr. 75, comme conséquence du système, devrait être également appliquée aux cidres, poirés et hydromels. Elle produirait sur ces diverses boissons une somme d'environ 26 millions.

La réforme de l'impôt des boissons, faite sur les bases que nous venons d'indiquer, procurerait au Trésor les ressources suivantes :

Sur les vins.	208 millions.
Sur les alcools.	350 »
Sur les bières.	30 »
Autres boissons.	26 »
TOTAL.	614 millions.

On remarque que, d'après les évaluations qui ont été faites à diverses reprises, le produit de l'impôt des boissons, par la suppression de la fraude, devrait être supérieur à la somme ci-dessus. Il y a donc lieu de croire que nos propres évaluations sont au-dessous de la vérité.

VII.

L'impôt sur le revenu.

Le produit actuel de l'impôt des boissons étant de 425 millions, et celui qu'on pourrait en retirer de 615 millions, l'excédent produit par la réforme que nous proposons n'atteindrait que la somme de 190 millions, somme insuffisante pour accomplir la réforme que nous demandons, c'est-à-dire pour indemniser les villes des ressources que leur procurent les impôts de l'octroi.

Il n'est pas certain d'ailleurs que cet excédent sera obtenu, car nos chiffres sont basés sur une moyenne d'évaluations tellement contradictoires qu'il serait imprudent de compter avec certitude sur le chiffre que nous indiquons. L'application du nouvel impôt pourrait seule en faire connaître exactement les résultats.

Il ne s'agit pas d'ailleurs, comme nous l'avons déjà indiqué, de procurer seulement à l'État des ressources nouvelles qui lui permettent d'abandonner certains revenus aux communes en remplacement des octrois; il faut pourvoir en outre aux nécessités budgétaires, et faire face aux charges si lourdes que M. Ribot signalait dans la discussion du budget de 1888.

L'honorable député du Pas-de-Calais déclarait avec raison que le premier souci d'une politique ferme, prudente, sérieuse, devait être de fermer le Grand Livre de la dette publique; qu'il y aurait plus de courage à voter ouvertement des impôts pour équilibrer le budget, que de suivre la voie des emprunts déguisés. Si l'on disait la vérité au pays, ajoutait M. Ribot, toute la vérité, on ne ferait pas en vain appel à son patriotisme.

La situation financière actuelle n'est malheureusement pas sans quelque analogie avec celle qui a suivi nos désastres de 1870.

La rançon énorme que nous avons dû payer, à cette époque, à un vainqueur impitoyable, imposait au pays des charges si lourdes, qu'il fallut faire appel au patriotisme des contribuables, comme M. Ribot propose de le faire encore aujourd'hui.

Cet appel fut entendu. Les contribuables ne demandaient toutefois aux représentants du pays, pour le choix et le taux des nouveaux impôts, que de se conformer aux principes appliqués par l'Assemblée de 1789, c'est-à-dire que ces impôts fussent proportionnels aux biens et aux facultés de chacun.

L'Assemblée nationale fut loin de répondre à ce vœu

si légitime. A l'exception de l'impôt de 3 0/0 sur le revenu des actions et obligations, établi par la loi du 29 juin 1872, les contributions nouvelles sont absolument contraires au principe de la proportionnalité selon les facultés et les biens. On peut s'en convaincre en jetant les yeux sur le tableau des impôts qui furent votés :

Contributions directes.	40,925,000
Taxes assimilées aux contributions directes.	40,026,000
Enregistrement.	90,950,000
Timbre.	56,950,000
Douanes.	115,202,000
Contributions indirectes.	294.570,000
Postes.	21,600,000
Valeurs mobilières.	32,600,000
Télégraphie privée.	2,370,000
Produits universitaires.	82,000
Produits et revenus de l'Algérie.	3,570,000
Produits divers.	275,000
TOTAL GÉNÉRAL.	668,507,000

L'augmentation des contributions directes, comme on le voit, porte uniquement sur la contribution des patentes, dont le produit en fonds généraux s'est élevé de 66,781,200 francs en 1870, à 109,456,600 francs en 1874.

Les droits d'enregistrement, qui sont portés pour un chiffre sensible dans ce tableau, n'atteignent qu'une partie restreinte de la fortune générale. Quant aux impôts indirects, qui occupent la plus large place, ils s'adressent à l'individu, au consommateur, et procèdent par capitation, par progression à rebours, c'est-à-dire en raison inverse de l'aisance des imposés.

« En Angleterre, a dit M. C. Vraye [1], les impôts de

1. *Le Budget de l'État*, par C. Vraye, Guillaumin et C⁵.

consommation ont été en partie abandonnés, en partie réduits dans une large mesure, et leur produit reporté à la charge de l'impôt sur le revenu. Entre ces deux genres d'impôts il y a la différence du juste à l'injuste. L'impôt sur le revenu, s'adressant à la richesse acquise, se proportionnalise en raison de la richesse elle-même; il ne demande qu'au revenu, et à un revenu de 100 francs que le dixième de ce qu'il exige d'un revenu de 1,000 francs. L'impôt de consommation, au contraire, frappe indistinctement et par tête les populations les moins aisées et les populations en possession de la fortune; il atteint le salaire, le produit nécessaire aux besoins journaliers de la vie, et il épargne le superflu : voilà son injustice, et c'est pourquoi l'Assemblée constituante l'avait écarté du système financier de la France avec la généralité des impôts indirects. »

Le tort de l'Assemblée nationale de 1871 fut de ne pas saisir l'occasion qui se présentait à elle pour remanier notre système d'impôts, au lieu d'en aggraver les défauts par la surcharge des impôts indirects.

La commission du budget, composée de tout ce que l'Assemblée comptait d'hommes éminents, fit cependant tout ce qu'elle put pour réagir contre cette funeste tendance. Elle approuva dans ce but un projet relatif à l'établissement d'un impôt sur le revenu, et M. Casimir Périer, chargé du rapport, disait que la minorité de la commission l'avait combattu dans son principe et dans son ensemble; qu'elle s'était unie au gouvernement pour le faire repousser. Malgré les précautions dont le projet était environné, elle y voyait en germe l'inquisition dans les affaires privées, la guerre entre le capital et le travail et l'impôt progressif.

Et M. Casimir Périer ajoutait :

« Toutes les réformes ont été écartées par des arguments de ce genre. Lorsque, en 1848, la Chambre des députés repoussait l'adjonction des capacités à la liste électorale, elle ne soupçonnait guère qu'un mois après la France aurait le suffrage universel. En 1851, ceux qui secondaient le prince-président dans sa campagne contre la loi électorale du 31 mai qu'avaient présentée ses ministres, ne se doutaient pas tous qu'ils préparaient l'avènement de l'Empire. Non, sans doute, il ne faut pas toujours céder aux courants de l'opinion : il y en a de trompeurs et funestes ; mais il y en a qui ont creusé leur lit assez profondément pour qu'il soit plus sage de les suivre, en les dirigeant, que de leur résister au risque d'être entraîné. »

Le cadre de notre étude ne nous permet pas de discuter les nombreuses questions que soulève l'établissement d'un impôt sur le revenu. La seule objection que nous devons sommairement examiner est celle qui a toujours été opposée par les adversaires de l'*income-tax* c'est-à-dire la déclaration qui, selon eux, entraîne des constatations plus ou moins arbitraires et inquisitoriales.

Voici, en effet, le langage que tenait en 1872 le ministre des finances à la tribune de l'Assemblée nationale :

« Si nous devions nous en tenir à la théorie pure et simple en matière d'impôt, il est évident qu'un impôt aurait réuni à peu près tous nos suffrages : c'est l'impôt sur le revenu, tel qu'on peut le concevoir, et qui serait l'idéal, s'il y avait un moyen pour arriver à connaître le revenu de chaque individu, de le connaître exactement : c'est le meilleur en théorie, incontestablement.

« Eh bien! vous n'avez pas voulu accepter cet impôt. Qu'est-ce qui vous a arrêtés? Devant quel obstacle avez-vous reculé ? Qu'est-ce qui vous a empêchés d'adopter ce qui vous paraissait si juste en théorie? Vous avez reculé devant une application impossible. Vous vous êtes dit que derrière l'impôt il y avait la déclaration nécessaire; vous vous êtes dit : « Derrière cette déclaration, il y a des mesures de vexation, d'inquisition, et vous n'avez pas voulu accepter l'impôt. C'est la seule objection, j'en appelle à vos consciences. »

« Puisqu'il n'y avait et ne pouvait exister d'autre objection, a dit M. C. Vraye[1], on peut demander pourquoi M. le ministre des finances, et avec lui les membres de l'Assemblée qui reconnaissaient dans l'impôt sur les revenus le meilleur des impôts, n'ont pas essayé, au lieu de s'arrêter à l'objection, de l'écarter devant la démonstration que l'établissement et la perception de cet impôt peuvent se faire indépendamment de toute mesure vexatoire ou inquisitoriale? »

Nous trouvons cette démonstration dans une brochure publiée après la guerre par un ancien fonctionnaire du ministère des finances qui, dans une longue pratique, avait acquis une expérience donnant assurément plus d'autorité à ses observations qu'aux objections des adversaires de l'*income-tax*[2] :

« Appelé, disait-il, par la nature de nos fonctions à

1. *Le Budget de l'État*, Guillaumin et C⁰.
2. *Les Idées d'un petit employé de l'État en matière d'impôts et de finances*, Guillaumin et C⁰.

procéder d'abord à l'établissement, ensuite à la perception de l'impôt, nous avons toujours remarqué que, pour prévenir les contestations futures, il était préférable de s'entendre tout d'abord avec le contribuable, et d'arrêter en commun avec lui la base de l'imposition. Cette manière de procéder a l'immense avantage de mettre le contribuable en relation directe avec l'agent du Trésor, qui reçoit toutes les explications que celui-là croit devoir lui fournir en sa faveur, et qui, de son côté, lui donne tous les renseignements de nature à l'éclairer sur la nécessité de frapper la taxe.

« Il est rare, et même très rare, nous le savons par expérience, que cet entretien n'amène pas l'accord entre les parties. Ainsi prévenu, le contribuable cherche rarement à se soustraire à la taxe, surtout quand des explications qui sont fournies il a la conviction que l'impôt est légal et juste en principe.

« Ces considérations nous engagent à prendre comme base d'imposition la déclaration du contribuable lui-même qui serait appelé, à la fin de l'année, à remettre entre les mains de l'agent du Trésor le bordereau détaillé de son revenu, d'une part en valeur mobilières, commerciales, industrielles, d'autre part en immeubles, propriétés bâties et non bâties.

« Mais, dira-t-on, si le contribuable est appelé lui-même à fixer la base de son imposition, il cherchera évidemment à frauder le Trésor, et, au lieu de déclarer le chiffre exact de son revenu, il aura bien soin de le diminuer autant que possible.

« L'objection ne manque pas d'une certaine valeur. Mais voyons si la fraude s'exercera aussi facilement qu'on pourrait bien le croire tout d'abord.

« Deux questions se posent devant nous. Quels sont les divers éléments du revenu des contribuables, et quels sont les moyens dont peut disposer l'agent du Trésor pour vérifier l'exactitude des déclarations? Le revenu d'un contribuable peut comprendre le produit des terres, des maisons et des usines louées, en fait d'immeubles; et en fait de meubles, d'actions et d'obligations de sociétés anonymes, de sommes placées soit sur hypothèques, soit sur billets, de parts dans les usines, les maisons de commerce, et de salaires ou traitements. Enfin le revenu peut aussi résulter de l'exploitation, faite par le contribuable lui-même, d'une maison de commerce ou d'une usine. Tels sont les cas les plus généraux qui peuvent se présenter, et que nous allons très brièvement examiner.

« Quand il s'agira de vérifier la déclaration du revenu des terres ou des propriété bâties ou louées, les difficultés ne seront pas autres que celles qui résultent de la contribution foncière qui a la même base; et encore les obstacles disparaîtraient-ils, si les agents étaient aidés d'un bon cadastre, qui est de première nécessité dans un pays civilisé.

« Quant aux maisons et aux usines louées, le bail ou les quittances de loyer serviront à fixer le revenu, qui, à leur défaut, sera déterminé par voie de comparaison. Ici encore pas d'innovation, les bases qui nous serviront étant exactement les mêmes que pour l'impôt foncier. »

L'auteur que nous citons parle ensuite des actions et obligations, qui sont frappées par la loi du 29 juin 1872. Pour ces valeurs, comme le dit le *Petit employé*, il n'y a pas d'innovation à introduire dans le nouveau système.

Les créances hypothécaires ne peuvent donner lieu à aucune contestation. Quant aux créances chirographaires, elles peuvent être facilement dissimulées, parce que la législation actuelle n'a établi aucun moyen d'en constater l'existence. Voici les moyens que proposait M. Deloynes pour les atteindre[1] :

« On imposerait au créancier l'obligation de présenter le titre de sa créance au receveur de l'enregistrement dans un certain délai, un mois par exemple à partir de la date de la signature. Ce fonctionnaire serait chargé d'y apposer un timbre spécial et de constater sur un registre particulier cette formalité, le nom du créancier, le montant de la créance et des intérêts qu'elle produit.

« L'apposition sur le titre de ce timbre spécial n'aurait pas pour résultat de lui conférer date certaine à l'égard des tiers ; l'enregistrement produirait seul cet effet, conformément à l'article 1328 C. C. Aussi, au lieu de percevoir un droit proportionnel comme cela se pratique pour l'enregistrement des obligations, le fonctionnaire qui apposerait ce timbre ne pourrait-il exiger qu'un droit fixe minime, par exemple, 25 ou 50 centimes, quel que soit le chiffre de la créance. Puis, chaque année, le receveur adresserait un avertissement au créancier pour l'inviter à acquitter l'impôt sur le revenu de sa créance.

« Une loi est incomplète si elle ne renferme pas de sanction ; quelle serait la peine prononcée contre le créancier qui ne se serait pas conformé aux prescrip-

1. *De l'Octroi et des Impôts municipaux.*

tions que nous venons d'indiquer? On pourrait annuler complètement le titre, déclarer non-recevable toute action tendant au remboursement du capital. C'est ce qu'avait fait pour les contre-lettres la loi du 22 frimaire an VII; mais cette sanction paraît trop rigoureuse, et voici celle que nous proposerions. Elle paraît topique, parce qu'elle a précisément pour résultat de priver de son revenu celui qui a voulu échapper à l'acquittement de l'impôt sur le revenu. Si le créancier n'a pas présenté au receveur de l'enregistrement le titre de sa créance dans le mois de sa date, les intérêts ne courraient à son profit que du jour où le timbre y aurait été apposé. On pourrait aussi le condamner, à titre d'amende, au paiement du double droit pour les années qui se sont écoulées depuis la création du billet. Cette sanction serait parfaitement efficace.

« Mais il est à craindre que, pour se soustraire à l'application de ces règles, on ne date pas l'acte qui constate la créance: il n'en serait pas moins valable, et le créancier ne le présenterait au receveur de l'enregistrement que quelques jours avant d'introduire en justice une demande tendant à se faire payer les intérêts. Il échapperait ainsi à l'application des règles que nous venons de développer, parce que son titre, n'étant pas daté, on ne pourrait lui reprocher de ne l'avoir pas fait timbrer dans le mois de sa date. Une semblable fraude serait très fréquente et offrirait un moyen trop commode d'échapper à la loi: il faut la prévenir : voici les règles que, dans ce but, l'on écrirait dans la loi: elles s'appliqueraient aussi au cas où la date portée sur le billet ne serait pas véritable. Si le créancier demande le paiement d'une année d'intérêts, le titre aura dû être présenté au receveur de l'enregistrement au minimum onze mois avant l'échéance; si les intérêts étaient exigibles par semestre, son titre aura dû être revêtu du timbre spécial cinq mois au moins avant la même époque. De cette manière, on sera certain que le créancier aura bien acquitté l'impôt pour le revenu qu'il demande en justice. S'il ne s'est pas conformé à ces prescriptions, son action devrait être déclarée non-recevable par les tribunaux, et il serait en outre passible d'une amende égale à cinq fois le montant de l'impôt annuel qu'il aurait dû payer pour le revenu de sa créance.

« Le créancier serait seul tenu à l'acquittement de l'impôt, et ne pourrait en aucun cas le mettre à la charge du débiteur. »

Les revenus des parts dans les usines et les maisons de commerce pourraient être vérifiés par la production des livres de la société, et ce moyen n'est pas nouveau, car il est à la disposition des agents du fisc, en vertu de l'article 71 de la loi du 25 avril 1844 sur les patentes, et consacré par la jurisprudence du Conseil d'État.

Les traitements des fonctionnaires sont connus. Pour les salariés et les employés de commerce, les livres pourraient être consultés et, s'il y avait dissimulation, elle ne pourrait pas se faire sur une bien vaste échelle.

Pour les professions libérales, la taxe pourrait être établie sans trop de difficultés et dans des conditions qui se rapprocheraient aussi près que possible de la vérité; on pourrait, par exemple, connaître les revenus des notaires et huissiers par leur répertoire, qui serait visé tous les trois mois au bureau de l'enregistrement. On pourrait connaître le montant des honoraires des avoués et avocats par les chambres de discipline, etc.

Reste à examiner le revenu de l'exploitation d'une maison de commerce ou d'une usine.

Voici quelles sont à ce sujet les idées du *Petit employé de l'État* :

« Les usiniers et les commerçants ayant une industrie tant soit peu importante, ont tous des livres de commerce qui indiquent, sinon les bénéfices de l'année, tout au moins le chiffre d'affaires. Si les livres font mention des bénéfices, rien de plus simple; s'ils n'indiquent que le chiffre des affaires, on lui appliquera le taux d'intérêts représentant le bénéfice ordinaire dans ce genre de commerce. Ainsi, on sait que le bénéfice est de tant pour cent sur le chiffre des affaires d'une pharmacie, de tant pour cent dans l'épicerie, etc. Les commerçants que nous avons consultés à cet égard nous ont affirmé que ce procédé était pratique, et qu'il devait nous conduire à un résultat se rapprochant sensiblement de la vérité.

« Les industries sans livres seront complètement livrées à l'arbitraire, nous le reconnaissons. Mais ce ne sont, dans tous les cas, que de bien petits commerces, dont le chiffre des bénéfices, fort restreint, sera toujours renfermé dans un cercle d'appréciation des plus étroits.

« Du reste, en matière d'impôts, les gens pratiques et d'expérience savent tous qu'il est matériellement impossible d'obtenir des résultats d'une précision mathématique. Les agents ont toujours, et surtout en matière de contributions directes, plus ou moins à estimer, plus ou moins à apprécier; et si l'on était condamné à trouver des impôts parfaits, on pourrait attendre longtemps le budget.

« Quel moyen pratique le receveur d'enregistrement a-t-il, par exemple, pour vérifier le revenu d'une usine dans une succession? La loi ne lui en donne aucun. Quel moyen est entre les mains du contrôleur des contributions directes pour déterminer la valeur locative d'une grande usine, que l'industriel ne connaît pas, même approximativement?

« Et cependant le droit proportionnel des patentes est uniquement basé sur cette valeur locative qui est la chose la plus vague du monde, et qui est d'autant plus difficile à déterminer que l'usine est plus importante. Tandis qu'en prenant pour base d'impôt un revenu moyen, le contraire se produira; car plus une usine est importante, et plus on a chance de la trouver entre les mains d'un industriel ou d'une société dont les livres, parfaitement tenus, font ressortir les bénéfices annuels.

« On fraude l'enregistrement dans les déclarations de succession, en soustrayant d'un seul coup à son action toutes les valeurs mobilières. On fraude encore l'administration dans les ventes sous seing privé et même notariées, en n'inscrivant sur l'acte qu'une partie du prix de vente et en passant sous silence les sommes données de la main à la main. On fraude la régie des contributions indirectes, en dissimulant des boissons et des tabacs; l'administration des contributions directes, en exerçant des professions sans patente.

« Est-ce à dire pour cela que ces diverses administrations ne fonctionnent pas et que l'impôt ne se perçoit pas?

« Il ne faut donc pas avoir la prétention de tout saisir, on n'y parviendra jamais, et le système d'impôts que nous recherchons n'est pas celui qui est parfait, mais celui qui est le meilleur, c'est-à-dire celui qui présente le moins d'inconvénients. »

Après avoir démontré les avantages de l'impôt sur le revenu, et mis à néant les prétendues difficultés de la déclaration, le *Petit employé* fait valoir des considérations morales qui militent en faveur de l'établissement de cet impôt.

« Si après avoir examiné cet impôt au point de vue de son établissement matériel, dit-il, nous le considérons au point de vue moral, là encore nous sommes bien forcé de reconnaître qu'il est supérieur aux autres impôts. Peut-être lui reprochera-t-on d'être indiscret, de demander et de divulguer le secret de la famille. Mon Dieu! c'est, à notre avis, à de rares exceptions près, un reproche peu sérieux et qui ne nous touche que médiocrement. Croit-on, par exemple, que l'employé des contributions indirectes, qui est appelé à exercer journellement chez les débitants, chez les marchands en gros, ne connaît pas à peu près l'état de leurs affaires? Croit-on que le receveur d'enregistrement, qui reçoit une déclaration de succession, qui enregistre un testament, un contrat de mariage, des protêts, s'empresse de divulguer à tout venant ce que contient la déclaration de succession, le testament, le contrat de mariage, et sur qui frappent les protêts? Et quand bien même des indiscrétions de cette nature seraient commises, quel gros inconvénient y aurait-il à ce qu'on sût dans le public à peu près le revenu de chacun? On en sera quitte pour se tromper un peu moins les uns les autres. La vanité seule peut y perdre; et si l'on veut la payer, l'on déclarera un revenu un peu plus élevé que celui que l'on a.

L'impôt prélevé sur la vanité n'est pas du tout un mauvais impôt, il ne nuit à personne, pas même à celui qui le paye, puisqu'il veut bien le payer !

« Quant à nous, agent du fisc, nous déclarons que nous ne connaissons pas d'impôt plus juste, plus équitable et même plus facile, que celui dont le contribuable est appelé lui-même à discuter la base. Quoi de plus juste, quoi de plus équitable que l'État vienne dire au contribuable :

« — Vous paierez un impôt en proportion de votre revenu ; et ce revenu, c'est vous qui en fixerez le chiffre, à une condition toutefois, c'est que vous ne chercherez pas à me tromper. Si votre déclaration a toutes les apparences de la sincérité, pas de discussion ; si, au contraire, elle est dissimulée, je vous poursuivrai impitoyablement avec toute la rigueur dont peut légalement disposer un honnête créancier vis-à-vis d'un débiteur de mauvaise foi.

« N'est-ce pas plus honnête et plus moral que de frapper arbitrairement et sournoisement une taxe sans l'assentiment du contribuable, qui, ne comprenant rien à toutes ces lois tortueuses, paye avec méfiance, lors même que l'impôt est dû ? Aussi qu'arrive-t-il ? C'est que fort souvent l'amour-propre, d'une part de l'agent qui a établi la taxe, d'autre part du contribuable qui la subit et qui réclame, produit les luttes les plus fâcheuses, qu'il eût été bien facile d'éviter par une entente préalable. Et que de haines le gouvernement n'amasse-t-il pas avec ce système qui produit, rien que dans l'administration des contributions directes, plus de 300,000 réclamations par an ! »

On vient de voir que la déclaration qui était le cheval

de bataille de M. Thiers et de la majorité de l'Assemblée
nationale, entraînée par lui pour repousser l'impôt sur
le revenu, n'a aucunement le caractère vexatoire et
inquisitorial que ses adversaires lui prêtent si gratuitement.

Au reste, ce caractère existe déjà à un degré bien
plus élevé dans un certain nombre d'impôts actuels.
Dans la séance du 5 juillet 1872, M. Tirard citait l'industrie de la bijouterie, qui ne peut non seulement ex-
porter ou vendre aucun de ses produits sans les faire
contrôler, mais qui est obligée de subir la visite d'un
commissaire de police, lequel, escorté de deux con-
trôleurs, a le droit de pénétrer à chaque instant chez les
bijoutiers pour visiter leurs magasins, leurs ateliers et
jusqu'aux parties les plus secrètes de leurs habitations.

Dans la séance précédente, M. Féray, répondant aux
adversaires de la déclaration, s'écriait : « On dirait vraiment que dans notre pays il n'y a pas une industrie
exercée. Mais j'en vois partout : on exerce les fabricants
d'alcools, de sucre, de soude, de papier, les boissons,
les tabacs, les mines, etc. Est-ce que cette dernière
industrie n'est pas soumise à l'inquisition la plus excessive qu'on puisse imaginer ? »

En dehors de prétendus inconvénients de la déclaration, les adversaires de l'impôt sur le revenu sont
forcés de reconnaître que cet impôt est à la fois le plus
équitable et le plus avantageux.

M. Magne l'avouait dans un discours prononcé à
l'Assemblée nationale, au cours de la séance du
29 juin 1872 :

« Je ne traiterai pas, disait-il, l'impôt général sur le

revenu; cette question a été décidée par l'Assemblée, et je ne croirais pas opportun d'y revenir aujourd'hui. Je dirai cependant que l'impôt sur le revenu a des inconvénients sérieux et de sérieux avantages.

« L'inconvénient de l'impôt sur le revenu consiste dans la nécessité d'une déclaration préalable et d'une vérification postérieure. Cette considération a suffi pour que je me sois associé de la façon la plus complète, et aux paroles de M. le Président de la République, et à la décision de l'Assemblée.

« Mais, à côté de cet inconvénient, l'impôt général sur le revenu a un avantage incontestable, et rien ne pourrait mettre mieux en saillie cet avantage que ce qui se passe sous nos yeux depuis quelque temps. Je parle des difficultés sans nombre que nous rencontrons à créer de nouveaux impôts.

« Avec l'*income-tax* qui comprend tous les revenus, quand un besoin nouveau surgit, il suffit de superposer quelques centimes additionnels pour se procurer les ressources nécessaires.

« C'est là, ajoutait l'ancien ministre des finances de l'Empire, ce que je considère, moi, comme un très grand moyen d'équité, car la nouvelle charge se répartit proportionnellement et sans effort. »

Nous avons démontré que les *inconvénients* qui ont fait voter M. Magne contre l'*income-tax* ne sont pas sérieux, et qu'au contraire les avantages sont considérables. Le principal de ces avantages à nos yeux, après celui qui résulte d'une répartition plus équitable des charges publiques, c'est que, ainsi que l'a dit M. Magne, l'*income-tax* comprenant tous les revenus, quand un besoin nouveau surgit, il suffit de superposer quelques centimes additionnels pour faire face à toutes les nécessités budgétaires, à la condition toutefois, ajouterons-nous, que le gouvernement soit honnête et économe; car il n'a le droit de demander aux contribuables que ce qui est strictement nécessaire pour les besoins sociaux.

C'est l'oubli de ce principe, ou plutôt de ce devoir, qui nous a jetés dans les embarras financiers actuels.

« Avant d'exiger de l'honnêteté et de la moralité du contribuable, dit avec raison le *Petit employé de l'État*, il faut que le gouvernement soit honnête et moral lui-même et qu'il lui mette de bons exemples sous les yeux. A ces conditions, on peut arriver à faire comprendre aux masses que, pour vivre en société, il faut un budget comme pour vivre en famille; que, de même que, dans la famille, un revenu est nécessaire pour nourrir et entretenir la femme et les enfants, de même, dans l'État, un budget est indispensable pour solder les frais communs, payer les juges qui vident les contestations, les gendarmes qui maintiennent l'ordre et garantissent la sécurité individuelle, les militaires qui gardent le territoire. »

La Chambre actuelle peut réaliser la réforme de l'impôt qui a été repoussée par la majorité de l'Assemblée nationale. Elle a déjà manifesté son opinion en votant, dans la discussion du budget de 1887, une résolution invitant le gouvernement à lui présenter un projet d'impôt sur le revenu. On sait que M. Dauphin a répondu à cette invitation en apportant un projet qui ne pouvait donner satisfaction ni aux désirs du Parlement, ni aux vœux du pays. Il faut que la Chambre se hâte de mettre l'impôt sur le revenu à l'étude pour le voter avant la fin de la législature, car, dans les circonstances actuelles, l'intérêt qui s'attache à la réalisation de cette réforme est, au point de vue politique, presque aussi impérieux qu'au point de vue financier.

Après une comparaison attentive des divers projets relatifs à l'impôt sur le revenu qui ont été proposés, nous avons été amené à reconnaître que le plus pratique et le plus équitable est celui qui avait été voté par la commission du budget de 1871[1].

En le prenant pour base, on arriverait facilement à résoudre la question suivant la volonté manifestée par la majorité de la Chambre actuelle, et, ajoutons-le, conformément aux principes posés par la Constituante en matière d'impôts.

VIII.

Remplacement des octrois.

Par l'établissement de l'impôt sur le revenu, dont le taux serait fixé selon les besoins du Trésor, et par la réforme de l'impôt des boissons, l'État pourrait se procurer les ressources qui lui sont nécessaires pour atteindre le double but que nous poursuivons : l'équilibre budgétaire et la suppression des octrois.

En effet, assuré de ressources relativement considérables par l'unification de la taxe sur les boissons et la suppression du privilège des bouilleurs de cru ; pouvant augmenter ces ressources dans les limites nécessaires par l'impôt sur le revenu, l'État serait alors en situation de pouvoir supprimer les octrois, comme MM. Glais-

1. Voir ce projet à l'appendice.

Bizoin et Crémieux le proposaient en 1870, en abandonnant aux communes, pour les indemniser, les trois contributions suivantes :

La contribution personnelle - mobilière, celle des portes et fenêtres et celle des patentes, dont les produits réunis figurent actuellement au budget pour une somme d'environ 225 millions.

Ces trois contributions deviendraient ainsi des impôts essentiellement communaux, dont les conseils municipaux seraient chargés d'établir les tarifs suivant leurs besoins, d'après un maximum fixé par la loi.

La contribution personnelle - mobilière et celle des portes et fenêtres pourraient être réunies et ne former qu'un seul impôt de quotité.

M. Deloynes, qui ne proposait que l'abandon de ces deux dernières contributions, en les remplaçant au profit de l'État par un impôt de 5 % sur les revenus mobiliers, faisait ressortir en ces termes l'avantage de cette combinaison :

« Puisque nous ne possédons aucun moyen de fixer le revenu réel de ceux qui profitent des services municipaux, pourquoi le législateur n'appliquerait-il pas aux dépenses communales la contribution personnelle et mobilière et celle des portes et fenêtres [1]? Il ne peut pas déterminer le revenu réel; il frappe le revenu présumé qu'il reconnaît à certains signes extérieurs, tels que la valeur locative de l'habitation du contribuable. Et, voyez l'avantage : les impôts perçus au profit de l'État et ceux prélevés au profit des communes sont proportionnels au

---

1. On a vu que nous ajoutons la contribution des patentes, parce que le produit des deux autres contributions ne suffirait pas aujourd'hui à remplacer les revenus de l'octroi.

revenu réel et présumé de chacun; ils suivent deux lignes parallèles qui tendent de plus en plus à se rapprocher et à se confondre. Plus les signes auxquels s'attachera le législateur seront multiples, plus les présomptions qu'il établira se rapprocheront de la vérité et de la réalité des choses.

« De cette manière, ajoute l'auteur que nous venons de citer, l'État ne ferait pas les frais de la réforme; les contribuables, habitués à payer les impôts qui seraient abandonnés par l'État aux communes, n'éprouveraient aucune gêne de la suppression des octrois, puisqu'on ne serait pas obligé de les remplacer par d'autres taxes. Les habitants des villes seraient bien et dûment exonérés de cet odieux impôt. »

On remarquera que l'abandon des trois contributions, étant fait en faveur de toutes les communes indistinctement, les communes rurales y trouveraient la source d'importants revenus qui font aujourd'hui presque absolument défaut au plus grand nombre d'entre elles. Ces revenus les dispenseraient de solliciter à l'avenir des subventions qui s'élèvent annuellement à plus de cinquante millions, et dont le budget de l'État se trouverait allégé.

Quant aux grandes villes, les ressources qui seraient mises à leur disposition ne suffiraient pas, pour la plupart d'entre elles, à remplacer entièrement les recettes de leurs octrois; mais on leur accorderait la faculté d'élever le taux des contributions qui leur seraient abandonnées jusqu'à un chiffre déterminé. La loi devrait en outre autoriser les communes à établir des taxes directes, sous la réserve qu'elles ne seraient applicables, comme en Belgique, qu'après avoir été approuvées par la commission départementale et sanctionnées par décret présidentiel.

IX.

Conséquences de la suppression des octrois pour les villes.

Quelles seraient les conséquences de la nouvelle législation pour la ville de Paris?

Pendant les premières années, elle aurait à trouver l'équivalent des recettes brutes de son octroi, car, ne pouvant congédier brusquement le personnel qui y est attaché, elle serait obligée de donner aux employés des traitements d'attente. En Belgique, ces traitements ont été accordés pour quatre années; mais, avant la fin de la deuxième année, plus de la moitié du personnel était replacé, soit chez des particuliers, soit dans les administrations publiques.

Au début, la ville aurait donc à remplacer dans son budget des recettes une somme de 135 millions. Par l'abandon des trois contributions, elle ne recevrait que 44 millions qu'elle aurait la faculté de majorer jusqu'à concurrence de 50 0/0, ce qui lui donnerait une recette totale de 64 millions.

Par la conversion de ses dettes, la ville pourrait trouver encore une économie annuelle d'une vingtaine de millions sur les 106 millions inscrits dans son budget pour le service des rentes [1]. Enfin la suppression des octrois, en exonérant les classes peu aisées des charges

1. La ville de Bruxelles a récemment converti ses dettes au taux de 3.27 0/0, avec amortissement en 90 ans. La ville d'Anvers a converti les siennes au taux de 1r 3.24 0/0, et toutes les autres villes belges se mettent en mesure de suivre cet exemple.

si lourdes qui pèsent sur elles, permettrait à la ville de supprimer l'exemption des impôts accordée aux locataires occupant les petits logements au-dessous de 400 francs, car cette exemption ne serait plus justifiée. De ce chef, la ville trouverait encore une importante ressource que nous évaluons à 10 millions. Il n'y aurait donc à combler qu'un déficit de 45 millions. Comment la ville y parviendrait-elle ?

Il est évident que le conseil municipal serait obligé de voter de nouvelles taxes; mais, en les établissant d'après les principes adoptés par nos voisins, principes que nous résumons à la fin de cet ouvrage, il trouverait facilement les ressources nécessaires, non seulement pour faire face à toutes les dépenses, mais encore pour accomplir les travaux urgents.

La situation de la ville de Paris est d'ailleurs tout à fait exceptionnelle, car les droits d'octroi qui y sont perçus sont de beaucoup plus élevés qu'ailleurs. Le taux exorbitant de ces droits démontre mieux que tout ce qu'on pourrait dire la nécessité de leur suppression. Pendant que l'habitant des autres villes paye en moyenne 15 francs par tête, et que le maximum ne dépasse guère 30 francs, le Parisien paye plus de 60 francs.

A Lyon, le produit net de l'octroi était, en 1886, de 9,687,656 fr. 45. Le principal des trois contributions dont nous proposons l'abandon s'élève à 4,662,096 francs. En l'augmentant de 50 %, les trois contributions produiraient près de 7 millions. La seconde ville de France n'aurait donc pas à faire un grand effort pour trouver la différence à l'aide de taxes directes.

A Lille, les revenus de l'octroi atteignent 3,372,480 fr.; les trois contributions produisent 2,265,304 francs. Une augmentation de 50 % sur cette dernière somme produirait un revenu égal à l'octroi.

A Rouen, le rapport de l'octroi est de 3,300,000 fr. Les trois contributions, majorées de moitié, produiraient 2,278,385 francs. La ville n'aurait que pour 800,000 francs de taxes à établir.

A Bordeaux, le revenu de l'octroi est de 4,347,000 fr., le produit des trois contributions atteint près de 4 millions. Une majoration de 10 0/0 sur les contributions assurerait l'équilibre.

Nous n'avons pas sous les yeux un assez grand nombre de budgets pour suivre cette comparaison, mais nous avons la conviction que, dans un grand nombre de communes, les nouvelles ressources mises à leur diposition dépasseraient le revenu qu'elles retirent actuellement de leurs octrois.

Nous en trouvons la preuve dans une intéressante étude sur la suppression des octrois qui a été faite récemment par M. J. Bourgeois, député du Jura [1], et dont les comparaisons ne s'appliquent qu'aux communes à octroi de ce département. Nous les résumons dans le tableau suivant :

VILLES.	POPULATION.	PRINCIPAL DES trois contributions.	REVENU BRUT des octrois.
Lons-le-Saulnier.	12,609	80,280 fr.	174,000 fr.
Dôle	13,365	81,172	153,743
Saint-Claude. . .	8,216	49,067	109,369
Morez.	5,542	28,627	51,125
Salins	6,419	29,699	47,285
Arbois.	4,957	20,690	25,386
Poligny.	4,009	19,270	13,652
Champagnole . .	3,700	17,819	11,144
Saint-Amour. . .	2,437	10,784	8,074
Arinthod.	1,098	4,067	3,744
Orgelet.	1,720	7,678	2,312
Sellières	1,536	5,516	4,000

1. Dôle, imprimerie Armand Flusin.

On remarquera que, sauf les trois dernières communes, dont l'octroi est affermé, les chiffres ci-dessus représentent les recettes brutes qu'il faut réduire d'environ 20 %, car les frais de perception atteignent généralement cette moyenne dans les petites villes. Or, dans les trois premières de ces villes seulement, une majoration de 50 % des contributions ne suffirait pas tout à fait à équilibrer les recettes de l'octroi ; dans la 4e, la majoration de 50 % serait suffisante ; dans la 5e, il suffirait d'une majoration de 30 % ; dans la 6e aucune majoration ne serait nécessaire, et, dans les six autres, il y aurait un boni assez considérable.

Il y aurait dans les premières années des dépenses supplémentaires pour régler la situation des employés de l'octroi ; mais, dans un grand nombre de localités, le produit de la vente des bâtiments, du matériel et des terrains à l'usage des octrois, suffirait en grande partie à couvrir cette dépense qui, d'ailleurs, n'aurait qu'un caractère essentiellement transitoire.

Enfin, par l'établissement des taxes directes, frappant ceux qui ont profité des travaux pour lesquels les emprunts ont été autrefois souscrits, les communes trouveraient les ressources nécessaires à l'amortissement de ces emprunts, dont les charges ne tarderaient pas à disparaître.

X.

Conséquences de la réforme pour les communes rurales.

Nous avons vu que la suppression des octrois en Belgique avait été favorable aux communes rurales, et nous avons fait ressortir les avantages qu'elles en ont retiré.

Tout en regrettant que la situation de nos finances ne nous permette pas d'appliquer le système adopté par nos voisins, parce qu'il donnerait plus complète satisfaction aux intérêts des villes, nous tenons à constater que notre projet est, par contre, beaucoup plus favorable aux communes rurales, et qu'il est en outre plus conforme à l'équité.

En effet, les communes recevraient bien exactement la part d'impôts qu'elles payent, et elles pourraient l'appliquer à leurs besoins sans qu'on puisse prétendre que les intérêts des unes ont été sacrifiés aux intérêts des autres; tandis que cette égalité de traitement entre les communes rurales et les villes à octrois ne s'est établie en Belgique que longtemps après la réforme.

Nous ne possédons pas des éléments suffisants pour déterminer la somme qui reviendrait annuellement aux communes rurales, mais nous ne croyons pas nous éloigner de la vérité en l'évaluant à près de 50 millions. Un pareil revenu viendrait améliorer les finances communales dans des proportions considérables. Non seulement l'État ne serait plus obligé de leur venir en aide par des subventions qui sont une charge très lourde pour son budget, et qui sont très arbitrairement réparties; les communes trouveraient dans ces ressources nouvelles le moyen d'accomplir ces travaux productifs dont la confection est commandée par l'intérêt du pays tout entier. Ce sont d'abord les travaux de vicinalité, dont l'achèvement faciliterait l'écoulement des produits industriels et agricoles.

Une fois ces voies de communication terminées, les

communes pourraient porter leur attention sur le drainage et les travaux d'irrigation. Ce seraient des dépenses utiles et productives, puisqu'elles auraient pour résultat d'augmenter la fertilité du sol et d'accroître la richesse du pays.

Les ouvriers des campagnes, auxquels le travail manque en hiver, trouveraient ainsi dans leur propre commune un travail rémunérateur et ne se trouveraient plus obligés, pour échapper aux étreintes de la misère, d'émigrer dans les villes, où il ne viennent que trop souvent augmenter le nombre des nécessiteux.

Assurées d'un revenu certain, les communes qui auraient besoin d'emprunter pour l'exécution de travaux urgents, auraient un gage au moyen duquel elles obtiendraient un taux aussi avantageux que les grandes villes. Il suffirait de créer pour cela un établissement semblable à celui du Crédit communal belge dont nous avons fait ressortir les avantages, et que nous ne saurions trop recommander à l'attention du gouvernement.

XI.

Conséquences de la réforme au point de vue politique.

En résumé, le système financier que nous proposons est entièrement conforme au programme adopté par la Chambre : pas d'emprunt, pas d'impôts nouveaux, des économies.

La question des économies ne rentre pas dans le cadre de notre travail. C'est une question qui doit être examinée à part. M. René Goblet a dit avec raison que les économies sérieuses ne peuvent être obtenues que par la réforme administrative, c'est-à-dire par la décentralisation.

La suppression des octrois, par l'abandon aux communes de revenus importants, permet cependant à l'État de réduire de beaucoup le chiffre des subventions aux communes, et de réaliser par conséquent de ce chef une économie d'au moins 50 millions, somme qui représente déjà une économie importante.

En abandonnant aux communes le revenu des trois contributions directes, c'est-à-dire une somme d'environ 225 millions, et remplaçant cette somme par un impôt sur le revenu, l'État ne crée pas de charges nouvelles pour les contribuables, puisqu'il ne fait que remplacer l'impôt inique des octrois par une taxe proportionnelle qui porte également sur tous les contribuables. De cette façon l'excédent produit par la réforme de l'impôt des boissons et l'économie réalisée sur les subventions aux communes, viennent augmenter les ressources budgétaires d'une somme de 250 millions en chiffre rond qui suffit largement à équilibrer les recettes et les dépenses.

La taxe unique sur les vins, en reportant sur les campagnes une partie des charges que l'inégalité des droits actuels fait porter injustement sur les habitants des villes, imposerait, il est vrai, des sacrifices aux habitants des communes rurales: mais on va voir que ces sacrifices ne leur seraient pas imposés sans compensation.

Nous avons dit, dans notre étude de la législation belge, que la part contributive des campagnes dans le paiement des droits d'octroi avait été évalué à un cinquième.

D'après cette évaluation, qui est plutôt au-dessous de

la vérité, les habitants de la campagne payent donc aujourd'hui le cinquième de 285 millions, soit une somme de 57 millions dans l'ensemble des charges que l'octroi fait peser sur le pays. Si nous y ajoutons le temps perdu, les vexations et les ennuis de toutes sortes que procurent les octrois aux campagnards, on reconnaîtra, qu'en dehors des autres avantages que nous avons fait valoir, ces derniers seraient largement indemnisés, par la suppression des octrois, de la part qu'ils auraient à payer dans la nouvelle répartition de l'impôt des boissons ; qu'en réalité il ne leur serait imposé aucune charge nouvelle.

Nous devons reconnaître que les villes seraient moins favorisées ; mais il convient de faire remarquer que la contribution des campagnes dans les recettes de l'octroi est injustement perçue à leur préjudice.

A l'aide de ce tribut, les villes ont pu s'agrandir, créer des voies nouvelles, accomplir enfin des travaux qui ont augmenté la valeur de leurs propriétés et enrichi leurs habitants. Le principal avantage de la réforme, au point de vue de la justice distributive, est la suppression de cet état de choses qui n'a duré que trop longtemps.

« Un des caractères les plus odieux de l'octroi, a dit M. Frère Orban [1], c'est que, perçu au profit des villes, il était payé en partie par l'habitant des campagnes. En effet, celui-ci acquittait le droit sur les objets qu'il consommait pendant son séjour en ville et sur ceux dont il s'y approvisionnait. Sans parler des vexations qu'il subissait, du préjudice que lui occasionnaient les retards forcés de la visite à l'entrée des villes, il avait en outre

1. Rapport sur la suppression des octrois.

à faire l'avance de droits qu'il ne pouvait pas toujours récupérer sur le consommateur, soit à cause de la concurrence qu'il rencontrait sur le marché urbain, soit parce qu'il ne trouvait pas à vendre ses produits.

« Aussi, c'est un point qui a été particulièrement mis en lumière pendant la discussion de la loi : l'abolition des octrois était surtout demandée dans l'intérêt des populations agricoles, qui supportaient injustement et sans compensation une partie du fardeau de ces taxes.

« Pour être complète, la réforme ne devait donc pas seulement avoir pour objet de faire disparaître les lignes de douanes intérieures ; elle devait encore réparer une injustice qui allait chaque année en s'aggravant. »

Réparer cette injustice dont les campagnes ont été si longtemps victimes, en obligeant les villes, aussi bien que les communes, à pourvoir à leurs besoins au moyen de leurs propres ressources, est une obligation qui s'impose impérieusement, et cette réparation ne peut être obtenue que par la suppression des octrois.

En dehors de la diminution des droits sur les vins, les villes auraient d'ailleurs d'autres avantages qui résulteraient du rétablissement de la liberté des transactions à l'intérieur, amenée par la suppression des octrois, de ces douanes intérieures si nuisibles aux échanges.

M. Frère Orban estimait que tout ce qui nuit au développement du commerce intérieur, nuit à la production et à la consommation dans des proportions incalculables. Voici les paroles qu'il prononçait à ce sujet à la tribune de la Chambre des représentants :

« S'il est bon de chercher des débouchés pour notre industrie au dehors, combien n'est-il pas plus important de chercher à établir la liberté du commerce intérieur?

« En effet, qu'est-ce que le commerce extérieur par rapport au commerce intérieur? Le principal marché pour tous nos produits, c'est encore notre pays; celui qui a la plus grande importance pour presque toutes nos industries; il est assurément le plus important pour la première et la plus considérable : pour l'industrie agricole, car les neuf dixièmes de ses produits sont consommés sur le marché intérieur.

« Tout ce qui nuit au développement intérieur, tout ce qui vient surcharger, augmenter les frais de la production, tout cela nuit à la production, à la consommation, DANS DES PROPORTIONS QUI SONT RÉELLEMENT INCALCULABLES.

« Les pertes de temps, les vexations, les retards, les agents employés par les diverses industries qui ont des rapports avec l'octroi, les frais de toute nature qui se répètent journellement à l'égard de la masse des citoyens, donnent lieu à des dépenses tellement considérables et tellement inutiles, qu'on s'effraye à bon droit de l'influence d'une pareille institution sur le développement de la richesse et de la nation. »

Dans l'ensemble des réformes que nous proposons, et qui sont d'une réalisation si facile, l'État trouverait non seulement un excédent d'au moins 250 millions sans imposer de nouvelles charges au pays, mais il pourrait réaliser encore des économies importantes au moyen de la décentralisation administrative qui existe dans tous les pays où le régime représentatif a été établi, et que nous considérons comme la conséquence obligée de la suppression des octrois.

C'est à ce point de vue que l'envisageait M. Jules Martin.

Voici ce qu'il disait dans son rapport au conseil municipal de Périgueux :

« La question des octrois est beaucoup plus importante qu'on ne le croit généralement.

« Ce n'est pas une simple question de finances, c'est une question qui touche à l'organisation même des communes.

« En l'étudiant à fond, nous sommes forcé de voir, qu'en fait, l'organisation communale a besoin de modifications profondes et radicales pour donner naissance aux véritables institutions libérales, à la décentralisation réelle, sérieuse et féconde, la décentralisation administrative.

« Nous sommes donc naturellement conduit à examiner si ce n'est pas dans l'organisation des communes de France que se trouve le véritable nœud de la question politique et sociale du moment. »

Les partisans de la centralisation reconnaissent eux-mêmes qu'en France cette centralisation est excessive au point de vue de la tutelle que l'État exerce sur les communes.

« Cette tutelle, dit Dupont-White, a des enlacements, des intrusions qui passent toute idée. »

Un des adversaires les plus ardents de la centralisation, M. de Tocqueville, a dit de son côté : « C'est dans la commune que réside la force des peuples libres. Les institutions communales sont à la liberté ce que les écoles primaires sont à la science, elles la mettent à la portée du peuple, elles lui en font goûter l'usage paisible et l'habituent à son devoir.

« C'est cette conviction, a dit M. Émile Flourens [1]; qui a inspiré le législateur belge, quand il a fait de l'indépendance municipale la pierre d'assise de l'édifice politique. Il a constitué la commune en unité puissante, pleine de cohésion et de vie, suffisant par ses propres ressources à tous ses besoins, n'attendant du pouvoir central ni direction, ni subvention; mais retenue dans le respect des lois et de l'intérêt général par le contrôle de pouvoirs supérieurs.

« Les magistratures municipales conférant une autorité réelle, sont devenues l'ambition de tous les citoyens considérables par le mérite, la fortune ou la naissance. C'est dans l'exercice de ces fonctions, c'est en s'y montrant les initiateurs, les guides et les soutiens des classes ouvrières; c'est en veillant sur l'éducation et l'instruction du peuple et en l'aidant dans ses misères, que les hommes qui aspirent à un rôle politique apprennent le maniement des affaires administratives et se préparent à la gestion de vastes intérêts; c'est là qu'ils acquièrent l'influence à la fois la plus légitime et la plus solide. »

Quand les communes auront reconquis le droit de s'administrer elles-mêmes, elles feront bien de suivre l'exemple qui nous est donné par l'Angleterre et la Belgique. C'est d'indiquer dans la feuille d'impôt du contribuable le compte détaillé des sommes qu'il doit payer pour les services municipaux.

---

1. *Organisation judiciaire et administrative de la France et de la Belgique*, Garnier frères, 1875 (ouvrage couronné par l'Institut).

Voici, par exemple, comment le compte d'un habitant de Londres est établi :

Entretien des égouts.	1	£	8	s.	4	d.
Éclairage et pavage	5	»	15	»		
Conduite d'eau.	0	»	2	»	10	»
Gaz.	2	»	14	»	10	»
Taxe des pauvres	11	»	10			
Taxe d'administration. . . .	6	»	9	»	7	»
Taxe de la police.	2	»	17	»	6	»
Entretien de l'Église. . . .	0	»	16	»	8	»

Cette spécialisation des taxes permet aux contribuables de comparer les avantages que lui procure chaque service municipal et l'impôt qu'il acquitte. Prenant dès lors un vif intérêt à l'emploi de ses fonds, il surveille et contrôle avec plus d'attention ses mandataires au grand bénéfice des intérêts de la communauté.

Pour arriver à ce résultat, une fois le principe des taxes spéciales admis dans la législation, il faudrait en opérer la répartition en désignant les personnes qui devraient les acquitter.

La justice exigeant que ceux-là contribuent aux dépenses qui profitent des services municipaux, voici comment ce problème pourrait être résolu.

Les dépenses municipales devraient être divisées en quatre classes :

1re CLASSE. — Entretien ou amélioration des propriétés communales, traitement du gardien de ces biens, réparation des églises et presbytères, frais de cimetières, primes d'assurance des édifices communaux, intérêts et amortissement des dettes contractées pour couvrir l'une des dépenses ci-dessus, paiement des contributions mises à la charge des communes.

Ces dépenses devraient être couvertes par les revenus des propriétés communales, par les droits de péage ou autres, le produit des impôts municipaux sur les chiens, les voitures, les chevaux, les domestiques mâles; enfin, en cas d'insuffisance, par une taxe particulière sur tous les intéressés.

2ᵉ CLASSE. — Elle comprendrait toutes les dépenses ne profitant qu'aux habitants de la commune. Elles peuvent être rangées ainsi :

1° Dépenses du service des eaux, fontaines publiques, conduites d'eau ;

2° Frais de pavage et d'éclairage des rues et places ;

3° Dépenses de salubrité publique. — Traitement du médecin chargé de constater les naissances et les décès.

4° Dépenses des pauvres, parmi lesquelles prennent naturellement place la rétribution de la sage-femme et du médecin des pauvres, les frais faits pour les écoles gratuites, destinées aux enfants pauvres, et les secours aux indigents de la commune.

Ces dépenses seraient couvertes à l'aide de l'excédent des recettes de la 1ʳᵉ classe. Pour parfaire la différence, on établirait des taxes spéciales qui seraient réparties entre les habitants de la commune au prorata du principal réuni de l'impôt personnel-mobilier et celui des portes et fenêtres.

3° CLASSE. — Elle comprendrait les dépenses qui profitent à la fois aux habitants et à la propriété bâtie. Tels sont, par exemple, les frais du service contre l'incendie, personnel et matériel).

Ces dépenses seraient supportées moitié par les habitants, moitié par ceux qui possèdent des propriétés bâties dans la commune. Elles seraient réparties entre les habitants au prorata du principal réuni des impôts personnel et mobilier et des portes et fenêtres, entre les propriétaires au prorata du revenu cadastral de leurs propriétés bâties.

4° CLASSE. — Enfin viennent les dépenses d'intérêt véritablement général qui profitent à tous indistinctement, aussi bien à ceux qui

habitent la commune qu'à ceux qui y possèdent des propriétés.
Telles sont :

1° Les dépenses de voirie, chemins vicinaux, ponts, canaux et fossés pour l'écoulement des eaux ;

2° Les frais d'administration et de police.

Ces dépenses seraient couvertes par des taxes locales réparties par tiers entre les propriétaires au prorata de l'impôt foncier, les habitants au prorata du principal des contributions personnelle et mobilière et des portes et fenêtres, et les commerçants et industriels au prorata de l'impôt des patentes.

Nous ne pouvons que nous associer au vœu si éloquemment exprimé dans les lignes suivantes par M. Deloynes, auquel nous avons emprunté la classification ci-dessus.

« Cette répartition des charges communales serait conforme aux règles de la plus stricte justice, car elle ferait payer la dépense à ceux-là mêmes qui en retirent un avantage. L'introduction dans nos administrations communales de ces taxes spécialisées rendrait facile le contrôle des intéressés; nous verrions reparaître l'antique patriotisme des localités, renaître la vie locale, parce que nous lui aurions restitué son intérêt. La publicité, la discussion formeraient des citoyens aussi actifs, aussi éclairés et aussi instruits que ces membres du Tiers-État qui, préparés par la vie communale à la gestion des intérêts publics, ont accompli l'œuvre immense de 1789 et régénéré la France. »

Un grand nombre d'écrivains, d'origines et d'opinions différentes, sont d'accord pour reconnaître que l'insuccès des tentatives faites, à partir de 1814, pour fonder des institutions libres, est dû principalement au maintien de l'organisation administrative de l'an VIII. Nous citerons, au nombre de ces écrivains, MM. de Rémusat, Laboulaye, Le Play, Léonce de Lavergne, Odilon Barrot, Prévost-Paradol, Lanfrey, Paul Leroy-Beaulieu.

Qu'on veuille bien méditer ce passage que nous trouvons dans les *Études et Portraits politiques* de M. Lanfrey :

« ... La centralisation à la base et la liberté au sommet, tel est le plan uniforme de nos conceptions politiques, de quelque opinion qu'elles procèdent. C'est à ce contre-sens qu'on doit principalement attribuer la caducité précoce dont le régime constitutionnel a été atteint en France. De là ce dépérissement mystérieux, inexplicable qui se dissimulait sous les dehors les plus brillants, qui était signalé par les moins clairvoyants, et dont personne ne savait pénétrer, ni l'origine, ni la vraie nature. Aujourd'hui, à force d'y songer, on est arrivé à comprendre qu'avec des individus anihilés par une administration qui partout se substitue à leur activité, sous prétexte de les dispenser de la pénible obligation de faire leurs propres affaires, les plus belles constitutions demeurent stériles. Le régime constitutionnel vit surtout de mouvement intérieur. Or, la centralisation ne se développe qu'aux dépens de ce mouvement. Plus ses attributions s'étendent, plus on voit augmenter l'inertie de la nation et par suite l'immobilité du gouvernement, à moins qu'il ne se jette dans les grandes entreprises militaires, remède souvent pire que le mal.

« Aussi, les esprits qui ont médité sur les dernières phases de notre histoire, jugent généralement que pour fonder en France la liberté avec quelque chance de durée, il ne suffit pas de donner une tribune à quelques beaux diseurs, il faut intéresser directement au maintien des institutions la grande masse des citoyens. Ce résultat, on ne peut se flatter de l'avoir obtenu en leur reconnaissant une part de souveraineté infinitésimale et pour ainsi dire abstraite; ce qu'il leur faut, c'est une participation active et personnelle à toutes les affaires qui les touchent et qui sont à leur portée. »

« ... Ce qui fait qu'il y a si peu de gens chez nous pour s'intéresser à la chose politique, c'est qu'il n'y a pas à proprement parler de chose publique. Les biens que ce mot désigne, l'administration est habituée à les considérer comme sa propriété. Le Code civil dit cependant, au chapitre de la tutelle, que tous les biens du mineur lui seront rendus à l'époque de sa majorité... »

Le suffrage universel a émancipé ces mineurs, ou il est un non-sens. C'est dans la décentralisation que nous trouverons le remède aux maux dont nous souffrons. C'est le seul moyen d'atténuer la portée du suffrage universel, absolument incompatible avec le régime parlementaire pratiqué dans les conditions actuelles. Nous venons d'en faire une triste expérience, et la vérité doit luire enfin aux yeux des moins clairvoyants.

Un ancien préfet, M. J. Ferrand, qui a publié en 1879 un livre très remarquable sur la décentralisation [1], donnait aux républicains le conseil suivant :

« A l'heure actuelle, le gouvernement de la République rallie aisément, dans la plupart des scrutins, la majorité des suffrages. Puisse-t-il ne pas oublier que la

____

1. *Des institutions administratives en France et à l'étranger*, Paris, Guillaumin et C⁰.

monarchie de 1814, la monarchie de 1830, le second Empire, ont obtenu, à leurs débuts, les mêmes succès; mais que ces trois régimes étant demeurés sans institutions locales vivantes, sans instruments d'éducation constitutionnelle et de préservation vraie, n'ont eu qu'une durée de quinze à vingt ans! Puisse aussi chacun de nous se convaincre que la liberté n'est pas un don gratuit de la fortune et encore moins des révolutions; qu'elle s'acquiert, se développe et se conserve par le travail, l'union, la modération, par la haute culture intellectuelle et morale! »

C'est pour n'avoir pas suivi ce conseil que le parlementarisme est devenu aujourd'hui à peu près impuissant, et qu'il a provoqué une véritable explosion de mécontentement dans le pays.

Il lui est encore loisible de se réhabiliter dans l'esprit des populations, en diminuant les charges qui pèsent sur les contribuables, en opérant une répartition plus équitable de l'impôt, en supprimant les octrois et, sans nuire à l'unité politique de la France plus que jamais nécessaire en présence des dangers extérieurs dont elle est menacée, en rendant aux communes, dans la mesure du possible, la gestion de leurs intérêts; mais qu'il se hâte et ne perde pas une minute en discussions stériles. C'est seulement par des réformes utiles et pratiques qu'il peut regagner le terrain perdu, et fonder enfin sur des bases solides les institutions républicaines.

XII.

Conclusion.

Dans une note émanant d'une commission nommée en 1865 par une assemblée d'agriculteurs et d'économistes, pour s'occuper des réformes que réclamait l'agriculture, il est dit que le maintien persistant des octrois, de ce réseau de douanes intérieures, au moment où l'on applique à nos relations commerciales avec l'étranger le principe du libre-échange, constitue une étrange anomalie. Ce n'est pas le seul vice essentiel du régime des octrois. Il crée entre les villes et les campagnes une inégalité qui n'est pas moins contraire aux principes élémentaires du droit public qu'aux maximes d'une saine économie politique. Il a pour effet de restreindre à la fois la consommation et la production, de favoriser la fraude et la sophistication systématique des boissons, et il porte ainsi des atteintes également funestes à la richesse nationale.

Après avoir fait ressortir les vices de l'impôt des boissons, et constaté que le résultat de ce système fiscal était la restriction de la consommation du vin, l'abus des liqueurs fortes et l'altération des boissons; après avoir conclu à la taxe unique proposée par M. le comte de Chabrol, l'auteur de la note se demandait si, comme conséquence obligée, il ne conviendrait pas de passer sans transition, comme l'ont fait avec succès les nations voisines, à la suppression pure et simple des octrois. « Cette suppression, disait-il, ne saurait être considérée comme une chimère. L'Angleterre, les États-Unis, la Prusse, le Hanovre, la Suisse, la Belgique, ont réalisé cette importante réforme; et sans entrer dans le détail des combinaisons financières qui ont été émises et discutées pour procurer aux communes les ressources que leur fournissent les octrois, il suffit d'indiquer les deux principaux systèmes qui ont particulièrement fixé l'attention des économistes et des hommes d'État. Dans le premier de ces projets, proposé par J.-B. Say et soutenu par M. Glais-Bizoin, l'État ferait abandon aux communes de l'impôt personnel et mobilier, de l'impôt des patentes et des portes et fenêtres; dans le second, qui a été appliqué en Belgique, on formerait un fonds commun auquel seraient appelés à prendre part toutes les communes.

« Il est presque superflu d'ajouter que la réforme des octrois serait incomplète si elle n'était accompagnée de la réforme de l'impôt des boissons. Cet impôt se divise aujourd'hui en trois branches : le droit de *circulation*, le droit de *détail* et le droit *d'entrée*. Le plus onéreux de ces droits est sans contredit le droit *d'entrée*. Réuni aux deux premiers et à la taxe d'octroi, il arrive souvent à dépasser la valeur de l'objet imposé ; et comme il frappe tous les produits sans distinction de qualité, il pèse plus lourdement sur ceux qui entrent dans la consommation la plus générale.

« Le droit de *circulation* donne lieu à des réclamations nombreuses qui se fondent moins sur le taux assez modéré de ce droit que sur les formalités vexatoires attachées à sa perception ; il impose une gêne et, par suite, un obstacle à la production. Il apporte une entrave à la liberté du commerce, et il donne lieu à des fraudes fréquentes et nombreuses.

« Le droit de *détail* soumet les habitants au régime tracassier et inquisitorial de l'exercice ; il renchérit, au préjudice des classes pauvres, le prix de la consommation et du détail.

« L'impôt sur les boissons, maintenu en principe, doit être au moins profondément modifié dans son assiette et dans son mode de perception. Il n'appartient pas, on ne saurait trop le répéter, aux populations qui font valoir à cet égard leurs légitimes griefs, d'indiquer au gouvernement les bases nouvelles sur lesquelles devrait être établi dans l'avenir l'impôt sur les boissons ; mais il sera permis de signaler à l'attention de ceux qui ont pour mission de recueillir les vœux du pays et d'y satisfaire, le projet de réforme que présentait M. de Chabrol dans le rapport déjà cité du 15 mars 1830 et dont les événements ont interrompu la réalisation. »

Nous croyons, en effet, étant donné le chiffre considérable de 285 millions auquel se montent les recettes de l'octroi, qu'il n'y a pour la France que ces deux systèmes : ou celui que nous proposons d'après J.-B. Say et Glais-Bizoin, ou celui de la Belgique qui a remplacé ses taxes d'octroi par une augmentation des impôts généraux, notamment par une surtaxe des droits d'accise sur les bières et les alcools indigènes.

On s'accorde à reconnaître en France qu'il est impossible d'augmenter les droits sur les boissons hygiéniques. Il y a plutôt une tendance à les dégrever, et à faire supporter la plus grande partie de l'impôt des boissons par les alcools.

Un certain nombre d'économistes et d'hommes d'État pensent, en effet, que l'impôt des octrois pourrait être supprimé au moyen d'une forte augmentation du droit sur les alcools.

C'était le vœu de la commission sénatoriale présidée par M. Claude (des Vosges). M. Édouard Hervé, directeur du journal *le Soleil*, a demandé le doublement de l'impôt sur l'alcool pour appliquer le montant de la surtaxe à la suppression des octrois.

M. Hervé reconnaissait que ce mode de remplacement n'était pas parfait ; mais, s'appuyant sur les discours prononcés à la Chambre par M. Lebaudy et par M. Germain, dans lesquels ces deux députés ont essayé de prouver que l'on peut doubler l'impôt sur l'alcool sans qu'il en résulte une *diminution de consommation*, l'honorable directeur du *Soleil* disait ceci : « M. le ministre des finances a reconnu que l'impôt sur l'alcool était une mine inépuisable qu'il fallait exploiter, mais que, préalablement, il était bon de rechercher à quels dégrèvements seraient employées les ressources ainsi créées. Or, étant donné que l'impôt sur l'alcool est admis en principe, qu'il ne s'agit plus pour le demander aux Chambres que de connaître à quels dégrèvements les plus profitables au pays on pourrait l'appliquer, j'estime qu'en supprimant les octrois on accomplirait l'œuvre la plus belle, la plus féconde que l'on puisse réaliser avec cette somme qui représenterait à peu près le montant des droits actuels. »

Nous ne croyons pas qu'on puisse porter le droit sur les alcools à un taux si élevé. Une pareille surtaxe serait évidemment condamnée par l'opinion. Tout au plus pourrait-on élever cet impôt au chiffre de 215 francs que proposait M. Sadi Carnot, alors ministre des finances, dans le projet de loi qu'il a présenté à la Chambre des députés le 16 mars 1886.

Appliquant ce droit de 245 francs aux 2,250,000 hectolitres que nous croyons pouvoir mettre sous la main du fisc, on obtiendrait une nouvelle ressource pour le Trésor de 132 millions, ce qui porterait l'excédent que nous avons trouvé dans la réforme des boissons au chiffre d'environ 320 millions, somme qui serait à peu près suffisante pour la formation du fonds commun si l'on voulait adopter le système belge, et qui pourrait être répartie entre toutes les communes au prorata du principal de la contribution personnelle et du principal des patentes.

On sait que l'augmentation du droit sur les alcools rencontre une grande résistance à la Chambre qui l'a déjà repoussée. Le droit de 245 francs proposé par M. Sadi Carnot n'avait cependant rien d'exagéré, si on le met en regard des droits perçus dans d'autres pays.

En effet, ces droits sont en Angleterre de 477 fr. 49; de 260 fr. 54 en Russie; de 252 francs dans les Pays-Bas; de 245 fr. 36 aux États-Unis, et de 240 francs au Canada.

L'augmentation du droit sur les alcools, même à un chiffre plus élevé que celui de M. Sadi Carnot, se justifierait d'ailleurs dans le cas qui nous occupe, puisqu'elle serait destinée à remplacer les impôts de l'octroi dont la répartition est si injuste et la perception si coûteuse.

Il serait facile en outre, pour augmenter les ressources du Trésor en vue d'obtenir l'équilibre du budget et de rétablir l'amortissement, de trouver bientôt d'autres recettes dans l'augmentation des droits de douane sur certaines marchandises. La prochaine expiration des traités de commerce permettra de relever nos tarifs pour protéger notre industrie contre la concurrence étrangère. Nous ne ferions, en ceci, qu'agir de représailles envers nos voisins.

Les droits de succession peuvent être également l'objet d'un relèvement. Les droits perçus en Belgique, depuis la loi du 28 juillet 1879, sont beaucoup plus élevés que les nôtres, et l'on a unanimement reconnu chez nos voisins la justice de cette surtaxe.

En établissant un fonds commun, et en le répartissant comme nous l'avons dit plus haut, les grandes villes ne recevraient pas, comme en Belgique, l'équivalent des recettes actuelles de leurs octrois. La ville de Paris, notamment, qui se trouve, il est vrai, dans une situation exceptionnelle, n'aurait évidemment pas dans sa part du fonds commun une indemnité suffisante; mais il convient de remarquer que, si l'on a eu raison chez nos voisins d'accorder aux communes à octroi un revenu égal, c'est qu'on prévoyait en 1860 que l'accroissement des villes augmenterait leurs besoins dans des proportions considérables. Aujourd'hui les villes, en général, paraissent avoir acquis leur plus haut degré de développement. Les grands travaux, les embellissements, sont à peu près terminés. Leurs plus lourdes charges consistent dans leurs dettes qu'une administration sage et économe doit avoir pour but d'éteindre le plus tôt possible, et leur part dans le fonds commun leur en faciliterait les moyens. Quant au déficit qui existerait entre leurs recettes actuelles et les ressources qui seraient mises à leur disposition par l'État, il serait facilement comblé par le produit de taxes directes.

Nous n'insistons pas davantage sur ce système qui, nous l'avouons, aurait toutes nos préférences, car il a de grands avantages, ainsi que nous avons essayé de le démontrer dans notre rapide examen de la législation belge; mais ne reculerait-on pas devant la somme considérable que nécessiterait la formation d'un fonds commun? C'est au gouvernement qu'il appartient de se prononcer sur la question, car il possède seul les éléments d'appréciation qui permettent de choisir entre les moyens propres à amener la solution du problème.

Nous croyons devoir reproduire l'opinion d'un écrivain que nous tenons en grande estime, car, en ce temps d'affaissement moral, il a donné un grand exemple en abandonnant le pouvoir parce qu'il ne pouvait y appliquer ses principes.

Dans ses *Études constitutionnelles, économiques et administratives*[1], M. J.-J. Clamageran parle ainsi de l'octroi :

« L'octroi a au suprême degré tous les inconvénients des impôts de consommation : il est souvent progressif à rebours, il gêne la circulation des marchandises, et il coûte à percevoir, en moyenne, trois fois plus que l'impôt direct. Il a été aboli en Belgique il y a quelques années. Il est inconnu aux États-Unis et en Angleterre, pays où les centres urbains sont plus considérables et plus nombreux que chez nous. En abaissant les barrières à 1,525 communes qui lèvent, comme au moyen âge, tribut sur les productions du dehors, nous ne ferions qu'imiter les peuples les plus civilisés des deux mondes,

1. *La France républicaine*, Paris, Félix Alcan, 1872.

et nous accomplirions, dans le cercle des intérêts économiques, une œuvre qui conviendrait doublement, car elle serait à la fois unificatrice et libérale.

« Quel serait le meilleur moyen de remplacer les recettes fournies par les octrois municipaux? Il ne faudrait pas, au début des réformes fiscales que nous proposons, surcharger l'impôt sur les revenus qui doit occuper une grande place dans le budget de l'État. On pourrait prendre une taxe intermédiaire, d'un caractère mixte, atteignant sinon l'ensemble des ressources, du moins l'ensemble des dépenses. La taxe sur les valeurs locatives remplit à peu près ces conditions.

« Il est vrai que la dépense du loyer est relativement plus forte quand l'aisance est moindre; mais ce défaut est facile à corriger : il suffit de rendre le taux de la taxe légèrement progressif, ce qui se fait déjà à Paris pour la perception de la contribution mobilière. »

Le système que nous proposons, est, comme on le voit, entièrement conforme aux idées de l'honorable sénateur.

Envisageant la nécessité de l'élévation des taxes locatives, pour remplacer les produits de l'octroi dans les grandes villes et surtout à Paris, M. Clamageran fait les réflexions suivantes :

« Si la taxe locative est plus juste que l'octroi, quelque élevée qu'elle soit, elle est préférable : plus on la trouvera exorbitante, plus on démontrera que l'octroi est monstrueux. Supposons même les deux taxes également justes, l'octroi devrait encore être sacrifié, car il coûte 5 ou 6 millions de plus qui sont perdus pour tout le monde[1]. Les villes américaines prospèrent avec des

______

1. Il n'est question ici que de la ville de Paris.

taxes de 1 ou 2 % sur le capital, qui équivalent à 10 ou 20 % du revenu, en tenant compte du taux élevé de l'intérêt. Une taxe locale de 25 % représente tout au plus un impôt de 4 ou 5 % sur le revenu. Comment admettre qu'elle soit écrasante pour nous, quand nous savons qu'une charge deux ou trois fois plus lourde ne fait pas fléchir les forces et n'empêche pas l'accroissement des vastes et nobles cités bâties sur l'autre rive de l'Atlantique?

« Dans les villes de second ordre et dans les campagnes à demi rurales, où la densité de la population est faible, la réforme serait plus facile qu'à Paris ; elle serait surtout plus fructueuse, car on économiserait en frais de perception, non pas 5 ou 6 %, mais 15 ou 20 % du produit brut de l'octroi. »

Il ressort de ce qui précède que l'abandon des trois contributions que nous proposons en faveur des communes, remplit le but que se proposait M. Clamageran, ces contributions ayant pour base la valeur locative de l'habitation des contribuables. L'impôt général, comme l'a posé en principe M. le comte de Chabrol, étant exclusif de l'impôt local, il est évident qu'il serait impossible d'établir des taxes sur les loyers, si l'État percevait en même temps la contribution personnelle-mobilière et celle des patentes. On va voir par ses conclusions, auxquelles nous nous associons pleinement, que M. Clamageran est absolument convaincu de la nécessité d'opérer les réformes fiscales, et il en fait ressortir éloquemment les avantages dans les termes suivants :

« La transformation graduelle de l'impôt en vue d'une répartition plus simple, plus franche et plus juste, exercerait sur nos mœurs, sur notre état social et sur notre avenir, l'influence la plus heureuse. La propriété serait entourée d'un respect d'autant plus grand qu'on la verrait prendre sa part des charges publiques d'une manière plus directe et dans une proportion plus forte. Les profits des commerçants et des industriels seraient moins enviés, l'imagination populaire ne les grossirait pas outre mesure, si le nuage qui les couvre était moins épais, s'ils apparaissaient tels qu'ils sont, sans feinte et sans détour, comme une chose légitime et honorable qui ne se cache pas, mais qui au contraire s'étale au grand jour. La partie la plus aisée et la plus éclairée de la nation, donnant l'exemple des sacrifices patriotiques, gagnerait la confiance des masses qui ont besoin d'elle pour s'affranchir de leur ignorance et de leur misère, et dont elle doit se rapprocher à son tour, si elle veut échapper aux commotions violentes, si elle ne veut pas croupir dans les bas-fonds insalubres d'un conservatisme égoïste. La liberté des échanges et de toutes les transactions stimulerait l'activité individuelle. Soumis à un système de perception qui épargnerait au commerce les formalités et les retards inutiles, nous comprendrions mieux que le temps a une valeur, que dans l'ordre civil, comme dans l'ordre militaire, il ne suffit pas de faire bien, il faut faire vite, sous peine de compromettre les projets les plus sages, les combinaisons les plus fécondes. Nous prendrions enfin une initiative courageuse, et cela seul nous relèverait aux yeux de l'Europe.

« Pénétrons-nous bien de cette idée qu'un peuple tombe en décadence dès qu'il se voue à la routine, dès qu'il cesse de servir la cause du progrès. Nous l'avons servie jadis, cette grande cause, avec trop d'impétuosité et trop peu de constance. Aujourd'hui nous devons la servir encore avec non moins d'énergie, mais plus de réflexion, plus de calme, plus de fermeté. »

Nous croyons trouver, dans ces réflexions si sages et si justes, l'approbation des moyens que nous proposons pour l'abolition des octrois. L'abandon des trois contributions directes et l'établissement d'un impôt sur le revenu nous paraissent être en effet la conséquence obligée du système de réformes que préconisait l'honorable sénateur.

Nous avons la profonde conviction que les moyens financiers que nous proposons en remplacement des octrois sont équitables et d'une réalisation facile, car la majorité de la Chambre s'est déjà prononcée sur la nécessité de la réforme des boissons. Elle a voté en outre un projet de résolution invitant le gouvernement à lui apporter un projet d'impôt sur le revenu. A moins de se déjuger, et d'accroître ainsi l'impopularité que la stérilité de leurs efforts leur a valu dans le pays, les représentants sont tenus de réaliser ces deux réformes avant la fin de la législature, s'ils ne veulent être sévèrement condamnés aux prochaines élections par le suffrage universel.

La Chambre est saisie de la question de la suppression des octrois; il faut que cette réforme s'accomplisse et, cependant, la commission nommée pour l'étudier a déjà suspendu ses travaux. Qu'attend-elle? Pourquoi ces lenteurs lorsque le temps presse et que le pays souffre de la situation financière actuelle?

Le gouvernement va bientôt apporter les projets de réformes destinés à remédier à cette situation, mais qu'il se hâte, car il n'y a plus un seul instant à perdre.

Nous ne saurions mieux faire, pour terminer, que de livrer aux méditations des législateurs le passage suivant du rapport de la section centrale de la Chambre belge sur le projet de M. Frère Orban, relatif à la suppression des octrois :

« Poursuivie sans succès depuis plus de trente ans, la proie malfaisante des octrois nous est enfin livrée; elle est dans nos mains, nous n'avons qu'à lui donner le coup de la mort; et nous irions, pusillanimes ou maladroits, la laisser s'échapper, sauf à ne plus pouvoir la reprendre avant un quart de siècle! Ah! c'est alors que l'étranger, qui a les yeux fixés sur nous, nous dirait avec un ironique reproche : « A quoi bon être en possession de *self government*, cette arme terrible contre tous les abus, si l'on n'est pas capable de s'en servir pour abattre un des plus funestes anachronismes des temps modernes?

« La nation tout entière, la réforme étant accomplie, ne pourra t elle pas s'écrier : « La Belgique s'efforce ici « encore de rester à la tête de la civilisation moderne; « à tous les progrès déjà acquis, elle vient d'ajouter un « progrès presque inconnu ! »

« L'Angleterre, la nation progressive par excellence, n'est pas délivrée jusqu'ici de certains droits dans ses villes, et notre patrie monarchique et libre n'a rien à envier désormais, sous ce rapport, à l'Amérique républicaine et démocratique.

« Ne l'oublions pas! la liberté sage et pratique est le degré par lequel les citoyens s'élèvent à toutes les vertus civiques; la légitime fierté et le bien-être d'un peuple sont les plus solides remparts de son indépendance !

APPENDICE

APPENDICE

LES TAXES COMMUNALES EN BELGIQUE

Nous empruntons aux publications de M. Hubert Léemans, directeur général au ministère de l'intérieur et de l'instruction publique de Belgique, qui nous y a gracieusement autorisé, tous les éléments de l'exposé très sommaire qui va suivre.

Nous saisissons cette occasion pour remercier publiquement l'auteur du *Traité des impositions communales directes établies en Belgique* des renseignements et des documents qu'il a bien voulu mettre à notre disposition pour l'étude de la législation belge. C'est grâce à son inépuisable complaisance que nous avons pu donner une idée exacte de la suppression des octrois si heureusement accomplie par nos voisins, et rendre justice aux hommes éminents qui ont entrepris et mené à bien cette importante réforme.

I.

Les cotisations personnelles.

Quand leurs revenus sont insuffisants, les communes belges sont autorisées à établir un impôt dit *cotisation personnelle* ou capitation répartie sur les habitants.

Les cotisations personnelles sont *permanentes* ou *temporaires*.

Cette taxe a toujours été impopulaire ; la nécessité pouvait seule la justifier.

Avant l'établissement du fonds communal, les ressources des communes étant souvent insuffisantes, la perception de cette taxe était autorisée.

On n'en avait pas moins reconnu que l'équité de cet impôt était contestable, parce qu'il n'atteignait pas dans une proportion exacte le contribuable dans son revenu particulier et en raison des avantages qu'il retirait de la communauté.

La difficulté d'établir cette proportion constituait le vice essentiel de la cotisation personnelle. Aussi n'avait-elle que peu de partisans.

Les Chambres et le gouvernement, reconnaissant les inconvénients de la cotisation personnelle, ont tenté de la faire disparaître, ainsi qu'il résulte de la proposition qui faisait l'objet de l'article 4 du projet de loi relatif à l'abolition des octrois communaux, du rapport de la section centrale de la Chambre des représentants, et d'une circulaire de M. le ministre de l'intérieur en date du 11 août 1860.

Ces autorités avaient manifesté le désir *de voir cesser la perception* des cotisations personnelles, après toutefois que les conseils communaux se fussent bien assurés qu'il était entièrement satisfait, par les autres ressources communales, à toutes les dépenses obligatoires et surtout à celles concernant l'instruction primaire et la voirie vicinale.

L'article 4 fut reconnu inutile, parce qu'on prévoyait, en établissant le fonds commun, que les municipalités renonceraient elles-mêmes à cet impôt quand elles auraient d'autres ressources; c'est ce qui est arrivé.

Dès la première année de l'application de la loi abolitive des octrois, la part attribuée aux communes sur le fonds commun, quoique bien faible encore, leur permit de réduire de 850,000 les cotisations personnelles.

L'expérience faite en Belgique d'une taxe communale sur le revenu ne doit pas encourager les communes françaises à la renouveler. Nous croyons devoir indiquer cependant les précautions qui avaient été prises pour en assurer une répartition équitable.

Quand l'autorisation de répartir une contribution avait été

accordée, le projet de rôle de répartition, après avoir été arrêté provisoirement par le conseil communal, devait être soumis, pendant quinze jours au moins, à l'inspection des contribuables de la commune, sur l'avis qui en avait été préalablement publié par le collège des bourgmestre et échevins; pendant ce temps, les contribuables qui se croyaient lésés par leur cotisation pouvaient réclamer auprès du conseil communal.

Quelle que fût la décision du conseil sur les réclamations, il était tenu de joindre à l'envoi qu'il en faisait à la députation permanente du conseil provincial toutes les demandes, requêtes, réclamations qui lui avaient été adressées contre lesdits projets.

Il est à remarquer, en ce qui concerne la *base* de répartition de la cotisation personnelle, que le législateur n'avait pas prescrit de règle à suivre à cet égard.

Les communes étaient donc libres d'arrêter, sous l'approbation du roi, telles bases qu'elles jugeaient utiles pour obtenir une répartition juste et équitable de la taxe.

Les bases généralement adoptées, sont la consommation présumée, combinée quelquefois avec la fortune présumée, ou avec la valeur locative.

Nous n'en dirons pas davantage sur cette taxe. Si le principe pouvait en être adopté par nos conseils municipaux, nous leur conseillerions, pour en connaître exactement le mécanisme, tant au point de vue de son établissement que de son recouvrement, de se reporter au livre de M. Hubert Léemans qui leur donnera à ce sujet les renseignements les plus complets [1].

II.

Taxe sur les établissements industriels.

Contrairement au principe qui sert de base à la répartition de la cotisation personnelle, la taxe sur les établissements

---

1. *Des impositions communales en Belgique.* Librairie polytechnique d'Auguste Deck, à Bruxelles et à Liège.

industriels ne frappe pas *les personnes*, mais *les établissements industriels qui se trouvent sur le territoire de la commune*, et qui sont exploités par une ou plusieurs personnes étrangères à la localité, ou bien par une société anonyme soit en nom collectif, soit en commandite.

Les bases de la répartition de cette taxe sont :

A. La nature ou le genre de commerce ou d'industrie exercé dans l'établissement;

B. Le chiffre réel ou présumé des bénéfices qui y sont réalisés.

Pour la fixation des cotes des contribuables, le conseil communal a égard :

1° Au chiffre et à la nature du droit de patente payé par le commerçant et l'industriel;

2° Au capital engagé dans les opérations ou à l'importance des affaires;

3° A l'importance plus ou moins considérable, soit du personnel des ouvriers attachés à l'établissement, soit du matériel ou des machines qui y fonctionnent.

L'établissement de cette taxe a été contesté en droit, mais la Cour de cassation, dans un arrêt fortement motivé, a donné tort aux plaignants.

L'arrêt vise les trois moyens du pourvoi. Le premier portait sur l'application générale des lois en matière d'impôts et les deux autres plus spécialement le droit des communes. Nous citons les deux derniers qui ont été rejetés en ces termes :

« Sur le deuxième moyen, consistant dans la violation de l'art. 110, § 3, de la Constitution, en ce que le demandeur est frappé d'une taxe établie par un conseil communal dans lequel il n'est point représenté, parce qu'il n'habite pas la commune, et dont le vote, par conséquent, ne saurait impliquer son consentement; que, d'ailleurs, elle atteint la fabrication d'objets qui ne sont pas destinés à la consommation de cette commune :

« Considérant que toute commune étant une société politique qui a son existence propre et un territoire délimité par la loi (art. 3 de la Constitution), il est de l'essence de l'autorité communale qui la représente d'exercer ses pouvoirs constitutionnels et légaux dans toute l'étendue de son ressort territorial, non seulement sur les personnes qui l'habitent, mais aussi sur les immeubles qui y sont situés, sur les objets qui s'y trouvent et les industries qui s'y exercent.

« Sur le troisième moyen, tiré de l'art. 112 de la Constitution, qui interdit tout privilège en matière d'impôts :

« Considérant que la taxe communale créée par la délibération du conseil communal de Molenbeek-Saint-Jean, du 20 mars 1856, frappe sans distinction tous les forains qui ont dans la commune des établissements commerciaux ou industriels ; que cette disposition est par conséquent exclusive de tout privilège :

« Par ces motifs :

« Rejette le pourvoi, condamne le demandeur à l'amende de 150 francs, à une indemnité de pareille somme envers la défenderesse et aux dépens.

Au point de vue de l'équité, la taxe dont il s'agit ne pouvait pas être critiquée.

En effet, les exploitants des usines, fabriques, etc., bien qu'étrangers à la commune, profitent de tous les avantages de la communauté, par exemple : de la police, de la voirie, de l'éclairage public, etc.

D'un autre côté, ces établissements industriels attirent un grand nombre d'ouvriers qui, tôt ou tard, peuvent tomber à charge de la commune, par suite de crises industrielles ou autrement, et y acquérir leur domicile de secours.

Dans un rapport présenté au conseil communal, le 14 décembre 1864, l'honorable M. Piers, échevin de la commune de Molenbeek-Saint-Jean, commune qui se trouve à peu près dans la même situation que les communes situées en dehors de l'enceinte de Paris, fait très bien ressortir l'équité et la nécessité de la taxe sur les établissements industriels.

Nous citons la fin de son rapport :

« On sait que la loi du 18 février 1845, dont notre localité subit aujourd'hui en plein les tristes conséquences, indique comme commune où l'indigent a droit aux secours publics, celle où il a habité pendant huit années consécutives, et ce nonobstant des absences momentanées.

« Avec l'accroissement de la classe ouvrière, attirée par les nombreux ateliers et usines, le budget de la bienfaisance n'a pas cessé d'augmenter, à tel point que cet état de choses commande aujourd'hui la plus sérieuse attention des administrateurs de la commune.

« Un fait avait depuis longtemps frappé les esprits. C'est que le plus grand nombre des établissements industriels ou commerciaux étaient exploités par des personnes n'ayant à Molenbeek-Saint-Jean ni leur domicile ni leur résidence.

« Ces exploitants retiraient de la commune tous les avantages des services publics, y introduisaient, par leurs usines, des inconvénients de toute nature pour les habitants, dépréciaient les propriétés avoisinantes, éloignaient la classe aisée, et, en sus de tout cela, mettaient à charge de la bienfaisance publique une multitude d'ouvriers, provoquaient des dépenses considérables en fait de police, d'éclairage, de voirie et d'instruction. Et, cependant, ils n'intervenaient pour rien, ou presque rien dans les charges communales, tandis que les citoyens de la commune voyaient graduellement s'aggraver leurs impôts.

Dans d'autres communes, un impôt de quotité a été mis sur les établissements industriels, et cet impôt est recouvrable au moyen de rôles nominatifs. Nous citerons celui qui a été établi dans la commune de Seraing :

« Il est établi en cette localité une taxe communale annuelle à charge :

« A. Des entreprises industrielles exploitées dans la commune par des sociétés anonymes ;

« B. De toute houillère, carrière, mine ou minière quelconque ayant un siège d'extraction dans la commune :

« C. De toute entreprise industrielle ou commerciale sur le territoire de la commune et dont la patente est inscrite au rôle d'une autre localité.

« Cette taxe a pour base le nombre d'employés, d'ouvriers et d'ouvrières attachés à l'entreprise.

« Le taux de la taxe est fixé à raison *de 75 centimes* par personne occupée dans les dits établissements et exploitations. Mais on admet en déduction de cette taxe, en faveur de chacune des sociétés indiquées au titre A ci-dessus, la somme payée par elle à titre de centimes additionnels au droit de patente au profit de la commune. »

Remarquons que la taxe est basée sur le nombre d'ouvriers et à 75 centimes par tête, et non sur les bénéfices des sociétés anonymes.

Celles-ci payent une patente fixée à 1 2/3 0/0 des bénéfices. Il s'ensuit qu'en temps de malaise industriel, ces sociétés ne payent rien, tandis que les charges résultant pour la commune de la centralisation d'une grande population ouvrière, ne font que croître dans ces circonstances à raison des besoins de la charité publique.

De là ressortent la nécessité et la légitimité d'une taxe régulatrice établissant en quelque sorte un *minimum* à la cotisation des sociétés anonymes dans les charges locales.

Un autre résultat est atteint par ladite taxe à l'égard de certaines sociétés qui, par une sorte de fiction, ont leur siège dans de grandes villes et qui échappent, à cause de cette circonstance, à l'action des centimes additionnels aux patentes établies par les communes. Les ouvriers de ces dernières sociétés n'imposent pas à la commune moins de charges que les autres pour le service des écoles, de la police, des secours publics, etc. Il est donc juste et nécessaire que ces compagnies soient imposées.

Les mines, régies par la loi du 21 avril 1810, sont exemptes de l'impôt patente: mais comme les houillères et autres exploitations minières contribuent à augmenter notablement les charges communales, rien n'est plus juste et plus rationnel que de les soumettre comme tous les établissements industriels en général à la taxe locale.

La commune de Cuesmes perçoit une taxe communale de 1 0/0 sur le produit net du *sous-sol* de la commune.

Et, afin d'équilibrer les charges sur le produit net du sous-sol comme sur celui de la *superficie*, une taxe équivalente a été établie également sur le produit net de la superficie des propriétés situées en cette localité.

Les exploitants des richesses minérales n'ont élevé aucune

réclamation contre ce principe, ni contre le taux de la taxe dont il s'agit.

La ville de Liège perçoit *cent centimes additionnels* par franc au principal du droit de patente :

1° Des sociétés anonymes, soit qu'elles aient leur siège en cette ville, soit qu'elles possèdent sur le territoire de la commune des établissements dont le siège légal est situé dans une autre ville ou à l'étranger.

2° Des banquiers, changeurs, commissionnaires et négociants en fonds publics, des courtiers et des agents de change.

La ville de Liège a également établi, à titre de charge locale, *cent centimes additionnels* sur les redevances fixes et proportionnelles des mines, et cette taxe est déterminée d'après la redevance fixe et proportionnelle due par chaque siège d'exploitation situé sur le territoire de la commune de Liège.

En outre, tout établissement industriel se servant de la vapeur paye annuellement au profit de la ville une imposition spéciale de 6 *francs* par cheval-vapeur.

Ne sont pas soumis à cette taxe les industriels astreints à payer la redevance fixe et proportionnelle des mines.

III.

Taxe de secours contre l'incendie.

Nous donnons pour modèle de cette taxe celle qui a été établie par la commune de Liège.

ART. 1er. A partir du..., une contribution de 25,000 francs, destinée à payer les frais du service des incendies, sera perçue annuellement au profit de la ville sur tous les bâtiments situés dans la commune.

ART. 2. Elle sera répartie au marc le franc entre les compagnies d'assurances et les propriétaires de bâtiments non assurés, en prenant comme base de la répartition : pour les premières, le total des primes payées à chacune d'elles conformément aux polices existant au 1ᵉʳ janvier de chaque année, pour l'assurance contre les risques d'incendie des bâtiments situés dans la commune ; pour les seconds, la prime qu'ils devraient payer en cas d'assurance.

Celle-ci sera déterminée par une expertise dans laquelle on aura égard à la valeur du bâtiment et aux risques d'incendie auxquels il est exposé.

Art. 3. Les bâtiments qui ne seraient assurés que pour une partie de leur valeur réelle seront assimilés pour la différence aux bâtiments non assurés, et la partie de la taxe correspondant à cette différence sera recouvrée à la charge du propriétaire.

Ce système, dit le collège des bourgmestre et échevins, ne froisse en rien les traditions administratives. Il répartit les frais du service des incendies au marc le franc sur toutes les propriétés, assurées ou non assurées. Pour les premières, on connaîtra, au moyen de la déclaration des assurés, quelles sont les primes payées à chaque compagnie sur tous les bâtiments édifiés dans la commune de Liége. Pour les secondes, on les fera expertiser de manière à se renseigner sur le taux de la prime qui leur serait imposée si elles étaient assurées. Ces éléments obtenus, on pourra donc faire payer le service des incendies par les assurances et par les propriétaires non assurés proportionnellement à la valeur de l'immeuble et aux risques d'incendie que sa nature présente. Dès lors, quiconque recueille des avantages du service des incendies en paiera les frais à concurrence de ses intérêts engagés. D'autre part, la fraude sera impossible, car chaque propriétaire est intéressé, pour ne pas acquitter la taxe, à indiquer la compagnie qui assure sa propriété.

IV.

Impôts recouvrables au moyen de rôles nominatifs.

TAXE SUR LE REVENU CADASTRAL.

Locke a dit, il y a plus de deux siècles : « Si une autorité quelconque a le droit de grever ma propriété sans mon aveu, ma propriété est précaire; ce n'est plus à moi qu'elle appartient.

C'est pour réagir contre cette violation du droit de propriété que la Constitution belge a proclamé, en ce qui concerne les impositions communales, qu'aucune imposition ne peut être établie que du consentement du conseil communal, c'est-à-dire par les mandataires des citoyens. La loi seule peut déterminer les exceptions à ce principe.

Une autre conséquence non moins importante de la liberté communale, c'est le droit de choisir *l'assiette* de l'impôt. Or, celle qui doit frapper la première l'attention des autorités communales, *c'est le revenu des terres et propriétés bâties*, parce qu'il constitue le signe représentatif le plus sûr des *facultés* des contribuables.

Pour que cet impôt soit équitablement réparti, il faut constater : 1° la contenance des propriétés, 2° l'évaluation des revenus. Ces deux opérations constituent le *cadastre*.

Une révision des évaluations cadastrales avait eu lieu en Belgique, en vertu de la loi du 10 octobre 1860. Cette opération avait donné les résultats suivants :

Ancien revenu cadastral	168 012 738 80
Revenu nouveau	282 228 114 40
Augmentation	114 215 374 60

A quoi attribuer ce rapide accroissement de la richesse foncière? M. Hubert Léemans répond en ces termes [1] :

1. *Traité des impositions communales directes.*

« Aux bienfaits de notre régime politique et administratif. Il prouve à l'évidence qu'il est d'une bonne administration et conforme à l'équité de demander à la propriété bâtie et non bâtie une quotité de charges en rapport avec les avantages qu'elle retire de la prospérité générale.

« Il y a là, pour les communes aussi bien que pour l'État, une source de revenus des plus légitimes.

« On ne peut contester que la propriété immobilière profite le plus du développement des services communaux. Pour s'en convaincre, il suffit de consulter les résultats de la revision des évaluations cadastrales. Ces résultats constatent, en effet, que le revenu imposable a généralement augmenté et quelquefois doublé, notamment dans les communes qui demandent à l'impôt de nouvelles ressources pour l'exécution de travaux d'utilité publique. Quoi de plus juste, dès lors, que d'appeler à contribuer aux dépenses communales les propriétaires fonciers qui sont les premiers à recueillir les avantages résultant de la plus-value que ces dépenses donnent aux propriétés immobilières ?

« Aussi un grand nombre de communes ont trouvé bon d'établir des taxes sur le revenu cadastral, et celles-ci varient de 1 à 6 %. Dans quelques localités ces taxes ont même été substituées à la cotisation personnelle, parce qu'à la différence de ce dernier impôt, la taxe sur le revenu cadastral frappe tous les propriétaires d'immeubles situés dans la commune, que ces propriétaires habitent ou n'habitent pas la commune.

« Il n'y a rien à objecter à ce système d'impôt. La bonne organisation des services communaux n'intéresse pas moins les propriétaires *forains* que les habitants eux-mêmes, et il est juste dès lors que tous contribuent aux charges qui incombent de ce chef à la communauté. La loi même a tranché cette question, notamment en ce qui concerne les chemins vicinaux, pour l'entretien desquels les communes, en cas d'insuffisance de leurs ressources ordinaires, sont tenues de pourvoir aux dépenses, jusqu'à concurrence d'un tiers au moins, par des centimes additionnels aux contributions de l'État, c'est-à-dire par un impôt qui frappe tous les propriétaires possédant des biens dans la commune. »

La commune de Bruxelles a établi, pour les recettes provenant de la taxe de 7 % qu'elle a établie sur le revenu cadastral, une progression normale permettant aux intéressés le contrôle de cet impôt.

Elle a organisé à cet effet la revision, non interrompue, d'un cadastre spécial dont les évaluations servent de base à la taxe communale sur le revenu cadastral. Comme le percement des rues nouvelles, l'élargissement de rues anciennes, la construction de monuments, les travaux de salubrité et d'embellissement amènent nécessairement des modifications constantes dans la valeur des immeubles, on devait, d'après le système indiqué plus haut, reviser continuellement les premières évaluations, de telle sorte que les avantages réalisés au profit des particuliers par l'administration de la chose publique contribueraient, dans une certaine mesure, au paiement des frais supportés par la commune.

Outre une taxe de 6 % sur le revenu cadastral, la ville de Liège a été autorisée à percevoir une taxe locale de 10 % sur le revenu cadastral des propriétés exemptées temporairement de la contribution foncière.

TAXE SUR LES PROPRIÉTÉS BATIES EXONÉRÉES DE LA CONTRIBUTION FONCIÈRE.

Si l'on a été obligé d'exonérer momentanément, autrefois, de la contribution foncière, les maisons nouvellement bâties pour stimuler l'industrie du bâtiment, c'était là une prime d'encouragement justifiée par les nécessités de l'époque, mais qui n'a plus de raison d'être depuis bien longtemps. L'industrie des bâtisses a pris en effet de grands développements, notamment dans les grands centres de population et d'activité commerciale.

D'autre part, cette industrie est favorisée par des mesures législatives et administratives de toute espèce, telles que l'abolition des droits d'octroi sur les matériaux de construction, l'ouverture à grands frais de nouvelles rues et places publiques dans des quartiers où les propriétés, à cause de leur bonne situation, augmentent annuellement de valeur.

La taxe communale sur les propriétés exonérées de la

contribution foncière peut donc être considérée comme une mesure de justice distributive qui a pour effet d'établir l'égalité devant l'impôt, et l'on ne saurait admettre qu'elle soit de nature à nuire à l'intérêt public. Tout au plus pourrait-elle contrarier des intérêts particuliers; mais, à ceux qui s'en plaindraient, on pourrait répondre que ces franchises en matière d'impôts ont été de tout temps très antipathiques à tous les partisans de l'égalité : le poids des charges publiques doit être égal pour tous les habitants de la commune.

La taxe locale sur le revenu cadastral des propriétés exonérées de l'impôt foncier varie de 4 à 12,60 %.

Elle ne doit pas frapper les diverses catégories de propriétés déclarées non cotisables par la loi du 3 frimaire an VII.

TAXE SUR LES CHIENS.

Sont exempts de la taxe :

1° Les chiens qui servent habituellement à traîner les estropiés ou impotents, à raison de deux par personne.

2° Les jeunes chiens aussi longtemps qu'ils sont nourris par leur mère.

3° Les chiens qui servent à conduire les aveugles à raison de un par aveugle;

4° Les chiens dont le possesseur n'habite pas la commune et ne s'y trouve que momentanément.

Voici quelques exemples des tarifs établis :

HAINAUT.

20 francs par chien dit : dogue, boule-dogue, boule-terrier et de terre-neuve, de race pure ou croisée, à l'exception des chiens courants et bassets qui sont taxés comme chiens de chasse.

20 francs par chien lévrier.

12   -   -   de chasse de race et tout chien servant à la chasse.

4 francs pour toute espèce de chiens.

LIÉGE.

50 francs par chien lévrier.
12 — — — dit boule-dogue.
6 — — — d'arrêt, courant, terrier, braque.
5 — — — ordinaire dans les villes.
3 — — — — communes rurales.

Cette taxe sur chaque race de chien est frappée de 10 centimes additionnels.

Nonobstant ces taxes provinciales, un très grand nombre de communes prélèvent encore une taxe communale sur leurs animaux, et le montant de cet impôt est déterminé par le conseil, sous l'approbation du roi.

TAXES SUR LES VOITURES, LES CHEVAUX, LES BALCONS ET LES DOMESTIQUES MALES.

Pour obtenir une répartition équitable des charges locales, certaines communes ont frappé le luxe, c'est-à-dire la richesse dans quelques-unes de ses manifestations.

Ces taxes doivent être établies avec modération, car tout impôt, pour être juste, doit être en rapport avec la protection, les services et les avantages que les contribuables retirent de la communauté. Il est nécessaire d'ailleurs de ménager la richesse et de ne point la détruire par des taxes exagérées.

Ces principes n'ont pas été perdus de vue par les municipalités et, d'ailleurs, si quelques-unes d'entre elles eussent été tentées de les méconnaître, la députation permanente du conseil de la province et l'autorité royale qui veillent également sur les droits de chacun ne les auraient pas autorisées à établir des taxes qui eussent violé ces principes.

La taxe sur les voitures varie de 25 à 50 francs pour les voitures à deux chevaux; de 15 à 30 francs pour celles à un cheval. Elle n'atteint pas la *fabrication*, mais seulement la *possession*.

Les voitures publiques en sont exemptes.

La taxe sur les chevaux de luxe et mixtes ne doit pas être exagérée, parce qu'elle pourrait avoir pour effet d'amener une diminution plus ou moins sensible des éléments de l'impôt au profit du Trésor public.

Les taxes locales sur les chevaux de luxe et mixtes n'existent du reste que dans un nombre fort restreint de communes. Elles sont de 10 francs au minimum et de 40 francs au maximum.

On considère les balcons comme le signe extérieur du degré de richesse de l'ornementation intérieure de la maison à laquelle ils appartiennent.

D'autre part, les balcons constituent un empiètement sur la voie publique et procurent aux propriétaires des avantages dont les autres habitants, moins favorisés, ne profitent pas; ils exigent, en outre, une certaine surveillance de la police.

A ces divers titres, une taxe modérée sur les balcons se justifie parfaitement.

Les taxes établies varient de *un à trois francs* par mètre courant de balcon formant saillie sur la voie publique et mesuré entre les points les plus saillants ; elle est réduite de moitié pour les balcons d'un étage supérieur.

Il est incontestable que les domestiques mâles constituent une taxe très rationnelle pour l'assiette d'une taxe locale.

Ils dénotent un certain degré d'aisance chez ceux qui les emploient, surtout quand ils portent une livrée.

Les taxes sont de 10 francs par domestique sans livrée et de 15 pour ceux qui portent livrée.

Les règlements communaux contiennent des dispositions différentes pour les exemptions de cette taxe.

D'autres déterminent les différents cas d'exemption, ce qui est préférable au point de vue des intérêts des contribuables auxquels on évite ainsi des contestations.

Les domestiques auxquels l'exemption est applicable sont :

1° Les domestiques des hôteliers, aubergistes, restaurateurs, cafetiers, cabaretiers et maîtres de pension;

2° Ceux qui sont au service des cultivateurs qui n'exercent pas d'autres professions et ne tiennent pas de chevaux ou des voitures passibles de la contribution personnelle;

3° Les voituriers, les conducteurs d'omnibus, de diligences et de voitures de place ou de louage.

TAXE SUR LE BALAYAGE DES RUES.

La taxe sur le balayage et l'arrosage des rues existe en France et surtout à Paris, mais sa répartition a soulevé de nombreuses réclamations. Elle est en général imposée aux boutiquiers, ce qui constitue une injustice.

En Belgique, elle est répartie entre tous les habitants de la maison au prorata des loyers.

Voici le tarif établi dans la commune de Molenbeek-Saint-Jean pour le balayage et l'enlèvement des immondices :

36 c. par mèt. cour. de façade dans les rues de　6 mèt. et au-dessous.
42　　　　　　　　　　　　　　　　　　de　7
48　　　　　　　　　　　　　　　　　　de　8
54　　　　　　　　　　　　　　　　　　de　9
60　　　　　　　　　　　　　　　　　　de 10
66　　　　　　　　　　　　　　　　　　de 11
72　　　　　　　　　　　　　　　　　　de 12 mètres et au delà.

Les murs de clôture du jardin ne sont assujettis qu'au paiement de la moitié de la taxe. Les propriétés situées dans les impasses et les clôtures de haies vives seront affranchies de la taxe, et la taxe est due par ceux qui payent la contribution personnelle à l'État.

Les quais, places publiques et les rues de plus de 12 mètres sont assimilés aux rues de cette dernière catégorie.

TAXE SUR LES AVOCATS.

Sans avoir égard à l'exemption des avocats du droit de patente, dont traite la loi du 21 mai 1819, le conseil communal de Liège a pu légalement soumettre à une taxe locale de 25 francs les avocats inscrits depuis trois ans et plus au tableau de l'ordre.

Les avocats de Liège n'ont pas manqué de faire un procès à la commune; c'était une trop belle occasion de plaider pour leur compte, mais la Cour de cassation leur a donné tort.

On leur a répondu par les mêmes raisons qui avaient justifié l'établissement des taxes sur les propriétés exonérées temporairement de l'impôt foncier.

En ce qui concerne l'équité de l'impôt qui a fait l'objet des réclamations du barreau de Liège, elle ne saurait être contestée, parce que la justice distributive exige d'assimiler les avocats pour leur quote-part dans les charges communales aux médecins, commerçants, industriels, propriétaires, enfin à tous ceux qui retirent certains avantages de la bonne gestion et du développement des services communaux. Par arrêté royal en date du 5 janvier 1888, la taxe des avocats a été portée à 37,50.

TAXE SUR LES AGENTS DE CHANGE, COURTIERS ET COMMISSIONNAIRES EN FONDS PUBLICS, ETC.

La loi du 30 décembre 1867, portant revision du titre V, livre Iᵉʳ du Code de commerce et proclamant la liberté du courtage, a eu pour effet d'augmenter les charges des communes où il existe une Bourse de commerce.

En effet, aux termes de cette loi, la police de la Bourse appartient à l'autorité communale. Celle-ci doit, en outre, pourvoir au paiement des appointements du personnel de service et aux autres frais, tels que l'éclairage, le chauffage, le nettoyage et l'entretien du mobilier de la Bourse.

Devait-on demander ces ressources à l'impôt général ? Il a paru plus équitable de les demander à ceux qui profitent exclusivement de la dépense.

Pour ce motif le conseil communal de Bruxelles a établi, et le gouvernement a approuvé, une taxe communale de *cinquante francs* sur chaque personne qui exerce à la Bourse de commerce de cette ville la profession d'agent de change, de courtier de commerce et de commissionnaire en fonds publics.

La ville d'Anvers perçoit également une taxe qui a beaucoup d'analogie avec celle indiquée plus haut.

Le taux de la patente des contribuables sert de base pour ceux qui fréquentent habituellement la Bourse.

Les personnes non patentées sont soumises à la taxe dans la proportion déterminée par une commission désignée à cet effet.

Le conseil communal de Liège a adopté un autre système d'impôt à la charge des banquiers, agents de change, courtiers, commissionnaires en fonds publics et des notaires.

Convaincue que ces catégories de contribuables n'intervenaient pas dans les charges locales en raison des avantages qu'ils retirent de la communauté, la ville les a soumis à une taxe spéciale.

Au lieu de payer 50 centimes additionnels au principal du droit de patente, comme les autres patentables de la commune, le conseil communal a porté à 100 centimes spéciaux la taxe additionnelle au droit de patente des banquiers, agents de change, courtiers, commissionnaires en fonds publics et des notaires. Ces centimes ont été portés au nombre de 125 par arrêté royal en date du 3 janvier 1888.

En atteignant au moyen d'un impôt spécial lesdites professions, il a paru à l'autorité communale qu'elle frappait indirectement, et dans une mesure bien faible, ces immenses capitaux, ces valeurs considérables industrielles et autres; qui, pour la plupart, échappent injustement à l'impôt. Le commerce d'argent a pris un tel développement que la commune a pu sans aucune exagération doubler à son profit la patente imposée aux banquiers, etc.

V.

Impôts de quotité recouvrables sur rôles nominatifs.

TAXES POUR LE PAVAGE DES RUES ET LA CONSTRUCTION DES ÉGOUTS.

« Un conseil communal peut-il mettre les frais de pavage et de construction d'égouts spécialement à la charge des propriétaires de la rue où les travaux sont exécutés, ou bien les dépenses de cette nature doivent-elles être supportées par la généralité des habitants? »

Telle avait été la question soulevée lorsque les communes ont voulu établir les taxes de pavage et d'égouts.

Avant de les autoriser, le gouvernement a jugé nécessaire de consulter le comité de législation de l'intérieur. Le comité n'a pas hésité à donner un avis favorable.

Il a reconnu en premier lieu que les dépenses de la voirie, tant urbaine que rurale, sont des dépenses communales, sans préjudice des obligations que l'usage ou la convention imposent à des particuliers.

Il a reconnu ensuite que lorsque les recettes d'une commune ne suffisent pas à ses dépenses, il faut demander le surplus à l'impôt, et l'article 112 de la Constitution porte qu'en matière d'impôts il ne peut être établi de privilège. Il semble donc que tous les habitants de la commune doivent contribuer, chacun selon ses ressources, aux dépenses de la voirie communale.

Ce principe est incontestable, mais il n'a pas la portée qu'on lui prête.

Il y a privilège lorsque, toutes choses étant égales d'ailleurs, une ou plusieurs personnes sont dispensées d'une charge ou d'une obligation supportée par les autres. Une exemption, une modération d'impôt n'est pas toujours un privilège; pour qu'elle ait ce caractère, il faut que l'égalité soit rompue, c'est-à-dire que, dans les mêmes conditions, dans les mêmes circonstances, dans les mêmes cas, une catégorie ou une classe de citoyens jouisse d'un avantage qui est refusé à leurs pareils. Rien de semblable ne se rencontre dans la taxe dont il s'agit. On impose la même contribution à tous les propriétaires riverains de toutes les rues où il sera dorénavant établi un pavé et construit un égout communal.

L'égalité en matière d'impôts n'est qu'un principe de justice distributive, et cette justice veut que chaque catégorie de citoyens contribue aux charges de la société dans la proportion des avantages que les dépenses publiques lui procurent. C'est ainsi que la loi rurale de 1791 avait mis le traitement des gardes champêtres à la charge exclusive des habitants qui exploitent des propriétés rurales; c'est ainsi que la loi du 28 ventôse an IX a mis l'entretien et la réparation des bourses de commerce à la charge des banquiers, négociants et marchands. Est-il moins juste d'établir une taxe, par mètre courant de façade, sur les propriétaires de maisons dans les rues où l'autorité communale fait construire un pavé ou un égout?

Sans doute, ces travaux profitent à tous les habitants de la commune, et c'est pour cela qu'ils constituent une charge communale, mais ils profitent plus spécialement aux propriétaires riverains.

L'établissement de la taxe sur le pavage des rues et la construction des égouts se justifie parfaitement par suite du développement que prennent les communes, où pour toute autre cause, les ressources générales ordinaires sont insuffisantes pour assurer d'une manière convenable le service de la voirie et celui de l'écoulement des eaux.

Les propriétaires riverains des rues sont aussi directement intéressés à l'exécution des travaux de construction d'égouts publics et de pavage, car il en résulte une augmentation considérable de la valeur de leurs propriétés.

Voici un exemple de l'application des taxes en question.

VILLE D'ANVERS (PROVINCE D'ANVERS).

*Délibération du conseil municipal, du 19 juin 1852, approuvée
par arrêté royal du 2 août 1852.*

A. Dans les chemins et rues de la 5ᵉ section, *extra muros,*
où l'administration locale aura fait construire des égouts
publics, les propriétaires de terrains bâtis, et ceux qui élève-
ront des bâtisses sur des terrains situés le long desdits chemins et rues, verseront dans la caisse communale une somme,
une fois payée, de *douze francs* par mètre courant de constructions de toute nature, élevées à une distance de moins de
20 mètres de la voie publique.

B. Sont également soumis à la taxe sus-mentionnée, les
propriétaires de terrains bâtis situés à 20 mètres ou plus de
la voie publique, lorsque les eaux ménagères ou pluviales de
leurs constructions se déversent dans l'égout public.

TAXE SUR LES TROTTOIRS.

Dans les rues et places dont les plans d'alignement ont été
arrêtés par l'autorité compétente et où, sur la demande des
conseils municipaux, l'établissement des trottoirs est reconnu
d'utilité publique, la dépense de construction de ces trottoirs
est répartie, en France, entre la commune et les propriétaires.
La quote-part à la charge de la commune est de moitié.

En Belgique, les trottoirs sont soumis à l'administration
des autorités communales. Celle-ci fixe la grande voirie, les
plans d'alignement, l'ouverture des rues nouvelles, l'élargissement des anciennes ou leur suppression. L'administration
des ponts et chaussées ne doit être consultée que sur la largeur
des trottoirs de la grande voirie.

Quant aux mesures fiscales adoptées pour le paiement des
trottoirs, elles diffèrent presque dans chaque localité.

Dans les unes, ces dépenses sont mises intégralement à la
charge des riverains. L'autorisation de bâtir n'est accordée

qu'à cette condition, ou bien les frais de construction d'office des trottoirs sont recouvrés sous forme d'impôt.

Dans d'autres, la communauté supporte la moitié ou bien le tiers des dépenses. Quelquefois aussi la caisse communale supporte tous les frais, notamment quand il s'agit de la reconstruction des trottoirs.

Les trottoirs donnant une plus-value aux maisons ou bâtiments devant lesquels ils sont construits, l'équité de la taxe n'est pas contestable. Elle a été reconnue à diverses reprises par le gouvernement et consacrée par des arrêts de la Cour de cassation.

TAXE SUR LES CONSTRUCTIONS ET RECONSTRUCTIONS EN GÉNÉRAL.

L'établissement d'une taxe locale sur les constructions est basé sur la nécessité de récupérer au moyen de l'impôt une partie, au moins, des sacrifices considérables que les communes sont obligées de faire pour l'ouverture de nouvelles rues et places publiques, la création d'établissements d'utilité publique et l'extension de tous les autres services communaux.

A cette considération on peut ajouter, en ce qui concerne l'équité de la taxe, que ces travaux d'utilité communale augmentent dans une forte proportion la valeur des propriétés bâties, et qu'en outre, les matériaux de construction sont dégrevés de charges considérables au profit des constructeurs.

En outre, tout bâtiment, même quand il n'est destiné qu'à l'habitation, ne produit-il pas un revenu qui comprend à la fois l'intérêt et l'amortissement de la somme qu'on a consacrée à le construire? Qui donc autrement bâtirait? Dès lors, n'est-ce pas un capital qui, lui aussi, produit, de même qu'un champ en culture, ou qu'une usine en activité, un revenu net? Il faudrait renoncer à justifier l'impôt, si tout capital appréciable n'y devait servir d'assiette et si tout revenu net n'y devait contribuer.

D'après Mill, la taxe des maisons est une des meilleures et des moins susceptibles d'objections.

La taxe qui fait l'objet de ce paragraphe ne peut être assimilée à un impôt permanent recouvrable tous les ans, en d'autres termes, à une charge annuelle établie sur la *jouissance* des propriétés bâties. C'est un impôt unique, dont la perception ne se fait qu'une seule fois et au moment de l'exécution des travaux de construction.

A Bruxelles, la perception se fait d'après le cube des parties bâties; à Liège également; mais à Schaerbeek, on a pris pour base la superficie du terrain que la construction occupe.

Dans chacune de ces localités, l'impôt varie en raison de l'emplacement des propriétés.

Pour la perception des taxes locales de Bruxelles et de Liège, on a égard à l'importance des bâtiments, déterminée par leur largeur, leur profondeur, leur hauteur, à l'importance de la rue dans laquelle ils sont situés, et à toute cause susceptible d'augmenter ou d'amoindrir leur valeur vénale.

Chaque ville est divisée en dix classes pour la fixation de la taxe. La première classe est diminuée d'un dixième et ainsi de suite, chaque classe d'un dixième en moins de la classe précédente.

A Bruxelles la taxe est ainsi fixée :

1re classe, un franc par mètre cube à la hauteur des cinq premiers mètres.

50 centimes jusqu'à 10 mètres.

25 centimes au delà de 10 mètres.

Toutes les dépendances qui ne font pas partie de la construction principale, telles qu'ateliers, magasins, écuries, remises, hangars, etc., payent le quart de chaque taxe.

Chaque taxe suivante paye le taxe successivement diminuée d'un dixième.

La reconstruction des façades est fixée à un franc le mètre carré.

Dans les rues construites aux frais de la ville, la taxe est doublée.

Dans les rues élargies, la taxe est augmentée de moitié.

Enfin l'exhaussement d'une construction paye la taxe du cube de la nouvelle construction, au taux que cette partie aurait payé si la bâtisse entière était neuve.

Voici un exemple de l'application de cette taxe ; nous prenons une maison rangée dans la première classe, ayant 7 mètres de façade, 12 mètres de profondeur et 15 mètres de hauteur. Soit :

$$7 \times 12 = 84 \times 5 = 420 \times 1 \ldots = 420 \text{ fr.}$$
$$84 \times 5 = 420 \times 0.50 = 210$$
$$84 \times 5 = 420 \times 0.25 = 105$$

$$\text{Total} \ldots \ldots \quad 735 \text{ fr.}$$

Les taxes sur les constructions et reconstructions ont un emploi spécial ; à Ixelles, la taxe sur les constructions a pour but d'obtenir le remboursement des dépenses faites par la commune : 1° pour l'acquisition des terrains nécessaires à l'ouverture, prolongement ou élargissement des rues ; 2° pour le nivellement et le pavage de ces rues, la construction des trottoirs et des égouts.

La taxe est de 75 francs par mètre carré de trottoirs dans les rues nouvelles établies aux frais de la commune ; 50 francs par mètre carré pour les rues prolongées ou élargies.

A Molembeek-Saint-Jean, la taxe est exclusivement destinée à l'ouverture, prolongement ou élargissement des rues.

Les riverains payent encore une taxe spéciale pour la construction des égouts et le pavage des rues.

La taxe des rues de 12 mètres de largeur est de 40 francs par mètre carré que mesure la superficie de terrain compris entre l'axe de la rue et la façade de la construction à établir.

Dans les rues de moins de 12 mètres la taxe est de 65 francs d'après la base que nous venons d'indiquer.

Dans les rues élargies ou redressées d'une largeur de 12 mètres, la taxe est de 40 francs pour chaque mètre carré que mesure la moitié de l'élargissement ou redressement.

La taxe est de 65 francs par mètre carré pour le même objet dans les rues de moins de 12 mètres.

Pour s'exonérer des taxes dont il s'agit, les propriétaires

riverains peuvent céder gratuitement à la commune l'emplacement du terrain nécessaire à l'ouverture de la rue ou prolongement, l'élargissement ou le redressement de rues anciennes.

TAXE SUR LES CONSTRUCTIONS DE MAISONS.

A partir de la suppression des octrois, un grand nombre de communes, jalouses de répondre aux vœux de la législature et aux intérêts de leurs administrés, ont profité de l'amélioration de leurs ressources pour supprimer notamment les taxes indirectes et pour donner une forte impulsion au développement des services communaux ordinaires et aux travaux d'utilité publique.

Les communes ont si bien apprécié l'utilité du fonds communal, que pour l'exécution de travaux indispensables elles n'ont pas hésité à engager l'avenir par des emprunts.

D'autres sont allées plus loin en établissant des taxes communales directes, à la charge de ceux qui profitent le plus du développement des services communaux. Une mesure de ce genre, prise par le conseil municipal de Schaerbeek, était ainsi justifiée : « Les services communaux fonctionnent pour les habitants des bâtisses nouvelles comme pour les personnes qui occupent les maisons anciennes; il est même exact de dire que les dépenses de la commune n'augmentent qu'à cause des constructions neuves. N'est-il dès lors pas juste et équitable que les habitations nouvelles participent aussi bien que les anciennes à la production des ressources dont la commune a besoin pour faire face à ses dépenses ? »

Ces considérations expliquent non seulement l'établissement d'une taxe sur les constructions de maisons, mais aussi sur les maisons *achevées* et *habitées*, qui sont temporairement exemptes du paiement de la contribution foncière.

La taxe établie sur les maisons de cette dernière catégorie est de 2 1/2 % de la nouvelle valeur cadastrale, et n'est applicable qu'aux maisons construites en vertu d'autorisations antérieures et exemptes de l'impôt foncier.

Voici le texte de la délibération prise par la commune de Schaerbeek sur les constructions de maisons :

« Considérant que les établissements, édifices et travaux d'utilité publique, existants dans la commune ou en voie d'exécution sont créés au moyen d'emprunts, et que ceux projetés ne pourront être érigés que de la même manière ;

« Considérant qu'il est juste de faire participer aux annuités des emprunts tous ceux qui retirent des avantages des établissements de travaux communaux ;

« Attendu, d'autre part, que l'augmentation continue des dépenses ordinaires de la commune, tant par l'extension des divers services que par les avances que nécessite la construction d'égouts et de pavage, est due, en très grande partie, aux nouvelles bâtisses ;

« Attendu que les constructeurs d'habitations nouvelles, loin de contribuer aux charges de la commune dans la proportion des avantages qu'ils en recueillent, jouissent du privilège de ne pas payer les 22 centimes additionnels prélevés, ainsi que le démontre la loi du 12 juillet 1821, en vue de faire face aux dépenses communales ;

« Attendu que l'exemption de la contribution foncière accordée par la loi du 28 mars 1828, a pour effet d'amoindrir considérablement la part de Schaerbeek dans le fonds communal, créé par la loi du 18 juillet 1860 ;

Décide :

ART. 1er. Il est établi, à la charge des personnes qui construisent des maisons à Schaerbeek, une taxe de participation à la dépense de création des établissements et travaux d'utilité publique, et aux frais d'extension des services communaux.

ART. 2. La taxe, payable au moment de l'obtention de l'autorisation de bâtir, est calculée à raison du nombre de mètres de superficie que la maison d'habitation projetée et ses dépendances doivent occuper, les murs mitoyens étant pris pour la moitié de leur épaisseur.

ART. 3. La taxe est de *deux francs cinquante centimes* par mètre carré dans les rues qui ont 12 mètres au moins de largeur ;

de trois francs, dans les rues de plus de 12 et de moins de 16 mètres ; et de *trois francs cinquante centimes*, dans celles de 16 mètres et plus. Les places publiques sont assimilées à ces dernières, etc.

Indépendamment des taxes qui précèdent, les communes perçoivent des taxes communales modérées sur les bâtisses pour couvrir les dépenses suivantes :

Traitement de l'inspecteur-voyer et du personnel du bureau des travaux publics.

Frais d'instruction des projets d'ouverture de rues nouvelles.

L'instruction des demandes de plantations d'arbres, de haies vives ou mortes, de clôtures en planches ou en palissade le long de la voirie occasionnant certaines dépenses, plusieurs localités ont aussi imposé ces plantations, parce qu'elles sont souvent nuisibles aux chemins communaux.

TAXES SUR LES FOURS A BRIQUES ET LES EXPLOITATIONS DE CARRIÈRES.

Ces taxes sont justifiées par les dégradations que les voitures lourdement chargées de briques ou de pierres causent aux chemins de la commune.

La taxe est ordinairement de 5 francs par four ne dépassant pas cent mille briques.

Lorsque la quantité dépasse cent mille briques, la taxe devient proportionnelle, et il est perçu 5 centimes pour chaque mille ou fraction de mille qui dépasse les cent mille briques.

Les fonds provenant de l'impôt dont il s'agit sont affectés à l'amélioration de la voirie vicinale et urbaine.

La taxe sur les carrières exploitées de la commune constitue tantôt un impôt de répartition, tantôt un impôt de quotité.

La taxe de répartition, dont le maximum est fixé par le conseil communal, a pour base l'importance de l'établissement exploité, le nombre d'ouvriers et de chevaux servant à l'exploitation. Les dispositions des art. 135 et suivants de la loi communale sont applicables à cette taxe.

L'impôt de quotité sur les carrières se perçoit à raison de chaque ouvrier employé à une carrière, ou bien par mètre carré de superficie de celle-ci.

La taxe est le plus souvent de 5 francs par ouvrier, ou de 4 centimes par mètre carré de superficie.

Le produit est consacré à l'entretien des chemins vicinaux et de la voirie urbaine.

VI.

Les centimes additionnels.

Après la suppression des octrois, certaines communes ont augmenté dans une forte proportion le nombre des centimes additionnels au principal des contributions directes ; mais le gouvernement belge n'en a autorisé la perception qu'après qu'il a été démontré que ces nouvelles ressources étaient destinées à des besoins réels, à des dépenses inévitables.

D'autres localités, voulant atteindre la généralité des résidants par la contribution personnelle et tous les propriétaires par l'impôt foncier, ont remplacé la cotisation personnelle par des centimes spéciaux au principal des contributions de l'État.

Cette mesure est conforme au principe de la justice distributive, car, sous le régime de la cotisation personnelle, qui ne frappe que les habitants de la commune, les propriétaires ne résidant pas dans la commune et dont les biens profitent cependant de ces capitations, en étaient affranchis, et jouissaient d'une immunité, d'un privilège que rien ne pouvait justifier.

A partir de 1868, les revenus que les communes retiraient des centimes additionnels au principal de la contribution foncière ont été modifiés. Des communes ont trouvé un accroissement de ressources et d'autres une diminution, dans la nouvelle péréquation de l'impôt foncier.

Il résulte du nouvel état de choses introduit par la loi du 7 juin 1867, l'obligation pour les autorités communales d'examiner, chaque année, s'il y a lieu de maintenir, d'augmenter ou de réduire le nombre des centimes additionnels au principal de la contribution foncière qui sont en cours de perception.

D'après cela, il a paru illogique de donner un caractère *permanent* à la perception des centimes spéciaux au principal de la contribution foncière, comme aux deux autres bases des impôts directs de l'État, car le contingent des contributions foncière et personnelle et du droit de patente varie d'année en année.

Voici un résumé de l'état de la législation belge sur l'établissement par les communes de centimes additionnels extraordinaires.

La délibération du conseil communal établissant la perception de centimes additionnels extraordinaires au principal des contributions foncière, personnelle et du droit de patente, doit être soumise à l'avis de la députation permanente du conseil provincial et à l'approbation du roi.

Mais l'approbation de la députation permanente du conseil provincial suffit, lorsqu'il s'agit de centimes additionnels au principal des contributions foncière, personnelle et du droit de patente, à moins que le nombre total ne dépasse *vingt*, y compris les sept centimes ordinaires perçus en vertu de l'art. 15 de la loi du 12 juillet 1821.

La délibération relative à la perception de centimes spéciaux doit indiquer le *nombre* des centimes spéciaux à percevoir, la durée de cette perception, et la nature des dépenses à couvrir.

Les demandes des conseils communaux, qu'elles soient fondées ou non, doivent être transmises à l'autorité compétente, qui seule a le droit de statuer à cet égard.

Il importe que toutes les demandes soient dûment approuvées *au moins quinze jours* avant l'ouverture de l'exercice, à partir duquel la perception des centimes additionnels extraordinaires doit avoir lieu, et que les arrêtés à intervenir soient transmis immédiatement à MM. les directeurs des contributions, sinon il est à craindre que l'impôt ne puisse être compris dans les rôles des contributions dudit exercice.

Des recommandations avaient été faites, à diverses reprises, par des circulaires du département de l'intérieur adressées à MM. les gouverneurs des provinces, sur la proposition du ministre des finances, pour que les communes restreignent le plus possible leurs demandes en autorisation de percevoir des centimes additionnels extraordinaires au principal des contributions directes.

Mais, par une dépêche de M. le ministre de l'intérieur du 27 janvier 1862, l'honorable M. Alphonse Vandenpeereboom, déjà préoccupé de l'utilité et de la nécessité d'améliorer les ressources communales, a demandé à son collègue des finances si une plus grande liberté ne pourrait pas être accordée aux conseils communaux, dans le cas, par exemple, où une commune se trouve dans une position telle que, pour subvenir à une dépense obligatoire, il ne lui reste d'autre moyen que de recourir à la perception de centimes spéciaux.

Pareille exception paraissait surtout pouvoir être admise, d'après l'honorable ministre de l'intérieur, en ce qui concerne les centimes additionnels extraordinaires à la contribution foncière, puisqu'il était constaté à ce moment que, depuis les dernières opérations cadastrales, la propriété foncière avait très sensiblement augmenté de valeur, tandis que la contribution foncière n'avait pas subi de majoration.

Le ministre des finances a répondu affirmativement.

La loi de 1860 ayant privé les communes des ressources qu'elles retiraient de l'octroi, le gouvernement ne pouvait évidemment leur refuser le pouvoir de faire face, au moyen de ressources nouvelles, aux dépenses indispensables que ne pourraient payer le fonds communal et les autres revenus dont elles étaient en possession. Le ministre de l'intérieur était laissé juge de la mesure dans laquelle les centimes spéciaux devaient être autorisés.

La suppression des octrois a amené les communes à établir des centimes additionnels au droit sur le débit de cigares et de tabac, et au droit sur le débit des boissons alcooliques.

Les centimes sur les débits de tabac s'explique en Belgique, où la vente des tabacs n'est pas monopolisée par l'État. Il ne saurait en être question en France ; mais il n'en est pas de même pour les débitants de boissons au cas où les octrois seraient supprimés.

Voici dans quels termes la taxe locale sur le débit des boissons alcooliques établie par la ville de Liège était justifiée :

La sixième base des contributions indirectes payées à l'État est le droit sur le débit des boissons alcooliques, établi par la loi du 1er décembre 1849.

Cette sixième base ne peut continuer à jouir d'un véritable privilège, au détriment des autres contribuables de toutes catégories. Elle doit rentrer dans le droit commun.

Le législateur, en créant cet impôt, a eu un but à la fois fiscal et moral. Il s'agit, disait M. Frère Orban, d'augmenter les revenus de l'État, de restreindre le nombre des débits, et de limiter ainsi les occasions qu'ils peuvent fournir aux ouvriers de se livrer à la boisson.

Cet impôt est donc empreint d'un caractère particulier qui ne se retrouve pas dans les autres bases de contributions directes. Si la loi encourage tout commerce en général, il faut bien reconnaître qu'elle cherche aussi, par des mesures fiscales, à restreindre la vente et la consommation des boissons alcooliques, poison qui attaque à la fois la santé, l'intelligence et la moralité du peuple.

Pour atteindre le double but proposé, le législateur a assujetti spécialement tout débitant en détail de boissons alcooliques à un droit de débit d'après le tarif suivant :

1re classe.	60 fr.
2e —	50 »
3e —	40 »
4e —	30 »
5e —	20 »

« La ville de Liège a besoin de ressources, elle les demande à tous : à ses grandes industries nourricières, au grand comme au petit commerce, à la propriété mobilière comme à la propriété foncière; elle frappe indistinctement les puissantes sociétés anonymes et les grands établissements financiers; elle va atteindre également les charbonnages; en un mot, elle fait passer sous le même niveau des centimes additionnels le plus mince de nos estimables commerçants et les puissances financières, industrielles et commerciales! Les débitants de boissons alcooliques doivent aussi se résigner à subir le joug commun, ou plutôt le devoir commun, et accepter le sacrifice que la ville doit leur imposer. Et ce sacrifice est bien peu de chose en considération des avantages que cette classe de la population retire des embellissements de la ville, des fêtes et cérémonies publiques, de la surveillance active et incessante de la police, dont elle exige, d'ailleurs, une organisation plus forte et partant plus coûteuse. »

« Nous proposons en conséquence de prélever au profit de la ville 50 centimes additionnels au droit de débit des boissons alcooliques payé à l'État. »

Nous avons passé sommairement en revue les diverses taxes que les communes belges ont établies dans le but de pourvoir à leurs besoins. Nous avons assez dit pour faire voir sur quels principes et sur quelles bases elles sont établies.

Il y a d'autres impositions communales dont nous croyons inutile de parler à cause de leur peu d'importance. Nous renvoyons ceux qui voudraient les connaître au livre de M. Hubert Leemans. Ils y trouveront en même temps tous les détails relatifs au mode de perception adopté pour le recouvrement du montant des taxes.

VII.

Les taxes indirectes.

Un arrêté royal a fixé, d'après la loi du 18 juillet 1860, les droits qui étaient supprimés et ceux qui pouvaient être conservés. Voici les termes de cet arrêté :

ART. 2. On comprendra parmi les revenus de l'octroi les impositions communales indirectes suivantes :

1° Les droits d'entrée ;

2° Les droits d'expédition ;

3° Les droits de transit, sous le nom de passe-debout ;

4° Les centimes additionnels aux droits d'octroi ;

5° Les droits d'entrepôt sur les objets soumis à l'octroi ;

6° Les droits d'octroi sur la fabrication ou l'extraction de certains produits dans l'intérieur de la commune ;

7° Les droits de timbre sur les quittances ;

8° La partie des frais d'escorte et des amendes et confiscations, attribuée à la caisse communale.

ART. 3. Seront laissées en dehors des revenus de l'octroi, quel qu'en soit le mode de perception, toutes autres taxes communales indirectes, telles que :

Droits d'étalage, de place ou de stations aux foires, halles et marchés ;

Droits de jaugeage, de pesage, de balance, de mesurage et d'aunage ;

Droits de quai, de bassin, de port, de carénage et de grue ;

Droits de tonnage ;

Droits de minque, d'abattoir, de boucherie et de langueyeur ;

Droits de vidange, boues ou immondices ;

Droits de porte, de pont, d'écluse, de chablage, de barrière, de chausséage et de passage ;

Droits de magasin autres que droits d'entrepôt d'objets soumis à l'octroi ;

Droits de timbre ou estampille sur les toiles ou autres marchandises, etc., etc.

Les taxes indirectes qui ont été maintenues ne peuvent être toutefois établies que sur cette base unique : le montant ne peut en être fixé *au delà du service rendu par les municipalités.*

VIII.

Taxes directes.

Voici, d'après les budgets des deux principales villes de la Belgique, le produit des taxes directes :

VILLE DE BRUXELLES. (EXERCICE 1888.)

95 centimes communaux sur la contribution personnelle.	1,830,000
Impôt de 7 °/₀ sur le revenu cadastral.	1,270,000
Taxe sur les constructions exonérées de la contribution foncière (15,40 °/₀).	45,000

Centimes communaux sur les patentes . .	A. 30 cent. additionnels . .	205,000
	B. 15 » » .	7,500
	C. 10 » »	31,000

Taxe sur les voitures.	25,000
Taxe communale sur les chiens.	26,000
Taxe provinciale sur les chiens (part de la Ville 2/5).	12,000
Taxe sur les agents de change.	75,000
Taxe sur les constructions et les reconstructions. .	200,000
Taxe sur les débits de boissons alcooliques et de tabac.	85,000
Taxe sur les personnes fréquentant la Bourse aux marchandises.	48,000

ANVERS. (EXERCICE 1888.)

7 centimes additionnels ordinaires aux contributions foncière et personnelle.	195,000
6 centimes additionnels à la contribution foncière, pour les travaux maritimes. Id	57,000
5 centimes additionnels aux contributions foncière et personnelle. Id	140,000
30 centimes additionnels à la contribution foncière, pour l'intérêt et l'amortissement de l'emprunt de 1867. Id	287,000
36 centimes additionnels à la contribution personnelle, pour l'intérêt et l'amortissement du même emprunt. Id	660,000
48 centimes additionnels à la contribution des patentes, pour l'intérêt et l'amortissement de l'emprunt de 1882.	200,000
Cimetières.	
Concession de terrains pour sépulture avec ou sans caveaux.	25,000

Taxe sur les constructions temporairement exoné-
rées de la contribution foncière.   80,000
Taxe sur les chevaux et voitures de luxe et les
domestiques mâles.   62,000
Taxe progressive sur le revenu cadastral.   800,000
Divertissements publics. Impôt communal.   6,000
Taxe communale sur les chiens.   25,000
Taxe personnelle et abonnement pour fréquentation
de la Bourse, et produit des entrées   68,000
Rétribution pour l'extraction des vidanges.   90,000
Impositions communales de l'octroi, abolies par la
loi du 18 juillet 1860.
Part de la ville dans le revenu attribué aux communes,
en compensation des taxes abolies. Par aperçu. . . .   3,050,000
Droits de navigation (comprenant les ci-devant
droits de port et de bassin, les droits de quai le
long du fleuve et dans les bassins et les droits de
cuisine.)   1,550,000
15 centimes additionnels aux droits de navigation
et autres.   250,000

LE CRÉDIT COMMUNAL

———

MODÈLE DE LA DÉLIBÉRATION

QUE LES CONSEILS COMMUNAUX DOIVENT PRENDRE POUR SOUSCRIRE
UN EMPRUNT A LA SOCIÉTÉ DU CRÉDIT COMMUNAL :

Présents : MM.

Le Conseil communal d

         arrondissement d

Vu l'impossibilité où se trouve la commune de faire face, au moyen de ses ressources ordinaires, au paiement des frais. (Indiquer la nature des dépenses communales à couvrir au moyen de l'emprunt.)

Déclare emprunter, pour le compte de la commune, par l'entremise de la Société du Crédit communal, instituée par arrêté royal du 8 décembre 1860, la somme de

Cet emprunt est fait aux clauses et conditions des statuts et règlements de cette Société, et moyennant l'engagement contracté par la commune de se libérer, frais d'administration compris, en soixante six annuités au maximum 4 °/° du capital emprunté, payables par trimestre et par anticipation.

Afin de faciliter le paiement de ces annuités et d'en rendre l'encaissement moins onéreux, la commune autorise irrévocablement M. le ministre des finances à en opérer le versement à la caisse de la Société aux échéances successives.

La présente autorisation donnée par la commune vaut délégation au profit de la Société.

Les mandats acquittés seront remis au receveur communal, comme argent comptant, lors du paiement de la quote-part revenant à la commune dans le fonds créé par la loi du 18 juillet 1860.

La Société prélèvera directement, sur le produit de l'emprunt, une somme égale à 5 % du capital nominal, soit fr. . . . . ., en échange de laquelle somme la commune sera inscrite sur les registres sociaux comme propriétaire de. . . . . actions libérées de 1,000 francs et . . . coupures d'actions libérées de 100 francs.

La présente délibération sera soumise à l'approbation de l'autorité supérieure, conformément à l'article 76, n° 4, de la loi du 30 mars 1836, modifiée par celle du 30 juin 1865.

Par le Conseil :   *Le Président du Conseil communal,*

Le Secrétaire communal,

MODÈLE DE SOUSCRIPTION DES QUARTS D'ANNUITÉ

ÉCHÉANCE du

BON POUR FR.

Commune d

Inscrit, après paiement, sur le journal F°   N°
et imputé sur le crédit ouvert au budget de l'exercice
chapitre   , art.

QUART D'ANNUITÉ N°

pour remboursement partiel de l'emprunt de   . contracté par la commune, avec l'intermédiaire de la *Société du Crédit communal* et approuvé par arrêté

La commune d   paiera le   . à la *Société du Crédit communal*.
la somme de

Le receveur communal acceptera le présent mandat en paiement à valoir sur la quote-part revenant à la commune dans le fonds communal créé par la loi du 18 juillet 1860.

Fait à   , le

Par ordonnance :   *Le Secrétaire*   *L'Échevin*,   *Le Bourgmestre*,

SCEAU
de la
COMMUNE

Pour acquit :
LA SOCIÉTÉ DU CRÉDIT COMMUNAL,
Le Secrétaire,   *Le Président*,

La solidité du Crédit communal est telle que ses obligations sont admises pour les cautionnements, ainsi que le prouvent les documents officiels qui suivent :

MINISTÈRE DES FINANCES

(Extrait du *Moniteur belge*, du 30 juin 1886, n° 181.)

ADMINISTRATION DE LA TRÉSORERIE ET DE LA DETTE PUBLIQUE.

Cautionnement des adjudicataires.
Admission des obligations à 3 % sans primes ou lots
de la Société du Crédit communal.

LÉOPOLD II, Roi des Belges.

A tous présents et à venir, SALUT.

Vu les arrêtés royaux du 23 juin 1851, du 22 décembre 1862, du 21 décembre 1868 et du 15 mai 1883 concernant les garanties à fournir par les personnes qui prennent part aux adjudications ou qui obtiennent des concessions de travaux d'utilité publique;

Sur la proposition de Notre Ministre des Finances,

Nous avons arrêté et arrêtons :

ART. 1er. Les obligations à 3 % émises, sans primes ou lots, par la Société du Crédit communal, instituée en vertu de l'arrêté royal du 8 décembre 1860, peuvent être admises, sur l'autorisation de Notre Ministre des Finances, pour les garanties exigées des personnes qui prennent part aux adjudications ou qui obtiennent des concessions de travaux d'utilité publique.

Le taux d'admission est réglé conformément à l'article 4 de l'arrêté royal du 23 juin 1851.

ART. 2. Les bordereaux de dépôt de ces obligations, à signer par les déposants et à remettre aux agents de la Banque Nationale, doivent, de même que les reconnaissances à délivrer par ceux-ci, indiquer les numéros des obligations déposées.

ART. 3. Indépendamment des formalités prescrites par l'article 4 de l'arrêté royal du 21 décembre 1868 pour la délivrance des coupons échus, les ayants droit doivent produire, à l'agent du Trésor chargé du visa des quittances, une déclaration du conseil d'administration de la Société du Crédit communal portant que les obligations, à désigner par leurs numéros, dont les coupons sont demandés, ne sont pas remboursables et que les intérêts continuent à courir sur ces obligations.

Notre Ministre des Finances est chargé de l'exécution du présent arrêté.

Donné à Laeken, le 25 juin 1886.

LÉOPOLD.

Par le Roi :

Le Ministre des Finances,

A. BEERNAERT.

Cautionnements d'adjudications. — Admission des obligations 3 % du Crédit communal.

Le Ministre des Finances,

Vu l'arrêté royal du 25 juin 1886, dont l'article 1ᵉʳ est ainsi conçu :

« Les obligations à 3 % émises, sans primes ou lots, par la Société du Crédit communal, instituée en vertu de l'arrêté royal du 8 décembre 1860, peuvent être admises, sur l'autorisation de Notre Ministre des Finances, pour les garanties exigées des personnes qui prennent part aux adjudications ou qui obtiennent des concessions de travaux d'utilité publique.

« Le taux d'admission est réglé conformément à l'article 4 de l'arrêté royal du 23 juin 1851. »

Vu l'article 4 de l'arrêté royal du 23 juin 1851 (*Moniteur*, nᵒ 177), portant :

« Notre Ministre des Finances réglera le taux d'admission des fonds nationaux, après avoir consulté les départements ministériels. Les décisions prises à cet égard seront publiées dans le *Moniteur*. »

Vu l'avis des chefs des départements ministériels,

Arrête :

L'autorisation prévue par l'article 1er de l'arrêté royal du 25 juin 1886, visé ci-dessus, est donnée à partir du 1ᵉʳ septembre 1886.

Le taux d'admission est fixé à 85 %.

Le présent arrêté sera inséré au *Moniteur*.

Bruxelles, le 28 août 1886.

Le Ministre des Finances,

A. BEERNAERT.

Nous croyons devoir également reproduire la circulaire suivante et les calculs qui l'accompagnent, pour donner une idée exacte des avantages que procurent aux communes belges l'établissement du Crédit communal, et combien il serait avantageux pour la France de créer une institution analogue.

MINISTÈRE
de
l'Intérieur et de l'Instruction publique

ADMINISTRATION
des affaires
provinciales et communales.

Bruxelles, le 23 janvier 1886.

Monsieur le Gouverneur,

De 1862 à 1879, la Société du Crédit communal a subordonné ses prêts au paiement de 66 annuités de 5 % du capital pour le service des intérêts et de l'amortissement.

Les emprunts admis par le conseil d'administration de la Société sont compris dans une émission collective, et jusqu'en 1877, les communes ne recevaient les fonds de l'emprunt qu'après la réalisation de cette émission collective; elles ont pu ensuite obtenir, moyennant un intérêt fixé d'abord à 5 %, les avances nécessaires, dans les conditions qu'indique la circulaire de mon prédécesseur, M. Delcour, du 12 mars 1877.

Le développement de son crédit et la diminution du prix du loyer des capitaux ont fourni à la Société le moyen d'accorder aux communes de nouveaux avantages qui ont fait l'objet des circulaires de mon prédécesseur, M. Rolin, du 15 octobre 1879 et du 8 novembre 1881. Le taux des 66 annuités pour le service des emprunts a été réduit de cinq à quatre et demi pour cent, et cette réduction a été étendue à l'intérêt des avances : en outre, un mode moins long d'amortissement, qui consiste en trente-trois annuités de cinq et trois quarts pour cent, intérêt compris, a été également admis.

Les bénéfices de la Société, prudemment appliqués, ont néanmoins permis à M. le Ministre des Finances de l'autoriser à prélever sur le fonds de réserve une quotité de 1,105,917 fr. 70, qui a été distribuée, au mois de mai 1885, entre les deux provinces et les 1,193 communes actionnaires, au prorata du dividende que chacune d'elles avait touché depuis son inscription sur les registres.

Continuant à suivre la même voie, la Société vient de réduire comme suit le taux total des annuités à payer par les communes qui seront intéressées dans le 29e emprunt collectif à émettre dans le cours de l'année 1887, savoir :

A 4 % pour les prêts remboursables en 66 ans, et à 5 ½ % pour les prêts remboursables en 33 ans.

En outre, les communes dont les demandes auront été admises par le conseil d'administration de la Société auront, comme précédemment, la faculté de recevoir, à titre d'avance, le règlement de tout ou partie de leur participation immédiatement après la remise des 264 ou des 132 quarts d'annuités, sous déduction de l'intérêt à 4 % l'an depuis le jour du paiement jusqu'à l'époque de l'émission du 29e emprunt.

Les annuités comprennent les divers frais relatifs à l'administration ainsi qu'au service des intérêts et de l'amortissement; la comptabilité communale se trouve donc sous ce rapport facilitée et simplifiée.

Indépendamment de ce point, il ne faut pas perdre de vue que le prélèvement de 5 %, en échange d'actions, sur le montant des prêts, ne peut qu'être profitable aux emprunteurs, rien ne les empêchant d'augmenter en conséquence le chiffre total. En effet, la somme prélevée pour le capital-actions leur rapporte un intérêt de 5 % et les fait participer au bénéfice du fonds de réserve de la Société; ce fonds, s'élevant actuellement à 5,494,853 fr. 70, est encore supérieur à la valeur nominale des actions, malgré la distribution faite en 1885 de la somme précitée de 1,105,917 fr. 70, qui est égale au tiers des dividendes de 5 % répartis depuis 1862.

Pour mieux établir la situation réelle, je crois bon de joindre à la présente, à titre d'exemple, un tableau comparatif dont les calculs, faits par la Société, peuvent être utilement consultés.

Je suis heureux de pouvoir constater que les communes dont la quote-part disponible dans le fonds communal est suffisante, seront ainsi mises à même de réaliser, dans la mesure que comporte leur situation financière, par l'entremise de la Société du Crédit communal, moyennant des annuités en rapport avec la diminution du prix du loyer des capitaux, les sommes destinées à l'exécution de travaux d'utilité publique, notamment de voirie et d'assainissement, propres à venir en aide à la classe ouvrière. Il va de soi que les plans et devis de ces travaux devront être régulièrement dressés ou complétés, et qu'en attendant l'approbation définitive, les fonds seront déposés à la Caisse générale d'épargne, conformément à la circulaire sus-mentionnée du 12 mars 1877, pour en être retirés au fur et à mesure des besoins reconnus.

Les nouvelles obligations de la Société du Crédit communal seront émises à 3 %, remboursables au pair, sans primes ni lots; les circulaires du Département des finances des 23 janvier et 23 mars 1863, relatives aux placements à effectuer par les établissements publics, ainsi que celle de mon Département du 24 décembre 1864, concernant les cautionnements des receveurs communaux, y seront appliquées.

Je vous prie, Monsieur le Gouverneur, de vouloir bien me transmettre, en y appelant mon attention, deux exemplaires du numéro du *Mémorial administratif* de la province, qui aura reproduit les explications ci-dessus.

Le Ministre de l'Intérieur
et de l'Instruction publique,
THONISSEN.

Calculs comparatifs des sommes à payer par une commune pour un emprunt d'un million de francs, représenté par 66 annuités égales à 4 % de la somme prêtée.

1° L'emprunt étant contracté en dehors de l'intervention du Crédit communal :

Outre les 66 annuités de 40,000 francs, s'élevant ensemble à **2,640,000 francs**, la commune assume la charge de l'administration de l'emprunt, ainsi que les frais et embarras du service des intérêts et de l'amortissement, charges et frais auxquels le Crédit communal pourvoit gratuitement pour elle.

2° L'emprunt étant contracté par l'entremise du Crédit communal :

La commune, pour obtenir cette somme d'un million, doit payer

	par an.		Total.
66 annuités de 4 % sur 1,052,700 francs, ou . . . . fr.	42,108	» soit fr.	2,779,128 »
mais la commune touchera un dividende de 5 % sur les actions, ou . . . . fr.	2,635	» soit fr.	173,910 »
La commune n'aura à payer en réalité que 66 annuités de 3.94 %, ou . . . . fr.	39,473	» soit fr.	2,605,218 »
dont il y a lieu de déduire la valeur nominale des actions . . . . soit fr.			52,700 »
Reste. . . . . fr.			2,552,518 »

L'avantage en faveur du Crédit communal se chiffre ainsi pour la commune par **87,482 francs**, abstraction faite du bénéfice à retirer du fonds de réserve du Crédit communal s'élevant à 5,494,853 fr. 70, chiffre supérieur au capital-actions, malgré la distribution faite l'année dernière, entre les deux provinces et les 1,193 communes actionnaires de la Société, d'une somme de 1,105,917 fr. 70, qui est égale au tiers de la somme de 3,317,753 fr. 06, montant du dividende de 5 % réparti depuis 1862.

PROJET D'IMPOT

Sur le revenu voté en 1871 par la Commission du budget de l'Assemblée nationale.

Art. 5.

A partir du 1er septembre 1871, tous les traitements, soldes et émoluments payés par l'État supporteront, au profit du Trésor, une retenue proportionnelle calculée d'après le tarif suivant :

Au-dessous de 3.500 francs dans les départements. . . néant
               5.000 »   à Paris

de	3.500 francs en province	jusqu'à	9.000 francs	exclusivement		5 0/0
	5.000	à Paris	9.000			5 0/0
	10.000	à	11.000			9 0/0
	11.000	à	14.800			10 0/0
	14.000	à	15.000			12 0/0
	15.000	à	19.000			15 0/0
	19.000	à	20.000			16 0/0

Art. 12.

Il est établi temporairement, afin de pourvoir à l'amortissement plus rapide des charges imposées à la France par suite de la malheureuse guerre de 1870, des taxes spéciales et temporaires sur les revenus et profits mentionnés à la présente loi.

Art. 13.

Il est formé quatre classes distinctes de revenus et de profits, désignées pour la facilité de la classification et de la perception par les lettres A, B, C, D.

Art. 14.

La classe A comprend les revenus de valeurs mobilières françaises et étrangères représentées par des titres de rentes, d'obligations et d'autres valeurs nominatives ou au porteur, émis par des États, des départements, des villes, des communes, des sociétés anonymes ou en commandite par actions et par des parts d'intérêts dans des sociétés commerciales ou civiles, à l'exception des rentes françaises 3, 4, 4 1/2 et 5 0/0 et de tous les effets publics français.

La perception pour les valeurs françaises s'opère sous forme de retenue de 3 0/0 sur les sommes payées pour intérêts, profits et dividendes aux possesseurs de titres, associés ou intéressés. Elle est confiée à ceux qui sont chargés de ce paiement et qui doivent verser le montant des taxes perçues entre les mains de receveurs ou percepteurs des contributions directes, demeurant responsables, pour ce qui les concerne, de l'exactitude de leurs déclarations et de la perception.

Tout possesseur de rentes d'États étrangers, de valeurs mobilières, actions, obligations étrangères, de parts d'intérêts dans des sociétés ou entreprises étrangères ou situées à l'étranger, doit déclarer par écrit toutes les valeurs de cette nature qu'il possède avec indication du revenu, et acquitter la taxe à raison de 3 0/0.

Art. 15.

La classe B comprend : les pensions, traitements, salaires publics ou privés, et, en général, toute rémunération attachée à une fonction, sous quelque titre, forme ou dénomination que ce soit.

Les déclarations sont faites et les paiements de taxe sont effectués par les soins et sous la responsabilité de ceux qui payent les pensions, les traitements et salaires. Chacun d'eux doit fournir l'état complet des pensions qu'il sert, des traitements et salaires de ses employés, opérer une retenue de 2 0/0 qui viendra en déduction des pensions, traitements ou salaires, et à en verser le montant aux receveurs ou percepteurs des contributions directes.

Sont provisoirement dispensés de la taxe tous les traitements et salaires publics soumis aux retenues graduées établies par l'article 5 de la présente loi, et cette dispense durera autant que lesdites retenues.

Art. 16.

La classe C comprend les intérêts de créances de toute nature et les rentes servies par des particuliers, à quelque titre que ce soit.

Le débiteur d'une créance hypothécaire est tenu à la déclaration; il acquitte la taxe à raison de 3 0/0 de l'intérêt annuel, et remet à son créancier la quittance du percepteur en déduction des intérêts, nonobstant toute stipulation contraire. Il en est de même pour le débiteur d'une rente.

Pour les créances chirographaires, la déclaration et le paiement de la taxe de 3 0/0 sur l'intérêt sont effectués par le créancier.

Ne sont pas assujetties à la taxe :

1° Les créances non productives d'intérêts;

2° Les valeurs commerciales de circulation soumises au timbre proportionnel.

Art. 17.

La classe D comprend les bénéfices nets :

1° De la banque, du commerce, de l'industrie privée et de toutes les entreprises ou spéculations de quelque nature qu'elles soient, dont le capital n'est point représenté par des actions ou dont les bénéfices ne sont pas constatés par des comptes rendus publics et qui ne rentrent pas dans une des catégories de la classe A :

2° Les produits nets des offices ministériels et de toutes autres professions.

Le bénéfice et le produit nets, soumis à la taxe de 3 0/0, s'établissent par la déclaration des banquiers, industriels, commerçants, entrepreneurs, gérants de sociétés dont le capital n'est pas représenté par des actions, officiers ministériels et autres, déduction faite des dettes et charges annuelles dûment justifiées.

Les contribuables de cette classe font par écrit leur déclaration aux agents de perception et acquittent la taxe entre leurs mains.

Art. 18.

Les revenus, bénéfices et produits des classes B et D, inférieurs à quinze cents francs, sont affranchis de la taxe.

De quinze cents à trois mille francs, la taxe n'est perçue que sur les sommes excédant quinze cents francs. L'exemption cesse au-dessus de trois mille francs.

Le contribuable appelé à jouir du bénéfice du présent article doit remettre aux agents de la perception une déclaration signée de lui, contenant l'état complet de son revenu net total, déduction faite des dettes prouvées, avec indication des sources dont il provient, et affirmant qu'il ne possède, dans quelque classe que ce soit, aucune valeur mobilière ou immobilière qui porte le total de son revenu au-dessus de la limite de l'exemption.

Art. 19.

Les étrangers domiciliés en France, avec ou sans autorisation, y résidant habituellement, y possédant des biens meubles ou immeubles, ou y exerçant, fût-ce passagèrement, une profession, un commerce, une industrie, sont assujettis aux taxes édictées par la présente loi et admis aux exemptions prévues.

Les étrangers non domiciliés en France et n'y résidant pas ne peuvent réclamer d'exemption à quelque titre que ce soit.

Art. 20.

Le défaut de déclaration, dans les cas où elle est exigée par la présente loi et dans les délais que déterminera un règlement d'administration publique, de même que toutes fausses déclarations, sont punis d'une amende triple de la taxe due par le contribuable.

En cas de récidive, l'amende est doublée, et le tribunal civil, saisi par le ministère public, prononce pour trois ans l'interdiction des droits civiques.

La contrainte par corps est exercée pour le recouvrement des amendes.

Art. 21.

Lorsqu'une déclaration est contestée par les agents chargés de la perception ou du contrôle, la décision à intervenir est portée devant le jury institué par l'article 22 de la présente loi. Ce jury a seul le droit de demander communication de tous les documents propres à l'éclairer, et notamment des livres et des écritures que les lois obligent le contribuable à tenir.

Les contribuables assujettis à la déclaration peuvent, au lieu de la remettre aux agents chargés de la perception, l'adresser à des commissaires spéciaux désignés par l'administration, qui la reçoivent sous le sceau du secret.

Si le commissaire spécial conteste la déclaration, ou si le contribuable n'accepte pas la rectification, la décision est rendue par le jury institué à l'article suivant.

Art. 22.

Il est formé dans chaque département, à la diligence du ministre des finances, un ou plusieurs jurys chargés de contrôler les déclarations des contribuables et de statuer sur les contestations entre l'administration et les contribuables de toutes les classes.

Chaque jury est composé :

1° D'un conseiller à la cour d'appel ou d'un juge de première instance dans les départements qui ne sont pas le siège d'une cour d'appel; ces magistrats sont désignés par leurs compagnies;

2° et 3° D'un membre du conseil général et d'un membre du conseil d'arrondissement désignés par ces conseils;

4° D'un membre d'une des chambres de commerce du département, désigné par la chambre du chef-lieu. S'il n'existe pas de chambre de commerce, ce juré est remplacé par un industriel ou un commerçant désigné par le tribunal de commerce;

5° D'un délégué du ministre des finances faisant fonctions de commissaire du gouvernement et ayant voix délibérative. Tout absent, sans excuse légitime admise, est passible d'une amende de 50 francs par jour.

Si le jury n'est pas complet, le préfet au chef-lieu du département, le sous-préfet au chef-lieu d'arrondissement, désignent les suppléants, qu'ils choisissent parmi les membres des conseils électifs et des tribunaux civils et commerciaux. La présidence appartient au conseiller de cour d'appel; en son absence, au membre du conseil général.

Les contribuables sont admis à présenter leurs observations en personne ou par écrit. Les opérations du jury ne sont pas publiques et ses décisions sont sans appel.

Les membres du jury reçoivent une indemnité et des frais de déplacement dont le taux est fixé par un règlement d'administration publique.

Art. 23.

Le recouvrement de la taxe sur les revenus se fait annuellement, pour les classes B, C, D, un mois après les époques ordinaires de paiements d'intérêts et de dividendes pour la classe A.

Art. 24.

Ne sont pas assujettis aux taxes édictées par la présente loi :

1° Les revenus de toute nature des départements et communes, des hospices, établissements et sociétés de bienfaisance et de secours mutuels reconnus et autorisés, ou dont l'existence est régulièrement constatée ;

2° Les traitements des militaires en activité de service jusques et y compris le grade de capitaine dans l'armée de terre et lieutenant dans l'armée navale, ainsi que ceux des douaniers en service actif, jusques et y compris le grade de lieutenant ;

3° Les salaires des ouvriers sont dispensés de la patente.

Art. 25.

Des décrets rendus en la forme des règlements d'administration publique statueront sur les mesures que nécessitera l'exécution de la présente loi.

RÉFORME DE L'IMPOT

SUR

LA RICHESSE MOBILIÈRE EN ITALIE

Le Parlement italien a, sur la proposition de M. Depretis, ministre des finances, adopté une loi introduisant diverses modifications dans le système suivi pour l'assiette de l'impôt sur les revenus de la richesse mobilière. Cet impôt, introduit en Italie par la loi du 14 juillet 1864, a remplacé diverses taxes, notamment la contribution personnelle, la contribution mobilière et celle des patentes; il a été bien souvent remanié et, aujourd'hui encore, certaines parties essentielles de la législation qui le régit doivent être considérées comme provisoires et destinées à être modifiées avant longtemps. C'est ce que déclare M. Depretis lui-même dans l'intéressant et substantiel exposé des motifs dont il a fait précéder son projet de loi [1].

Établie d'abord sous la forme d'un impôt de répartition, la taxe sur la richesse mobilière est devenue, depuis 1866, à la demande générale, un impôt de quotité. Cet impôt, modéré dans les premiers temps (le taux était de 8 0/0 du revenu net des contribuables), a été porté, en 1870, à 12 0/0; ce qui, avec le décime que l'on fut bientôt obligé d'y ajouter pour combler le déficit du Trésor public, constitue aujourd'hui une taxe totale de 13 fr. 20 c. 0/0 du revenu.

---

1. L'exposé des motifs est reproduit dans le rapport de M. Yves Guyot, relatif à l'impôt sur le revenu.

L'opinion publique et la presse se montraient unanimes depuis longtemps à demander des réformes fondamentales sur ce point; l'impôt était devenu réellement intolérable, et l'irritation des contribuables était arrivée aux plus extrêmes limites; c'est dans ces circonstances que M. Depretis a déposé, le 10 mars 1877, un projet de loi modifiant la législation existante.

Voici le texte de cette loi, dont l'application a été réglée par un décret en date du 24 août 1877 :

ARTICLE PREMIER.

A partir de l'année 1878, les revenus de richesse mobilière visés par les paragraphes 2 et 3 de l'article 24 de la loi du 24 juin 1864, n° 1380, sur lesquels l'impôt se perçoit au moyen de rôles, alors que ces revenus, soit isolés, soit joints à d'autres revenus mobiliers ou fonciers du contribuable, conformément à l'article 7 de l'annexe 11 à la loi du 11 août 1870, n° 5784, excèdent 400 livres imposables, mais non 800, sont taxés, après défalcation, de :

250 livres imposables s'ils s'élèvent de 400 à 500	livres imposables.
200 — 400 à 600	—
150 — 600 à 700	—
100 — 700 à 800	—

Les défalcations autorisées par cet article ne peuvent jamais porter sur les revenus mis en ligne de compte à l'effet seulement de déterminer le revenu minimum non imposable ou imposable sous les défalcations indiquées plus haut.

ART. 2.

Les commissions de première instance dont il est question à l'article 11 du décret législatif du 28 juin 1866, n° 3023, sont établies par canton. Cependant, quand une commune comprendra deux ou plusieurs cantons, il n'y aura qu'une seule commission.

Les commissions se composent du préteur [1], président, et de

---

1. Magistrat qui prononce sur les contraventions en matière pénale et sur les contestations en matière civile et commerciale, lorsqu'il ne s'agit que d'intérêts représentés par des sommes inférieures à 1,500 francs.

quatre membres élus par le conseil municipal, quand le canton se compose d'une seule commune, et par les représentations des réunions [1], quand le canton comprend plusieurs communes.

Les représentations de réunions sont élues par les conseils municipaux, à raison d'un membre par mille habitants; mais ne peuvent comprendre plus de neuf membres pour toutes les communes qui les composent.

Dans les communes où il y a plusieurs cantons, le président de la commission est nommé par le président du tribunal.

Art. 3.

L'assiette des revenus qui n'auraient pas été taxés au nom des établissements indiqués à l'article 6 du décret du 28 juin 1866 sera faite de deux en deux ans.

En outre, pour ces revenus, la déclaration sera faite du 1er au 31 juillet de l'année précédant la période biennale.

Les revenus seront évalués sur la moyenne des deux années précédant le mois pendant deux années consécutives d'après cette évaluation.

A défaut d'une déclaration du contribuable, le revenu estimé précédemment sera considéré comme accepté pour la nouvelle période biennale.

Art. 4.

Les revenus acquis depuis le 30 juin seront évalués et taxés pour le temps qui restera à s'écouler pour compléter les deux années en cours.

La cessation d'un revenu pendant la période biennale donne droit au dégrèvement de l'impôt à dater du jour de cette cessation.

Art. 5.

Pour la seconde année de la période biennale, le contribuable pourra demander la rectification du chiffre de son revenu inscrit pour la première année. Dans ce cas, la précédente évaluation cessera d'avoir effet pour la seconde année, tant au point de vue de l'agent des contributions qu'à celui du contribuable.

---

1. Réunion, *consorzio.* — Au point de vue de l'assiette de l'impôt, les communes d'un même canton (*mandamento*) sont comprises dans une *réunion* lorsqu'elles ont moins de 6,000 habitants, sans que, toutefois, la population totale de la *réunion* puisse excéder 12,000 âmes.

Art. 6.

Pour les revenus qui se produisent après le 30 juin, la déclaration se fait dans le délai de six mois s'il s'agit de revenus incertains, et dans le délai d'un mois s'il s'agit de revenus en somme fixe.

Art. 7.

Un délégué de la commission de première instance prendra part avec la junte municipale[1] à la revision de la liste des contribuables de la commune où siégera la commission, et aura la faculté d'assister aux séances tenues pour le même objet par les juntes municipales des autres communes du canton.

L'agent des contributions peut toujours prendre part aux réunions qui ont lieu pour la revision des listes des contribuables.

Art. 8.

L'évaluation des revenus indiqués à l'article 3 sera faite par classe de contribuables.

L'agent des contributions dresse pour chaque commune le tableau des contribuables en les répartissant, selon les diverses natures d'industries, de commerces et de professions, d'après les règles qui seront déterminées par un règlement et en indiquant pour chaque contribuable le revenu net déclaré ainsi que les revenus inscrits d'office ou rectifiés par l'agent lui-même.

Art. 9.

Le tableau est publié et déposé à la mairie pendant vingt jours consécutifs. Le maire, après avoir fait savoir que le tableau restera fixé pendant ces vingt jours au prétoire, indique le lieu, le jour et l'heure où les intéressés pourront en prendre connaissance.

En outre, on notifie à chaque contribuable l'inscription d'office ou la rectification qui le concerne.

Les contribuables auxquels la notification individuelle aura été faite avant ou pendant la publication du tableau, seront admis à réclamer pendant les vingt jours qui suivront cette publication.

1. Dans chaque commune, il y a un conseil municipal avec une *junte* (comité administratif) composée d'*assesseurs* (adjoints), présidée par le *syndic* (maire).

Art. 10.

A l'expiration du terme indiqué au dernier paragraphe de l'article précédent, l'agent, après avoir reporté sur le tableau les chiffres de revenus nets, sur lesquels il s'est mis d'accord avec les contribuables, transmet ce tableau et les réclamations à la commission de première instance.

Art. 11.

La commission de première instance procède pour ses décisions par ordre de classes; à mesure qu'elle a prononcé sur une classe de revenus, elle envoie ses décisions à l'agent des contributions, pour qu'il en fasse la notification individuelle dans le délai fixé par le dernier paragraphe de l'article 9 de la loi du 14 juin 1874.

Le système de l'assiette continuera d'ailleurs d'être appliqué conformément aux lois existantes.

Art. 12.

Pour l'évaluation supplémentaire des revenus non compris dans l'évaluation primitive, et en ce qui concerne les contribuables auxquels la notification n'a pas été faite dans le délai prescrit par l'article 9, il n'y a pas lieu de publier un nouveau tableau spécial; mais les commissions de première instance sont tenues dans tous les cas, pour l'examen des réclamations, de procéder par voie de comparaison avec les revenus des autres contribuables de la même classe.

Art. 13.

Conformément aux dispositions de l'article 10 de la loi du 14 juin 1874, applicables aux sociétés anonymes en commandite par actions, aux institutions de crédit et aux caisses d'épargne que leurs statuts n'obligent pas à faire des bilans semestriels, l'impôt sur les revenus de ce genre sera calculé d'après le bilan et le compte de l'année solaire précédant celle où doivent avoir lieu les déclarations.

Les bilans annuels et semestriels et le compte de l'exercice seront communiqués à l'agent des contributions en original ou en copie authentique au moment de la déclaration.

Art. 14.

Si un contribuable vient à décéder pendant le délai fixé pour la déclaration ou pour les réclamations, les héritiers ont un délai de quatre mois à compter du jour du décès de leur auteur pour faire la déclaration ou exercer le recours.

Art. 15.

L'inscription au rôle de l'impôt afférent à des revenus pour la perception desquels le créancier recourt à la saisie immobilière reste suspendue quand, à l'époque de la formation du rôle, le terme assigné aux créanciers par l'article 709 du Code de procédure civile pour le dépôt des demandes en collocation est passé, sauf remboursement ou supplément d'impôt suivant le résultat du jugement.

Reste également suspendue l'inscription au rôle des revenus provenant de créances litigieuses, dans le cas où un jugement de première instance a déjà déclaré la non existence de la dette.

Art. 16.

A partir de l'année 1879, sera abandonnée aux communes une part de l'impôt encaissé par l'État l'année précédente, relativement aux revenus indiqués à l'article 3, dans la proportion de 1/10 de la somme recouvrée, sous déduction des remboursements pour cotes indûment imposées ou irrecouvrables.

Sont attribués à l'État les trois quarts de centime accordés aux communes pour les frais d'assiette de l'impôt sur la richesse mobilière.

Les dépenses des commissions de première instance restent à la charge des communes.

Art. 17.

Le gouvernement du roi assurera par un décret royal les mesures d'exécution de la présente loi.

FIN.

TABLE DES MATIÈRES

TROISIÈME PARTIE

LES TAXES COMMUNALES A L'ÉTRANGER

QUATRIÈME PARTIE

REMPLACEMENTS DES OCTROIS

CINQUIÈME PARTIE

VOIES ET MOYENS

APPENDICE

LES TAXES COMMUNALES EN BELGIQUE

FIN DE LA TABLE.